Allah'ın Kızları

DOĞAN KİTAPÇILIK TARAFINDAN YAYIMLANAN NEDİM GÜRSEL KİTAPLARI

Cicipapa, Toplu Öyküler
Öğleden Sonra Aşk
Boğazkesen, Fatih'in Romanı
Güneşte Ölüm, İspanya İzlenimleri
Bir Avuç Dünya, Toplu Gezi Yazıları
Uzun Sürmüş Bir Yaz
Sağ Salim Kavuşsak, Çocukluk Yılları
Resimli Dünya

Paris Yazıları, Görünümler ve Görüşler,
 Durumlar ve Duruşlar
İlk Kadın
İzler ve Gölgeler
Dünya Şairi Nâzım Hikmet
Çıplak Berlin
Bozkırdaki Yabancı
Yedi Dervişler
Başkaldıran Edebiyat

ALLAH'IN KIZLARI

Yazan: Nedim Gürsel

Yayın hakları: © Doğan Egmont Yayıncılık ve Yapımcılık Tic. A.Ş.
Bu eserin bütün hakları saklıdır. Yayınevinden yazılı izin alınmadan kısmen veya tamamen alıntı yapılamaz, hiçbir şekilde kopya edilemez, çoğaltılamaz ve yayımlanamaz.

1. baskı / mart 2008
10. baskı / mart 2008 / ISBN 978-975-991-651-0

Kapak tasarımı: Bahar Giray
Baskı: Şefik Matbaası / Marmara Sanayi Sitesi
M Blok No: 291 İkitelli - İSTANBUL

Doğan Egmont Yayıncılık ve Yapımcılık Tic. A.Ş.
19 Mayıs Cad. Golden Plaza No: 1 Kat 10, 34360 Şişli - İSTANBUL
Tel. (212) 246 52 07 / 542 Faks (212) 246 44 44
www.dogankitap.com.tr / editor@dogankitap.com.tr / satis@dogankitap.com.tr

Allah'ın Kızları

Nedim Gürsel

Dedem Ahmet Nedim Tüzün'ün anısına

İçindekiler

Şimdi Lat, Uzza ve üçüncüleri Manat'ın ne olduğunu söyler misiniz? (...) Bunlar sizin ve babalarınızın taktığı adlardan başka bir şey değildir.

Kuran, Necm Suresi

Kuşluk vaktine and olsun, sükûna erdiği zaman geceye and olsun ki, Ey Muhammed! Rabbin seni ne bıraktı ne de sana darıldı. (...) O seni öksüz bulup da barındırmadı mı?

Kuran, Duhâ Suresi

Dinle! Gökte yıldızların yerde kayaların fısıltısını dinle! Dağlar geceleyin uğuldar, onların uğultusunu dinle! Sonsuzluğun sesini. Akıp giden rüzgârın dallarda hışırtısını, akmayıp da kuyunun dibinde damla damla biriken suyun şıpırtısını, uzakta kabarıp coşan ak köpüklü dalgaların gümbürtüsünü dinle. Güneş yakar kum paklar. Onların da sesini sözünü dinle!

Önce Söz yoktu, hayır. Önce bu kum denizi, bu taşlar, bulutsuz mavi gökte yakıcı güneş vardı. Önce bulut, önce yağmur, önce dağlar ve yıldızlı gökyüzü vardı. Tüm cansız varlıkların sesi nefesi vardı. Söz sonra geldi, topraktan, kumdan, çakıldan ve sudan, suyun oyduğu vadilerden çok sonra. Yılan ve çıyanlardan, hançer yapraklı ulu ağaçlardan, kurda kuşa yem olan börtü böcekten de sonra, karıncalarla atmacalardan. Onlardan çok sonra, insan yaratılıp halk olanda. Yine de önce Söz vardı, çünkü her şey Söz'le başladı, Allah'ın adıyla. Adlarıyla. Zatı tüm sıfatlardan münezzeh Allah'ın. Öncesiz ve sonrasız zamanda varolan rahman ve rahim Allah'ın. Yaratılmadan yaratan, doğmadan ve doğurmadan tek kalan, gizli bir defineyken bilinmek isteyen, âlemlerin Rabbi, kıyamet gününün sahibi Cenabı Hakk'ın adıyla.

Ama bir zaman oldu Allah'ın kızları da vardı. Burada, bu göğün, bu güneşin, bu buharın altında; bu kayalık tepenin yamacında, bu yolun, yolların bitiminde. Allah'ın kızları El Lat, El Uzza ve El Manat. Onları da dinle! Onların sesini.

Bahtiyar ve bahtsız Arabistan

Şimdi, yıllar sonra, çok uzun bir zamandan, zamanlardan sonra hayal edebilirsin. Aradan geçen nice günlerden, aylardan, mevsimlerden sonra. Akan kandan, akıtılan kanlardan, barış ve savaşlardan, aşktan, ateşten bir gömlek gibi tene giyilen, teni acıtan, teni yakan aşklardan sonra. Kara sevdalardan. Ölüm ve ayrılıktan, hele ayrılıktan, ölümden beter ayrılıktan, ayrılıklardan sonra.

İnsan yoktu. Daha doğrusu vardı da Tanrı katındaydı. O'nun varlığıyla var olmuş, O'nda hayat bulmuştu. O'nda erimiş, O'nda yok olmuştu. Ama Tanrı sıkıldı, kendi yalnızlığından, gücünden, öfke ve sevgisinden sıkıldı. Bilinmek istedi. Önce âlemi, âlemleri yarattı, sonra insanı. Melekler ve şeytan, iyilik ve kötülük de O'nun katındaydılar; yeri ve gökleri yaratırken melekler ile şeytanı, cinler ile perileri de yarattı, ama yalnızca insanı halk eyleyip cennete koydu. Orada, sonsuz bir mutluluktaydı insan, kadın ve erkek iki ayrı mahluktu. Günahsız, çıplak ve ölümsüzdü. Şeytanın iğvasına uyup yasak meyveyi yemeseydi hep orada kalacaktı. Bu cehenneme, bu cennete, kızıl kumların dalgalandığı, bir deniz gibi yayılıp sonsuza uzandığı bu yöreye böyle perişan, korunmasız, böyle çarnaçar düşmeyecekti.

Aç haritayı bak! Denizleri, kıtaları, dağlar ile ırmakları ser önüne, Ülkeler peş peşe dizilsin, insanoğlunun serüvenini bir akarsu anlatsın durup dinlenmeden, bulanıp kirlenmeden. Yerküreyi çevir kendi yörüngesinde, doğudan batıya doğru.

Göreceksin. Kuzey Yarıküre'de, iki dar denizin arasında yukarıdaki üçüncü denize bir çamaşır gibi asılmış, kurudukça kurumuş, suyu çekildikçe katılaşıp sertleşmiş, batı kıyısında sönük volkanları, granit ve taşlarıyla dikleşen, doğuya doğru bir sessizlik, bir yokluk ve kimsesizlik abidesi gibi dümdüz, taşları, kumları, kuraklığı ve deli rüzgârıyla uzanan, dalga dalga kum tepeleriyle yayılan o yarımadayı, Arabistan'ı göreceksin. Bahtiyar ve bahtsız Arabistan'ı, altında Yemen ile üstündeki Sina'yı, sağındaki körfez ile solundaki Kızıldeniz'i. Ve kıyı boyunca suyu topraktan, denizi karadan ayıran, aralarına aşılmaz bir engel gibi kayalardan perde çeken, kuzeye doğru set set alçalan dağları. O dağların gizlediği bir vadinin koynundaki kenti, Mekke'yi.

Evet, orada, gün boyu güneşin yakıp kavurduğu, gece ayazın sarıp sarmaladığı çıplak yamaçların eteğinde bir kara noktadır. Tanrı yeryüzünü yaratmadan önce yemyeşil bir töz yaratmış, sonra bu töz su olup akmaya, Tanrı korkusundan yücelip taşmaya başlamıştı ya, işte o suyun üzerinde beliren ilk toprak olduğundan adı "Ümmü'l-Kura", yani yerler anasıdır. Bedenin tam ortasında bir göbek, belki bir meme ucudur. Tanrı "Kün!" diye buyurduğunda, kâf nuna değer değmez ilk olan, sonra çevresindeki dağlarla mıhlanıp sağlamlaştırılan ece kenttir. Devasa bir siyah küpün çevresine yuvalanmış kerpiç evler ile Zemzem adı verilen kuyudan ibarettir. Kuyunun suyu cennetten gelse de bulanık ve acıdır, biraz da kekremsi, Kevser tadında. Yağmur almayan bu yörede en büyük nimettir su, ama yılda bir belki iki kez, rüzgârın sürükleyip getirdiği bulutlar dağların üzerinde toplanıp şimşekler çaktığında, sağanaktan göz gözü görmez olur. Dam saçak demeden indirir yağmur, sel suları taşların ufunetini almakla yetinmez, kendilerine bir yol bulup yıldırım hızıyla iner kayalık yamaçlardan, sokaklar çamura batar. İnsanlar ve hayvanlar da. Kentin ortasındaki, çok eski zamanlardan kalma tapınak da. İbrahim Peygamber'in elinden çıkmış da olsa, onun emeği, onun alın teriyle yoğrulmuş da olsa, Kâbe'yi de su basar, içindeki putlar ile heykelleri, tanrılar ile tanrıçaları da. İşte o zaman putlar aralarında konuşurlar. Fırtına dinip sel suları tapınaktan çekilince, sokaklar ve avlular eski konumlarını, fırtınadan önceki kıvamlarını bulunca, insanlar işlerine hayvanlar sahiplerine dönünce, devasa küpün karanlığında, gökte bir yıldız kayar yerde toprak uğuldarken Kâbe'nin sessiz boşluğunu bir anda fısıltılar doldurur. Tanrı'nın sesini duymadan, O'nun sözüyle uyanmadan önce bu fısıltıları dinle. Lat, Uzza ve Manat'ın anlattıklarını.

Lat

Taiften alıp getirdiler, buraya koydular beni. Taif Hicaz'ın dört güzelleri arasında en çekici, en verimli, en şehvetli olanıdır. Gerçi Yesrib de bir vahadır, suyu ve develeri boldur, Mekke gibi kervan yolunun üzerindedir, Hayber ise hurması ve kalesiyle ünlüdür, ama Taifi hiçbirine değişmem. Bu kent çocukluğum, gençliğimdi benim, şimdi de genç sayılırım, zaten ilaheler yaşlanmaz, onlar hep tasarlandıkları, putlaştırıldıkları, sevilip okşandıkları yaştadır, ne bileyim oradayken sanki daha güzel, daha kutsal, çok daha neşeliydim. Gelen gidenim boldu. Gülüp eğlendirenim de. Tüccarlar getirdikleri değerli taşları, kehribar, yeşim, yakut, gümüş ve altınları sunmadan, ayağımın dibinde kurban kesip çıplak bedenimi ipek kumaşlara sarmadan önce başlarından geçenleri anlatırlardı. Gördükleri uzak yerleri, kuzeyin kimyon ve tarçın, güneyin buram buram gül kokan kentlerini, suda yüzen periler ile çölde ateş yakan cinleri, dağ başlarını tutmuş korkunç devler ile uysal develeri. Yalnızca sadık rahiplerim, hayranlarım ve bana kurban sunan kullarım yoktu, fahişelerim de vardı. Önümde sevişirlerdi uzak yoldan gelen yabancılarla. Çıplak bedenlerini zeytinyağıyla ovarlar, mahrem yerlerini önümde açıp yakarırlardı.

Bir defasında yaşlı ve yorgun bir Bedevi geldi. Yüzü bir tuhaf, sakalı bakır rengindeydi. Şehvetle ışıldıyordu gözleri. Kuşağından bir kutu çıkardı, önümde secdeye vardıktan sonra kutunun kapağını açıp gitti. Baktım taş bir zeker köşeye büzülmüş, hayata küsmüş, öyle melül mahzun duruyor. Bir dokunuşta diriltip üzerine oturdum. O içimdeyken yaşadığımı, canlanıp ölümlülerin arasına karıştığımı hissettim bir an. Bedenimdeki ısınma hep böyle sürsün hiç bitmesin istedim. Bana verilen sunular içinde kuşkusuz en değerlisiydi. En hoşuma gideni de. Kimse görmeden alıp sakladım. Yalnızken o sunuyla oldum hep, onu gövdemin bir parçası, kadınlık uzvumun en yakın yoldaşı yaptım. Buraya getirilip Hubel'le evlendirilinceye kadar hiç ayırmadım yanımdan.

Bir gün Taifteki tapınağımdan alıp Allah'ın Evi diye bilinen bu karanlık, alçak tavanlı küpün köşesinde bir yere attılar. Orada mutluydum, elimin altında taş hediyem, hayranlarım nezdinde saygınlığım vardı. Burada Hubel'in yanında sönük kaldığımı, ona tapanların beni yok saydıklarını biliyorum. Hem Hubel'in bir başka eşi daha var: Uzza. Yazın bana sokuluyor tenimde Taifin serinliğini bulduğu, çok eski zamanlarda Suriye derler o uzak ülkenin kadınlarına bağışladığım ay ışığını yüzümde seyredebildiği için; kışınsa Uzza'nın koynuna giriyor, ne de olsa Kureyş'in gözdesi o, bir odun parçasından ibaret, ama çöl güneşi kadar parlak ve yakıcı.

Taif yeşil bir cennetti, burası karanlık ve sıcak bir cehennem. Hicaz'ın bostanı denilen o yeşil vadiden sonra yeni yerimi yadırgamadım desem yalan olur. İbrahim'in soyundan gelenlerden başka ne bekleyebilirdim ki! Görünüşte hayranlar bana, önümde secde edip tapıyorlar. Onlar için bu dünya ile öbürü arasında bir yerdeyim, bir köprüyüm belki. Ya da Allah'a ulaşmanın bir aracı. Ama yalnızca görünüşte öyle. Gerçekte içlerinden birinin, buraya beni görmeye, makamıma yüz sürmeye gelen hacıların güvenliğinden sorumlu Abdulmuttalib'in yüzünü çoktan başka yere çevirdiğini, beni yok saydığını, hatta varlığımdan bile tedirgin olduğunu biliyorum. Artık biliyorum. Hacılardan çekinmese İbrahim'in izinden gidecek o da, kendine yeni bir Tanrı, tek bir Tanrı bulup ona sığınacak. Ona teslim olacak. Her şeyi bilen, gören ve işiten Allah'ın yanında bize gerek kalmayacağını seziyor. Allah'ın babamız sayılamayacağını, gerçekte O'nun kızları olmadığımızı da. Oysa ayet inmedi gökten, henüz inmedi. "Cinleri –O yaratmışken– kâfirler Allah'a ortak koştular. Körü körüne O'na oğullar ve kızlar uydurdular" diyecek olan doğmadı daha. Ama onun dedesi Abdulmuttalib'in yüzünde sanki bu ayetin ilk izleri var. Onun için tapmıyor bana, her gelişinde yüzünü, sanki bir şey ararmış gibi hep yukarıya, gökyüzüne çeviriyor. Bir zamanlar İbrahim'in yaptığı gibi.

Hazreti İbrahim

İbrahim yaşlanmış, iyiden iyiye kocamıştı. Bugüne dek babası Azer'in yapıp ona pazarda satması için verdikleri de dahil, putlara tapmayıp Tanrı'ya, içinde duyup hissettiği, hayalinde besleyip büyüttüğü, yalnızca zor zamanlarında değil her an adını andığı Tanrısına sığınmış, gece gündüz O'nun varlığıyla avunmuştu da ne olmuştu sanki! İnandığı yüce varlık bir oğul bile vermemişti ona, eloğluna bağışladığı, zalimlerden bile esirgemediği zürriyeti ondan esirgemişti.

Tanrı'ya ulaşması da öyle pek kolay olmamıştı zaten. Bir gün "Benim tanrım kimdir?" diye sormuştu anasına. "Benim" yanıtını alınca bir tuhaf olmuş, onu sevecenliğiyle sarıp sarmalayan bu güzel kadının belki bir ilahe olabileceğini ne var ki yerin ve göğün, yerdeki canlı ve cansız yaratıklar ile gökyüzünde dönüp duran yıldızların tanrısı olamayacağını düşünmüştü. Hem, anası onun tanrısı ise, anasının da bir tanrısı olması gerekmez miydi? Herkesin bir tanrısı vardı işte, kimi ağaca, kimi dağlara, kimi de ağaçtan kesip biçim verdiği, kilden yoğurduğu ya da taştan oyduğu putlara tapmıyor muydu? Zekerinin heykelini yapıp ona tapan bile vardı. Görmeyen, işitmeyen bu yararsız nesnelere tapıyordu insanlar, o ise bütün bunlardan, çakan şimşekle kabarıp coşan denizin, rüzgârın savurduğu bulutların, hatta ay, güneş ve yıldızların da ötesinde bir varlığın peşindeydi. Bütün bunlara hükmeden, ne var ki hepsinden, her şeyden öte bir tanrının peşinde. O'nu hayal edebilirsin belki, ama O hayal gücünü aşar, sen O'nu görmesen de O seni görür. Sana şahdamarından daha yakındır; damarlarında attığını kanında dolaştığını bilirsin de kim olduğunu, neye benzediğini bilemezsin. Mümkünü yok bilemezsin! İnsanoğlu kendinden üstün, her şeye kadir bir varlık hayal edip ona secde etmek ihtiyacındaydı. Ona tapmak, onu yüceltip merhametine sığınmak, gücünü ve öfkesini kabullenmek ihtiyacında. İnsanoğlu aşkınlığın peşindeydi, önü ve sonu karanlık olan yaşamına bir anlam, bir amaç ararken.

İbrahim "Peki" diye sormuştu anasına, "senin tanrın kim?" "Baban!" diye yanıtlamıştı annesi. Babasının yalnızca ona ve kardeşlerine değil, anasına ve davara da hükmü geçiyordu belki, onlardan sorumluydu. Ama babasının da bir tanrısı yok muydu peki? Bu kez gidip anasına sorduğunu babasına da sordu. Babası "Benim tanrım Nemrud'dur" diye yanıtladı onu. Çocukların yetişkinlerden daha meraklı, daha korkusuz olduğunu bilmiyordu belki ya da bilmezden geliyordu. İbrahim'in "Peki Nemrud'un tanrısı kim?" sorusuna bir tokatla karşılık verdi. Şu ufacık, donsuz İbrahim de biraz fazla ileriye gitmeye başlamıştı. Bu ne kendini bilmezlik, ne cüretti? Nemrud'un tanrısı elbette kendisiydi.

İbrahim büyüdüğünde, ne doğan güneşten ne batan aydan ne de yıldızlardan tanrı olamayacağına karar verdiğinde —çünkü onlar sürekli değildiler, bir görünüp bir kayboluyorlardı gökyüzünde— bu kararından geriye dönüş olmadığını anladığında Nemrud onu huzuruna çağırıp "İnandığın, benim kullarımın da inanmaları için ısrar ettiğin tanrı kimdir?" diye sordu. İbrahim: "O hem öldürür hem diriltir!" diye yanıtladı. "Bunu ben de yaparım" dedi Nemrud. İki kölenin huzura getirilmesini buyurdu. Kılıcını çekip hemen oracıkta birinin başını gövdesinden ayırdı, ötekini azat etti. Ve İbrahim'e dönüp "Gördün işte" dedi, "birini öldürüp öbürünü dirilttim." Bunun üzerine İbrahim "Benim tanrım güneşi doğudan getirir sen de batıdan getir bakalım" dedi. Nemrud ne diyeceğini bilemedi, sustu kaldı. Sonra da İbrahim'in harlı ateşe atılmasını buyurdu.

Hazreti İbrahim'in öyküsünü büyükannenden dinlemiştin ilk kez. Yuvarlak yüzlü, şişman bir kadındı sen ise dört beş yaşında ya var ya yoktun. "Bir varmış bir yokmuş" diye başlayan masallardan farklıydı bu öykü, büyükannenin o kısık, yerin yedi kat dibinden gelir gibi kulaklarında uğuldayan sesiyle başka bir anlam kazanırdı. Büyükannenin yalnızca Kuran okurken netleşen, su gibi akıp giden, akarken de yunup arınan sesinde yalnızca çocukluğunun değil, bütün bir geçmişin, kendi kendine sormaya başladığın soruların da büyüsü gizliydi. Varlık ve yokluk konusunda zihninde beliren, ne var ki bir türlü dile getiremediğin, karşılığını hiç kimsenin, seni kucağında bebek gibi sallayarak uyutan o şişman ve tatlı kadının, büyükannenin dahi bilemeyeceği sorular. Evet, ilk kez ondan dinlemiştin bu öyküyü, hava sıcaktı. Bahçede dutun gölgesindeydiniz. Nakışlarında güller açan, çayırlar göveren bir kilimin üzerinde yan yana. Kucağında değildin hayır, annenin yokluğunda seni içine çeken, her fırsatta kıvrılıp, kirpi gibi büzülüp sığındığın kucak sıcak havalarda yasaktı. Oturduğu yerde bile terliyordu yaşlı kadın, başörtüsünden fışkıran tel tel beyaz saçlar ıslanıyor, kırışık alnında boncuk boncuk damlalar birikiyordu. Bu nedenle yan yanaydınız, kucak kucağa değil. Dutun yaprakları bile serinlik vermiyordu; öylesine boğucu, hain yaz güneşinin kentin üzerine çöreklendiği, bir daha da kıpırdamadığı bir öğle vaktiydi. Deden yazıhanesinde, annenle baban seyahatteydiler. Sense büyükannenin yanı başında, ona sarılmak, kollarında eriyip yok olmak isteğiyle yanıp tutuşuyordun. İbrahim gibi. Nemrud'un mancınıkla harlı ateşin içine attığı ilk peygamberin tanrı aşkıyla yanıp tutuşması gibi.

İbrahim herkesin taptığı putlardan yüz çevirmekle kalmamış, onları kırmaya yeltenmişti. Büyükannenin sesini duyar gibisin hâlâ. Oysa yıllar geçti aradan, anladın ki su insanı boğar ateş yakarmış. Ve hayat yolunun yarısında yaşlanıp ölen o yalnız şairin dediği gibi "Her geçen günün bir dert olduğunu insan bu yaşa gelince anlarmış." Bu yaş ne demekse, işte geldin o yaşa, hatta geçtin bile. Günler dert çoğaltan tespih taneleri gibi peş peşe dizildikçe büyükannenin yatıştırıcı sesini dinle artık, anlattıklarına "kulak as!" Her çocuk önce içinde arar Allah'ı, sonra yakınlarının yüzünde. Her çocuğun içinde bir Allah vardır, büyükannesinin yüzündeyse nur. Büyükannen de, nur içinde yatsın, yüzünde tanrı ışığını taşıyanlardandı. İbrahim Aleyhisselam'ın öyküsünü, eğer yanlış anımsamıyorsan, "kulağına küpe" olsun diye anlatmıştı sana. Sen de şimdi, ondan duyduğunu kendi torunlarına anlat, onlar henüz doğmamış olsalar da bir gün var olacaklarına inandığın için. Oğlun ilerde bir torun, torunlar verebilir sana, ama İbrahim ateşe atıldığında zürriyet sahibi değildi. Henüz değildi.

Nemrud'un buyruğu üzerine ülkenin tüm ağaçları kesilip odun yapıldı. Odunları istif edip bir ateş yaktılar. Alevler yeri göğü kapladığında öyle bir sıcak oldu ki, cehennemin sıcağı yanında hiç kalır. Yerde karıncalar havada kuşlar nârın yalazından kavrulup yanarlardı. Arşa yükselirdi dumanlar. İbrahim hücresinden çıkarılıp Nemrud'un karşısına getirildi. Nemrud ona dedi ki: "Sen ki benim gücümden kuşku duydun, gazabımdan korkmadın, tebaam gibi putlara tapmadın. Sen ki onları kırmaya yeltendin, şimdi gör bakalım. Sen mi yanacaksın cehennemde yoksa ben mi!" Ve İbrahim'i bir mancınığa koyup ateşin orta yerine attılar. Onu bu halde gören melekler ağlaşmaya başlayarak Allah'tan yardım dilediler. Allah İbrahim'i sınamak için su meleğini çağırdı ve ona dedi ki: "Git söyle İbrahim'e, ben su meleğiyim, benim hükmüm yeryüzündeki suların tümüne, umman ile yağmura bile geçer, istersen Nemrud'un ateşini hemen söndürürüm" İbrahim Allah'tan başka hiç kimseden, meleklerden bile medet ummamaya kararlıydı. Sesini çıkarıp da olur demedi. Bunun üzerine yel meleği girdi devreye, o da, eğer isterse bir üfürüp Nemrud'un ateşini söndürebileceğini söyledi. İbrahim oralı olmadı, Tanrı'ya dönüp şöyle yalvardı: "Ya Rab! Benden başka sana tapan var mı şu yeryüzünde? Eğer varsa bırak kül olayım, yoksa kurtar beni!" Bunun üzerine Tanrı ateşi söndürmekle kalmadı, Cebrail'e yerden bir su fışkırtıp ilk peygamberinin çevresinde bir bahçe yeşertmesini buyurdu. Ve öyle oldu. O bahçe bugün Anadolu'da, yüce dağın eteklerindeki şehzadeler kentindedir.

Büyükannen İbrahim'in bahçesine de götürmüştü seni, havuzda yüzen kırmızı balıkları gösterip tüm peygamberlerin atasını yakmayan ateşin balıkların sırtını az biraz yaktığını, onun için böyle kırmızı ve pul pul olduklarını söylemişti. O zaman kentin parkını Manisa Tarzanı derler yarı meczup bir dervişin, dağda yaz kış çıplak gezen, yabani hayvanlarla konuşan saçı sakalı birbirine karışmış o Kerküklü yabancının yeşerttiğini bilmiyordun. İftar vakti bir koşu dağa tırmanıp ramazan topunu da onun patlattığını bilmediğin gibi. Parkın tüm ağaçlarını teker teker kendi eliyle diken, sulayan, öz çocuklarıymış gibi sevgiyle büyüten Tarzan'la çok geçmeden uzaktan da olsa tanışacaktın, ama ne park ne balıklar ne de ramazan topu üzerine hiçbir şey sormayacak, istesen de sormaya cesaret edemeyecektin. Çünkü kulübesinde tek başına yaşayan, kentin yaramaz çocuklarının taşa tuttukları bu garip adam İbrahim'in ta kendisiydi senin gözünde. O da put kıran İbrahim Peygamber gibi kuraldışı bir hayat sürüyor, Allah'tan başka kimseden korkmuyor, çekinmiyordu. Yanık izleri vardı esmer teninde, harlı ateşin içinden çıkıp gelmiş gibiydi, öylesine kara, korkunç ve inatçı. Ve yalnız ve zürriyetsiz, şu garip, şu yaşanası dünyada tek başına. Manisa Tarzanı dedikleri senin gözünde Nemrud'un gazabından kurtulmuş bir peygamberdi. Ta ki bir gün parktan dönüşte, yine büyükannenin elinden tutmuş çarşıdan geçerken uğradığınız fırında İbrahim Efendi'yle karşılaşana dek.

"İbrahim Efendi" demişti büyükannen, "bak bu da bizim torun işte. Gördüğün gibi büyüdü artık. Bundan böyle Kurban Bayramı'nda surrayı sana onunla göndereceğim." İriyarı bir adamdı. Ağzı açık fırının önünde duruyordu. İçerde oynaşan alevleri görebiliyordun. İbrahim Efendi'nin yüzüne vuruyordu kızıl aydınlık, siyah sakalı ile zümrüt yeşili gözlerini, kara kaşlarını, karaşın, geniş alnını aydınlatıyordu. O güne dek hiç kimsede görmediğin bir tuhaflık vardı bakışlarında. Eline fırından yeni çıkmış bir francala tutuşturmuş, "Tabii ki getirir, kocaman adam maşallah" demişti, "haçan bayram da değildir artık bayram, benzer bir hangi güne..." Belli ki bir şey ima etmek istemişti, ama ne? Büyükannen onunla tartışmaya girmeden, Rumeli şivesiyle konuşan bu gizemli adamla sohbete başlamadan oradan çarçabuk ayrıldığınızı anımsıyorsun. Bir parça koparıp hemen ağzına attığın ekmeğin yumuşak, sıcak tadı damağında hâlâ, ama İbrahim Efendi'yi görmeyeli yıllar oldu. Bayramda surra tepsisini fırına bıraktıktan sonra elini öpmeyeli, hayır duasını ve ortası delik yüz paradan ibaret bayram paranı almayalı.

Gerçi dedenin ölümünden sonra, onun geride kalan evrakını düzenlemek için gittiğin Manisa'da son kez gördün İbrahim Efendi'yi. Başına gelen o korkunç olayı dedenin evrakları sayesinde öğrendikten sonra. Tımarhanede tek başına bir odaya kapatılmıştı. Seni tanımadı elbet, zaten hiç kimseyi, en yakınlarını bile tanımıyordu. İsmail'in adını sayıklıyordu durmadan. Çocukluk arkadaşın gök gözlü İsmail'in. Deden, dudaklarında alaycı bir gülümsemeyle "Ismayıl" derdi ona, birini taklit eder gibi, sen, o çok bilmiş edanla hemen düzeltirdin "Hayır, Ismayıl değil, İsmail!" "Peki tamam" derdi deden, "İsmail olsun!"

Aslında arkadaşlık etmenizi pek istemez, yine de göz yumardı. Göçmen olduğu için değil, hayır. Başka bir neden vardı, bilmediğin, sanki senden gizlenen bir gerçek. Yıllar sonra fırınında, harlı ateşin önünde değilse de tımarhanede gördün İbrahim Efendi'yi, oğlu İsmail'iyse bir daha göremeyeceğini biliyorsun. Kuşkusuz bu yüzden hâlâ düşlerine giriyor İsmail, süsücü manda gibi bakıyor mavi gözleriyle, çakır malak gibi. Gediz'in kıyısında çamura yatmış bir malak o artık, bir melek; aralarında ses benzerliğinden başka bir ilgi olmayan bu iki sözcük bazen karabasana dönüşen düşlerinde birbirine karışıyor, "İsmail bir melek" diyor bir ses, bir başka ses, şeytanın ta kendisi "Hayır!" diye itiraz ediyor kahkahayla gülerek, "o bir malak! Malak!" Ve İsmail yalvaran gözlerle sana, nedense hep sana bakıyor, yardım bekler gibi. Ama sen şeytana uyup "Malak İsmail!" diye alay ediyorsun onunla, "Malak İsmail malak İsmail! Kulakları kobak İsmail!" İbrahim Efendi suretine girmiş şeytan "Kobak! Kobak Kobalak!" diye el çırpıyor. Çığlık çığlığa uyanıyorsun. Bir malak mı boğazlanıyor orada, akarsuyun kıyısında, yoksa bu çığlıklar çocukluğundan bu yana içinde tuttuğun, boğduğun, boğazladığın çığlıklar mı?

İsmail'e yardım edemeyeceğini, geç kaldığını, zaten her işte, yazdığın bu satırlar başta olmak üzere her konuda geç kaldığını, bazen de şu an İsmail'in acı akıbetini araya sıkıştırmaya çalıştığın gibi erken davrandığını biliyorsun. İsmail'in öyküsüne sıra gelmedi daha, İbrahim Efendi'nin cinnetine de. Elinde tepsi, fırına surra götürdüğün günlerdesin daha, özlemle andığın ama artık geri gelmesi mümkün olmayan çocukluk günlerinde. Fırına, büyükannenin deyimiyle "tabakhaneye bok yetiştirir gibi" uçarcasına giderken, uçarı aklın da Hazreti İbrahim'e giderdi. İki İbrahim bir olur, birlikte gülüp beraber ağlarlardı. Ve gökyüzünde yıldızları beraber sayarlardı.

O yıldızlardan birine dönüşen, hayal meyal anımsadığın, neredeyse unuttuğun, o gün bugündür mezarına bir kez olsun gitmediğin babanın ölümünü de anlatmalısın yeri geldiğinde. Namaz kılıp oruç tutmadığı için İsmail'in ona nasıl kabir azabını uygun gördüğünü, dedenle Kuran üzerine tartışmalarını, sonra karşılıklı saygı ve merak içinde Kuran'ın Fransızca çevirilerini gözden geçirmelerini ve dedenin yıllar sonra İstanbul'da bir akşam vakti ruhunu teslim etmeden önce sana söylediklerini. Evet, dünyada bir İbrahim'di tek tanrıya tapan, O'na sığınan, O'ndan medet uman. O da, bu sevgili kuluna birçok ihsanda bulunmuş, onu Nemrud'un gazabından bile korumuş, ateşinden kurtarmış, ne var ki bir oğul vermemişti. Gerçi varlıklıydı, koyun, keçi ve sığır sürüleri, gümüşleri, uşak ve köleleri, iki tane de karısı vardı. Daha doğrusu ilk karısı Sara yaşlanıp çocuk doğuracak yaşı geçtiği için, Hacer adında bir halayığı da karı olarak almış, ama her ikisinden de bir çocuk peydahlayamamıştı. Bir vadiden ötekine, bir ülkeden bir başka ülkeye konup göçüyor, zürriyet sahibi olamadan Rabbine kavuşacağı düşüncesiyle kahroluyor, ne var ki acısını dile getirmekten çekiniyordu. İsyankâr değildi çünkü, boyun eğmeyi de kendine yediremiyor, tuhaf bir duygu karmaşasında Kenan İli'ni bir uçtan bir uca geçiyor, konakladığı yerlerde Rab için mezbahalar yapıp kurban kesmeye devam ediyordu.

Sonunda Rab İbrahim'e dedi ki: "Başını kaldır ve göğe bak, ne görüyorsan bana söyle." Gün batar batmaz, her zamanki gibi bir anda yıldızlar doldurmuştu boşluğu. Gece aydınlık ve serindi. Gökyüzünde sayısız yıldız vardı. İbrahim yıldızlardan başka bir şey görmediğini söyleyince Rab ona gökteki yıldızlar kadar çok zürriyet bağışlayacağını vaat etti.

O anda kim bilir ne hissetti İbrahim, aklından neler geçti. Bir ömür boyu kutsadığı Tanrısına şükretmiş olabilir ya da karanlığı beklemeden iki karısından en gencinin koynuna girmiştir telaş içinde. Telaşlı bir şevk içinde. Sen de, annenin yokluğunda büyükannene sokulup neredeyse koynuna girmez miydin? Yaşlı kadının iyice pelteleşmiş, yer yer kırışan teninde aramaz mıydın şefkati? Onun bacaklarına, karnına, kuruyup da iki incir tanesi gibi kalmış memelerine sürtünmez miydin? Kapı önüne koyulmayacaklarını, dedenin onları alıp sevaptır diye besleyeceğini bildikleri için ikide bir bahçenize atılan yavru kediler gibi. Yattığınız sedirin yanındaki açık pencereden yıldızlar görünürdü. Ve baban, bir otobüs kazasında ansızın karşısına dikilen Azrail'in peşinden göğe ağıp yıldızların arasına karışmadan önce, seyahatlerine hep yanında götürdüğü anneni senden ayırmamış mıydı? Karanlık göğü böyle bir baştan bir başa dolduran yıldızlar gerçekte ölülerin, seni böyle yalnız bırakıp gidenlerin ruhları değil miydi? Sen beş yaşındayken ölen, artık kıvırcık saçlı, mavi gözlü genç bir adam olarak fotoğraflarda, evet yalnızca fotoğraflarda yaşayacak baban da onların arasındaydı; yaz gecesinde parıldayan bir yıldızdı o da. Büyükannenle uzandığınız sedirin yanındaki açık pencereden gördüğün bir kayan yıldız.

İbrahim'in her iki karısından da çocukları oldu. Sara İshak'ı doğurdu ona, Hacer İsmail'i. İsmail'in anlamı "Tanrı işitir" demekti ve Tanrı, küçük oğul İshak'ın doğumundan sonra İsmail için ona yalvaran babasının sesini işitti, İshak yüzünden İbrahim'i kendi nezdinde gözden düşürmedi. Annesiyle birlikte oradan çok uzaklara, kırk günlük deve yolundaki Hicaz'a gönderdi. Daha sonra İbrahim de geldi peşlerinden, baba oğul birlikte kervanların konakladığı Zemzem Suyu'nun yanına Kâbe'yi yaptılar, mabedin doğu köşesine de *Hacerü'l-Esved* denilen ve gökten yeryüzüne düştükten sonra bir melek tarafından İbrahim'e getirilen karataşı koydular. Bu taş Tanrı katında pirüpak iken yeryüzünde insanların günahlarıyla kararmış, simsiyah olmuştu. Ve tüm karalığına rağmen hâlâ ışıldıyor, sanki Allah nurunun her yerde, en karanlık köşede bile parlaklığını koruyabileceğini kanıtlıyordu.

Bu "Hacerü'l-Esved" sözcüğüydü seni en çok büyüleyen, alıp uzağa, çok uzaklara, peygamberler diyarı Arabistan'a götüren. Türkçeye aşina kulağın bir başka dilin, büyükannenin kentin az ötesinde bağlar içinden bulana durula akan Gediz'e özenircesine okuduğu Kuran'ın seslerini, yalnızca sessiz harflerden oluşan o inişli çıkışlı ritmi yadırgıyordu. İyi ki de yadırgıyordu, çünkü yaşlı kadının bazen mırıldanır bazen de bir şelale gibi çağlayarak okuduğu ayetlerin güçlü bir etkisi vardı üzerinde. Ses anlamdan önce geliyor, seni zorluyor, tüm varlığını ele geçiriyordu. Dünya bir akıştan, kendini tanıdık, ama hemen ele vermeyen bir sesin büyüsüne bırakıştan ibaretti. Ses belki içine işliyor, ruhuna nüfuz ediyordu, ama ser verip sır vermiyordu. Ses fısıldıyor, incelip boğuklaşıyor, bağ evine misafirliğe gittiğiniz yaz günlerinde gördüğün Gediz'in çamurlu suyu gibi bulanıyor, bir türlü açılıp saydamlaşmıyordu. Karanlık bir suya bakar gibi bakıyordun büyükannenin yüzüne, ne çakıl taşlarını görebiliyordun dipte, ne de o yuvarlak, alnı kırışık yüzün ışığını seçebiliyordun. Derken eşyalar da kararıyordu çevrende, alacakaranlıkta kıpırdanı-

yor, soluk alıp veriyor, giderek yer değiştirmeye, tavan-
dan döşemeye gidip gelmeye, duvarlara çarpmaya,
çarptıkça tuz buz olup parçalanmaya başlıyorlardı. Bi-
çimler vardı evet, ses kendi varlığın kadar gerçekti,
içinde kabarıp coşan tanrı sevgisi de. Anlam gelmiyor-
du, ama Allah'ın elçisi Muhammed'in gönlüne nazil ol-
duğunu sonradan öğreneceğin söz Arapçanın örttüğü,
senden saklayıp gizlediği bir sırdı.

Şimdi büyü bozuldu. Yıllar sonra bozuldu büyü, ses
anlam kazandıkça inancını yitirdin. Artık Arapçada
"hacer"in taş, "esved"in kara anlamına geldiğini biliyor-
sun. Karataş sözcüğünün "Hacerü'l-Esved" kadar büyü-
lü olmadığının, sır taşımadığının da farkındasın. Her-
hangi bir insanın, bir kentin ya da bir yörenin, elbette
bir nesnenin, yalnızca kendi vasfını bildiren bir şeyin
adı olabilir karataş, oysa "Hacerü'l-Esved" başkaydı. O
çocukluğunda duyduğun kutsal bir sözcük de değildi
yalnızca, rengine rağmen saflığın, sütbeyaz hayallerin,
günahsız bedenin cisimleşmiş haliydi.

Bu taşın bulunduğu yerden kaldırılıp Kâbe'deki bu-
günkü yerine konulması söz konusu olduğunda Ku-
reyş'in dört soylu ailesi arasında anlaşmazlık çıktığını
öğrenecektin sonradan. Bu kez deden anlatacaktı. "Ha-
cerü'l-Esved"i Kâbe'ye taşıma onuru uğruna nasıl kılıç-
lar çekildiğini, Kureyşlilerin birbirine girdiğini, sonun-
da Muhammed'in hakemliğine başvurduklarını, o de-
virde kendisine henüz peygamberlik gelmemiş de olsa
dedenin "Sallallahü Aleyhi ve Sellem Efendimiz" dediği
Muhammed'in bulduğu hakça çözümü.

Bir kumaş getirip üzerine koyduruyor taşı, dört aile-
nin her birine de kumaşın bir köşesinden tutup kaldır-
malarını söylüyor. Böylece eşit biçimde paylaşılıyor gö-

rev. Ve Muhammed'e, bir adı da Ahmed olan genç adama, El Emin adı veriliyor. Yani Kureyşlilerin gözünde güvenilir kişi oluyor müstakbel peygamber.

Dedenin, yalnızca beş vakit namazında bir Müslüman değil aynı zamanda hacı da olduğunu biliyordun, ama bu sözcüğün anlamına vâkıf değildin. Henüz değildin. Ne var ki dedenin aslında milyonlarca Müslüman gibi ihrama bürünerek Mekke'ye gidip hac görevini yerine getirmediğini, Kâbe'nin çevresini tavaf eden insan seline karışıp Hacerü'l-Esved'e dokunmadığını, o mahşer yerini andıran kalabalıkta itiş kakış, din kardeşlerini ezmek pahasına karataşa erişip ona dokunmadığını, öpüp başına da koymadığını bilmiyordun. Deden savaşmaya gitmişti oralara, hacılığı "Yemen gazisi" oluşundandı, Mina'da şeytan taşlayıp Arafat'a tırmanmasından değil. Zemzem'den içmek de nasip olmamış, ama bir biçimde, büyükannenin söylediğine bakılırsa deden hacı olmuştu. Nasılsa dönebilmişti Yemen'den, gidenin bir daha gelmediği, türkülere, destanlara konu olan Yemen'den. Gerçekte Hicaz'dan dönmüştü ama, büyükannen de dahil tüm yakınları için Arabistan Yemen'di. Yemen adıyla iz bırakmış, yer etmişti belleklerinde. Türküler, çöl savaşlarından geri dönmeyenler için söylenmiş, ağıtlar hep o coğrafya için yakılmıştı.

"Burası Muş'tur yolu yokuştur / Giden gelmiyor acep ne iştir!" Ne iş olacak, giden gelmiyordu elbet, orada, o kutsal topraklarda susuzluktan kuruyor, kurda kuşa yem oluyordu. Çöken bir imparatorluğu kurtarmak uğruna. Yuvadan ayrı düşmüşlerin, köyünden zorla alınıp Gazze'ye, Mekke Medine'ye gönderilmiş, orada İngiliz kurşunuyla Arap hançerine göğüs gererken öldürülmüşlerin ardından dul kadınlar, muradına eremeyen nişanlılar, yaşlı analar ile kocakarılar, bağrı yanık âşıklar ağıt yakıyorlardı. "Gitme Yemen'e Yemen'e / Yemen sıcak dayanaman / Dang borusu er vurulur / Sen cahalsın uyanaman." Uyanmıştı deden, cahal değildi. Genç bir zabitti Seferberlik'te. Yemen'e gitmiş, Kanal'da, Şam'da, Gazze ve Medine'de yedi düvele karşı çarpışmış, yaralanıp esir düşmüş, sonunda geri dönebilmişti. Hacı sayılırdı öyleyse. Hem hacı hem gazi. Gerçi Allah'ın bir lütfu olarak görmezdi gaziliği, savaştığı için gurur falan da duymazdı. Savaş Allah'ın verdiği canı almak değilse neydi ki! İngiliz'le bir olan Arapları tepelemeye giderken onların Hazreti Peygamber'in ümmeti olduğunu biliyordu. Biliyordu ya başka bir şey de gelmiyordu elinden. Ölmemek için öldürecek, yaşamak için yaşatmayacaktı. Çünkü hayat tatlıydı. Çünkü daha genç ve önünde yaşanacak uzun yıllar vardı. Evli de değildi. Ne yapsındı Hazreti İbrahim'in makamını İngiliz'le bir olan Mekke Şerifi'nin elinden kurtarmayıp da.

Oğul sahibi olmak kolay mıdır? Elbette değildir. Hele peygamberseniz, Tanrı düşüncesiyle, O'nun sevgisiyle dolup taşıyorsa içiniz, kalbinizde çarpan, damarlarınızda akan O'nun erişilmez sırrı, engin bilgisi, O'nun sonsuzluğuysa. Kız ya da erkek, özellikle de erkek, bir evlat nedir ki! Tanrı size bağışladığı gibi dilerse yanına alabilir onu. İsa bir peygamberdi, ama Tanrı'nın oğlu değildi. Hâşâ değildi. Çarmıha da gerilmedi. Tanrı yanına aldı onu, kendi katında ebedi kıldı.

Aslında uykudayken de canınız alınabilir, ölmezsiniz. Sonra, eceliniz gelinceye dek her sabah Tanrı sizi yeniden diriltir, İsa'yı dirilttiği gibi. Savaşta Arapları öldüren deden Allah'ın tüm Müslümanların canını geceleri alıp gündüz iade ettiğine inanıyor, korkunun ecele faydası olmadığını biliyordu. Ama Tanrı'nın verdiği canı almaktan da çekinmiyordu. Bir geceliğine değil ebediyen. Hem Tanrı ona da oğul vermemiş, üç kız bağışlamıştı. Kim bilir cahiliye devrinde yaşasaydı belki de birini toprağa gömecekti. Oysa üçüne de emek verdi, büyütüp yetiştirdi. Serpildi kızları, okula gittiler, iyi bir eğitim aldılar. Belki bu nedenle "Kız çocuğun hangi suçtan öldürüldüğü kendisine sorulduğu zaman" ayetini sık sık okur, ağlardı. Ve sen bir türlü anlayamazdın nedenini, baban öldüğünde bile ağlamayan deden yalnızca bu ayet okunduğunda ağlardı. Ulucami'de cuma vaazını dinlerken de öyle olmuştu, imam kıyamet gününü anlatmaya başladığı zaman. Oğlan çocuğu olmadığı için seni çok sevmiş, tek torununun iyi bir Müslüman olmasını istemişti. Cahiliye devrinde yaşasaydı belki seni de boğazlayıp kurban edecekti.

Tanrı İbrahim'i sınamak istedi ya da bir an İsmail yanında, kendi katında olsun istedi, kim bilir. O her şeye kadir değil mi? Hem esirgeyip bağışlayan, hem de müntakim olan, olabilen değil mi? İbrahim'in günahı neydi ki Tanrı ondan öç almak istesin? Bunu bilmiyoruz. Ama İbrahim'e, oğlu İsmail'i kendine kurban etmesini buyurduğunu biliyoruz. Veren de O, alan da; kim ne karışır.

Tanrı İbrahim'e seslendiğinde "İşte ben!" dedi İbrahim. "Sana inandım, sana sığındım, günler geceler boyu, aylar, mevsimler, yıllar boyu, yüz yaşımı aştığıma göre bir yüzyıl boyu hep Sen'i düşündüm, Sen'i özledim, Sen'i istedim." Doğru muydu acaba? Bunca yıl beklediği, edinmek için yanıp tutuştuğu, içindeki Tanrı sevgisini bile azaltan bir başka sevginin, oğul sevgisinin tutsağı olamaz mıydı? Gerçekten seviyor muydu Rabbini, yoksa kalbinde artık bir başka sevgiye de yer var mıydı?

İbrahim, oğlu İsmail'e seslendiğinde "İşte ben" dedi İsmail. "Sen bana hayat veren, beni bir damladan var eden, besleyip büyütensin. Sen benim babamsın." "Öyleyse toparlan bakalım, gidiyoruz" dedi İbrahim. Yanlarına iki uşak alıp eşeğe palan vurduktan sonra yola koyuldular. Üç gün üç gece dağ taş demeden yürüdüler. Artlarına dönüp baktıklarında bir de gördüler ki, bir arpa boyu yol kat etmek şöyle dursun Tanrı'nın seçtiği yere varmışlar bile. İbrahim orada eşeğinden indi, uşaklarına beklemelerini söyleyip oğlunu yanına aldı, birlikte tepeye tırmandılar. Orada bir mezbaha yaptılar. Mezbaha bitince İsmail kurban edecekleri kuzunun nerede olduğunu sordu. İbrahim "Rabb'in hikmetinden sual olunmaz!" diye yanıtladı oğlunu. Sonra başını bir taşın üzerine koyup gözlerini kapatmasını söyledi. İsmail babasının isteğini yerine getirince bıçağını çıkardı, tam oğlunu boğazlamak üzereyken bir melek indi gökten, İbrahim'in elini tutup "Rabbini gerçekten sevdiğini anladım şimdi" dedi. "Biricik yavrunu bile O'ndan esirgemedin!" Ve İsmail'in yerine kurban etmesi için bir koç verdi.

Kınalı bir koç alırdı deden, bahçede boş duran keçi damına bağlardı. Sevinçten deliye dönerdi. Kedilerden ve kümesteki tavuklardan başka hayvan girmeyen ev şenlenir, koç damın duvarlarını, karadutları, kavakları süstükçe bahçe hareketlenirdi. Karıncalar da onun şerefine çıkarlardı yuvalarından. Kediler kaçacak delik ararlardı. Kümeste bir çil horoz vardı. O korkmazdı koçtan, ama tavuklar ortalıkta dolaşmaya pek cesaret edemezlerdi. Yemini götürür, suyunu değiştirir, hem sever hem beslerdin. Yumuşacıktı postu, büyükannenin elleri gibi kınalıydı. Gözleri, bakışları da öyle, hani ne derler –"mülayim" mi– öyle bir şey işte. Mülayim ve mülazım. Evin bir parçası, ailenin vazgeçilmez üyesi olurdu. Zamanla varlığına alışırdınız. Yalnız sana sokulur, seni sahiplenirdi, ama dedenle büyükannene biraz uzak dururdu. Onlara kafa tuttuğu, boynuz vurduğu olurdu kimi zaman, sana asla. Sonra, bayram gelip çattığında ağlamana, bağırıp çağırmana aldırmadan bahçenin dibinde keserlerdi. Kahrolurdun! Koçun kanı toprağa akar, derisini yüzen kasap sanki sana çalardı bıçağı, senin canın yanar, senin kanın akar, senin derin yüzülürdü. Küserdin herkese. Herkes orada olurdu bayramda, annenle baban, teyzelerin. Eve yılda bir uğrayan hayırsız amcan bile. Onların varlığı avunman için yeterli değildi. İlle deden gelecek, başını okşayıp teselli edecek seni, ille aynı şeyi, her kurban bayramında anlattığı öyküyü anlatacak. İbrahim'e gökten bir koç inmeseydi onun yerine senin kurban edileceğini söyleyecek. Sen de gözyaşlarını silip kara kara düşünecek, derin bir iç çekişten sonra dedene hak verecek, Allah'a koçu gönderdiği için şükredeceksin. Yoksa sen yatacaktın bıçağın altına, senin kelleni kesecekler, ciğerinden kebap bağırsaklarından mumbar yapacaklardı. Hep böyle olur, her bayramda dedenin alıp getirdiği, kendi ellerinle besleyip okşadığın, alıştığın, erkek kardeşinmiş gibi bağlandığın koç senin yerine kurban edilir, ciğerinden kebap etinden surra işkembesinden çorba bağırsaklarından mumbar yapılır, bir kısmı evde yendikten sonra artanı fakir fukaraya dağıtılırdı. Koçtan geriye, büyükannenle üzerine uzanıp açık pencereden yıldızlara baktığın sedirdeki pösteki kalırdı yadigâr.

Hacırahmanlı'dan Hacı Rahmi Ram

Deden Rahmi Bey Manisa'nın Hacırahmanlı köyündendi; hacı değildi ama Hicaz cephesinden dönüşte evlenip çoluk çocuğa karıştığında büyükannen "gazi" lakabını yeterli bulmayarak hacı demeye başlamıştı ona. Soyadı kanunu çıkınca "Müslüman" adını almak istemiş, sonra laik Türkiye Cumhuriyeti'nde bunun pek uygun kaçmayacağını düşündüğünden "Ram"da karar kılmıştı. "Boyun eğen, kendini başkasının buyruğuna bırakan" anlamına gelen bu Arapça sözcük de, ona kalırsa aynı anlamı içeriyordu.

İkisi de dindardılar, Rumeli kökenli büyükannen galiba biraz daha dindardı. Belki deden kadar tahsilli olmadığı için, belki ailesinde Bektaşi dervişler ile şehitler, seyitler, veliler olduğu için. Ya da, üç kız doğurduğu halde dedene bir erkek çocuk veremediğinden kendini dine vermişti. Radyolu oda dediğiniz evin sofasındaki sedirin üzerine rahlesini açar, dokunulmaktan meşin cildi eprimiş, sayfaları yer yer sararmış Kuran cüzünü önüne yerleştirir, giderek yükselen sesiyle okumaya başlardı. Deden de yazıhaneden dönüşte okurdu, ama onun kitapları, Kuran'ın o kargacık burgacık, üzerlerindeki taş kaldırılınca dört bir yana kaçışan karıncalara benzeyen eğri büğrü harflerinden oluşmuyordu. Deden sayesinde okula gitmeden sökeceğin alfabenin orantılı, simetrik, her sesin karşılığını bulduğu harfleri vardı. Allah ve Peygamber'in adları geçmiyordu, söktüğün ilk sözcük ATA idi, sonra bir de TÜRK eklenecekti bu sözcüğe, ATATÜRK. Ve okula başladığında yeni bir dünyayı keşfedecek, evdeki dualar, tespihler, dedenle büyükannenin birlikte kıldıkları namazlar ile okuldaki İstiklal Marşları, ant içmeler ve Atatürk şiirleri arasında bir süre bocalayacak, giderek dedenle büyükannenin dünyasından kopacaktın. Hacırahmanlı'nın toprak sahibi bir ailesindendi deden. Zeytinlikleri, tütün ve pamuk tarlaları vardı. Bostan ve bağları da. Sen o devirleri görmedin elbet, ama aile içinde anlatılırdı. Gece lüks lambasının ışığında kırıldıktan sonra şişlere, oradan da kargılara dizilip güneşte kurutulan tütünleri, bağbozumunda kütüklerden sarkan ballı, çekirdeksiz üzümlerin serildiği taraçaları, kazanlarda kaynayan kazlar ile ateşte nar gibi kızaran kuzuları, bütün o bolluk günlerinin bereketini çok dinledin. Ne var ki, elleri tütün kırmaktan kararmış, yer yer çatlamış ırgatlardan, yakıcı güneşte sabahtan akşama pamuk toplayan gündelikçilerin yoksulluğundan kimse söz etmedi sana. Bu konuları merak edip araştırdığında İstanbul'da bir yatılı okuldaydın ve elinden düşmeyen kitaplar arasında Kuran yoktu.

Rahmi Deden Rahmi Bey olmadan önce Hacırahmanlı köyünde el bebek gül bebek büyütülmüştü. İzmir'e yalnızca tütün ve kuru üzüm değil, arada bir varlıklı ailelerin çocukları da gönderiliyordu. Deden de bu şanslı çocuklardan biriydi, ama onlar gibi şımarık ve yaramaz değildi. Okudu. İzmir'de din eğitimi aldıktan sonra tahsilini İstanbul'da medresede tamamlayıp hoca oldu. Ne var ki yetinmedi bununla, Darülfünun'da hukuk derslerini izledi. Orayı da bitirdiğinde genç bir yargıç adayıydı. İzmir'e atanmasını beklerken savaş çıktı. Hükümet Harbi Umumi'ye katılıp katılmamakta duraksadı bir süre, ama Kuzey Afrika'daki Fransız üslerini bombaladıktan sonra İstanbul'a sığınan Goeben ve Breslau zırhlıları kıçlarına Türk bayraklarını takarak "Yavuz" ve "Midilli" adıyla Sivastopol'u vurunca, Almanya yanında savaşa girdi. Rumeli'de, Kafkaslar'da, dağılma sürecine girmiş de olsa imparatorluğun üç kıtaya yayılan topraklarında Mehmetçik düşmanla kapıştı. Artık kıyamet kopmuş sevkiyat başlamıştı. Vagonlar dolusu asker cepheye gönderiliyor, gidenler geri dönmüyordu. Deden de aralarındaydı, Cemal Paşa'nın Dördüncü Ordusu'nu takviye amacıyla Şam'a, oradan da Filistin'e gönderilen birliklerin içinde tüfek çatmayı bile yeni öğrenmiş bir genç zabitti. İnsanoğlunun hem kahraman hem korkak olduğunu, açlık ve susuzluğu, şiddet ile ölümü ilk kez orada gördü. Hayatın her zaman kolay olmadığına ne var ki hayatta kalmanın her zamankinden daha gerekli olduğuna bizzat tanıklık etti. İnancı sarsılmadı değil, ama her sabah uyandığında çölde akbabalara yem olanların arasında bulunmadığı için Allah'a şükretti. Tifüsü, biti, iskorbütü de orada gördü. 1916 yılının haziranında Mekke Şerifi Hüseyin'in oğullarından Emir Faysal İngilizlerle bir olup Bedevileri Osmanlı'ya karşı ayaklandırınca Medine garnizonunun savunmasına katıldı. Hicaz Demiryolu'na sabotajlar düzenleyen Lawrence ve asilerle boğuştu. Yani bir hacının yapmaması gereken her şeyi vatan uğruna yaptı. Sonunda "ne şehittir ne gazi" dedirtmedi kendine, yaralanıp esir düştü, ama sağ dönmeyi başardı. Mütareke'de büyükannen Nurhayat Hanım'la İstanbul'da evlendi. Büyükannenin ailesi de Üsküp'ün eşrafındandı, ne var ki Balkan Savaşı'nda her şeylerini orada bırakıp yollara düşmüşler, İstanbul'a ulaşıp yeni yurtlarında tutunacak bir dal bulabilmişlerdi. Dedenin Hicaz'dan silah arkadaşı bir zabitin akrabasıydı Nurhayat. Muhacir kızları gibi öyle çakır gözlü, sarışın, boylu boslu değildi, yüzü de pek güzel sayılmazdı, ama akıllı uslu, dindar, görgülüydü. Oysa deden bayağı yakışıklıydı. Şimdi, onun İstanbul'da öğrencilik yıllarında, başında yeni kalıplanmış püsküllü fes, üzerinde istanbulin, ayağında siyah rugan ayakkabılar ve elinde abanoz bastonla çekilmiş fotoğrafını anımsadıkça sanki yeni fark ediyorsun bunu ve dedenin hacdan olmasa da Medine'den döndükten sonra İstanbul'da Rum ve Ermeni kadınlarıyla yaşadığı hovardalık günlerini hayal edebiliyorsun. Yalnızca hovardalık günlerini mi? Mütareke'nin yılgın, yorgun, umudunu hepten yitirmiş, çöken bir imparatorluğun enkazı altında ülkenin haritadan silinmesini bekleyen insanlarını da. Büyük teyzen bu ortamda dünyaya gelmişti, ortanca teyzen ile annen ise Manisa'da doğup büyüyeceklerdi. İstanbul günlerinde siyasetten uzak durmaya çalışmıştı deden, yine de Hacırahmanlıların gözünde "Con Rahmi" olmaktan kurtulamamıştı. İttihatçılar arasında arkadaşları vardı, onlara yakınlık duyuyor, ama aralarına karışmıyordu. Hürriyet'in ilanına sevinmişti elbet, öte yandan 31 Mart'ta dini bütün vatandaşların eziyet görmesinden de rahatsız olmuştu. İnançlıydı belki, ama namaz çıkışı Tatavla'da içki âlemlerine katılmaktan, hatta kavatı bol Galata'da kahpelerle düşüp kalkmaktan da geri kalmıyordu. Ailede hiç kimsenin bilmediği, karısından ve kızlarından yıllar boyu sakladığı bu gerçeği, daha başka sırlarıyla birlikte torununa anlatacaktı ölmeden önce. Evet, ölüm döşeğinde bir tek sana itiraf edecekti günahlarını, yalnızca sana. Her şeyi anlayacak yaşta değildin henüz, ne var ki ailenin tek erkeğiydin. Balıkesir'deyken yaz tatillerini dedenin Manisa'daki evinde geçirirdiniz. Baban öldükten sonra annen bir süreliğine onlara bıraktı seni, çekti Fransa'ya gitti. Dil öğrenmek için mi yoksa bir başka nedenle mi bunu hiçbir zaman bilemeyeceksin. Bildiğin, anımsadığın tek şey ilkokula Manisa'da başladığın, annen gibi öğretmen olan, ama evli olmayan teyzelerinin, özellikle de büyükannenle dedenin himayesinde büyüdüğün, onların sayesinde okuyup adam olduğun, bu "adam olmak" ne demekse! O zamanlar büyüyünce ne olacaksın diye sorulduğunda "her adam olacağım" diye cevap verirdin, kendinden emin. Şimdi adam olmasan da bir baltaya sap olabildiğin için kendini şanslı sayıyorsun. Ve çocukluğunun yeşil cennetine dönebilmek için her şeyi, şu satırları yazdığın sağ elini bile vermeye razısın. Yeter ki, yine "Otuz Beş Yaş" şairinin dediği gibi gün eksilmesin pencerenden. Yeter ki seni bırakıp gidenler, gidip de gelmeyenler geri dönsün. Dağ dağa kavuşmaz, ama insan insana kavuşur, sen de yeter ki kavuş yitirdiklerine.

Kesme taşlı küçük binası, bekleme salonu ve lokantasıyla sıra dışı bir görünümü olan Balıkesir İstasyonu'ndan annenle beraber kara trene binip Manisa'ya geldiğiniz günler çok geride kaldı. Ama hiç unutmadın o yolu, üçüncü mevkinin tahta koltuklarını, camdan geçen boz tepeler ile keçi sürülerini, alçak damlı kerpiç evleri, "Gaztaaa! Gaztaaa!" diye bağırarak vagonların

43

peşine takılan çocukları –o gazeteleri okumak için değil, perde yerine kullandıklarını sonradan öğrenecektin– ve tren Savaştepe'yi geçtikten sonra düze inince Kırkağaç'ın minareleri ile tütün tarlalarını, sarı, yeşil, yemyeşil bağları. Ekspres Hacırahmanlı'da durmaz, oflaya puflaya, bacasından beyaz dumanlar ve kıvılcımlar püskürterek Manisa'ya varır, annenle ikinizi peronda bekleyen dedenin tam karşısına bırakırdı. Ve ne tuhaf, ikiniz de önce elini öperdiniz yaşlı adamın, sonra Manisa'da inen diğer yolculardan biraz çekinerek de olsa, kucaklaşır, hasret giderirdiniz. Annen birkaç gün sonra döner sen kalırdın. Bir faytona binip neredeyse tümü dağın eteklerinde son bulan caddelerden ve tozlu, dar sokaklardan geçerek geldiğiniz, Ulucami'ye yakın, o bahçe içindeki büyük, beyaz evde kalırdın.

Saba ülkesinden Allah'ın Evi'ne

Saba ülkesini bilirsiniz ya da bilmezsiniz. Bugün Yemen derler, Hint Okyanusu kıyılarından az içerde, Arabistan Yarımadası'nın güneybatı ucunda, dağları, ırmakları, koyak ve otlakları, otlaklarında yayılan sürüleri ve bağlarında yeşeren üzümleriyle bereketli bir topraktır. Ağaçlarının gölgesi koyu, bostanlarında yetişen meyveleri sulu olur. Yeleleri rüzgârda savrulan, kanatlanıp uçan Arap atlarının hızıyla da gitseniz, bir aydan önce bir baştan bir başa kat edemezsiniz; yollar tenha ve geniş olsa da arazi engebelidir. Yakıcı güneşten korunmak ihtiyacını da hiç duymazsınız. Yol boyu gölgeliktir, sulak ve serindir. Havası da öyle, hani ne derler, "cana can katar" mı? Soluduğunuzda tertemiz eder ciğerlerinizi, kan dolaşımını hızlandırır.

Saba ülkesinde kızlar erken olgunlaşır, delikanlılar şehvetli ve erildir. Biz bu betimlemeleri çok dinledik der gibi bıyık altından gülümsediğinizi görür gibiyim. Yine ballandıra ballandıra Saba Melikesi'ni anlatacak bize, kırk melike hükmü geçer başmelik ile bir cinin birleşmesinden doğduğunu, bir ayağı kızıl, bir ayağı yeşil yakuttan, geriye kalan iki ayağı ise zümrüt ve inciden tahtını, mermer direkleri, altın kubbeli köşkleri ve gümüşten çardaklarıyla betimledikten sonra Süleyman'la yaşadıklarını, ona gönderdiği hediyeleri dile getirecek diye içinizden geçiriyor da olabilirsiniz. Yanıldığınızı yüzünüze vurmak istemem, ama amacım bilinen öyküleri peş peşe sıralamak değil. Hüthüt kuşu Saba Melikesi'nden Süleyman'a haber getirdiğinde orada olduğumu söyleyecek de değilim. Ne var ki, güneşe tapan Saba halkı, melikelerinin Süleyman'la mektuplaşmasından önce de sonra da bolluk içinde yaşıyordu, bu gerçeği belirtmekte yarar görüyorum. Evet, "gerçek" dedim, eski kaynakların yalancısı olsam da.

Saba ülkesinde iki dağın arasına çekilmiş, taş ve demirden bir duvar vardı. Dağların karı, bulutların yağmuruyla kabarıp coşan ırmakların suyunu tutan Ma'rib duvarı. Günün birinde bu duvarın yıkılıp her yeri suların basacağı, selin yalnızca insanlar ile hayvanları değil evleri de önüne katıp sürükleyeceği, taş üstünde taş kalmayacağı, nedense Melik Amru bin Amir'e değil de karısı Tarifat el Hayr'a malum oldu. Çünkü Tarifat, kocası gibi bir giydiğini bir daha giymeyen, başkaları da giymesin diye yırtıp atanlardan değildi. O, vaktini tapınakta ibadetle geçiren bir dişi ermişti.

Tarifat bir gece düşünde deli rüzgârın denizin üzerinden toplayıp getirdiği siyah bulutlar gördü. Bulutlar öylesine yoğun, o denli karanlıktılar ki, gün zindana döndü. Aynı anda korkunç bir şimşek çaktı, ardından da sağanak indirdi. Ve tapınağın orta yerine yıldırım düştü. Derken alevler sardı her yeri, yangın yürüyüp saraya dek ulaştı, oradan da ülkenin tüm kentlerini yakıp kül etti.

Tarifat uyandığında kan ter içinde kalmıştı. Gidip kocasına anlattı gördüğü düşü. Amru yakında başlarına bir felaket geleceğini anladı. Kıyametin belirtisiydi bu yangın. Sonra, başka belirtiler de zuhur etti. Köstebekler yedi kat yerin altından çıkıp ön ayaklarıyla gözlerini kapattılar. Bir kaplumbağa yol ortasında sırtüstü döndü, ayaklarıyla debelenip çabalamasına rağmen bir daha yüzüstü gelemedi. Bir fare arka ayaklarıyla topaç çevirir gibi çevirdiği kocaman kayayı kaldırıp dağların ardına fırlattı. Sıcak havada yaprak kımıldamazken ağaçlar köklerinden koparılırcasına eğilmeye başladılar. İşte o zaman Amru, Ma'rib duvarının tuttuğu suların eskisi gibi akmasını, ülkenin tufanda yerle bir olmasını beklemeden bu diyardan göç etmeye karar verdi.

Kâhinin gösterdiği yol uyarınca dört bir yana dağıldılar. İçlerinde hızlı ata binenler Umman'a, yavaş ata binenler Hamadan ülkesindeki Kurûd kabilesinin yanına gittiler. İş bilip aş bilmeyenler Murr'lara, kızgın çöl ortasında vaha arayanlar Yesriblilerin arasına karıştılar. İpek ve ibrişim peşindekiler Suriye'ye, servet sahibi olmak isteyenler Basra'ya yöneldiler. Amru bin Amir ise, çoluk çocuğu ve gözü pek savaşçılarıyla Azal'da karar kıldı. Ne var ki orada fazla oyalanmadan çekirge sürüsü gibi Tihama'nın üzerine çöktüler, halkını uykuda bastırıp kılıçtan geçirdiler. Atları, develeri ve davarları öylesine çoktu ki hiçbir otlakta uzun süre kalamıyor, her defasında daha sulak, daha geniş, daha elverişli bir toprak arıyorlardı. Böylece Mekke önlerine dek gelip çadır kurdular. Allah'ın Evi'ni koruyan Cürhüm kabilesiyle savaşa tutuşup erkeklerini öldürdüler, kadın, kız ve kızanlarını köle yaptılar. Oraya yerleştikten sonra İsmail'in soyundan gelenler de aralarına karıştı; Kuza adıyla Mekke'de hüküm sürmeye, kervanlardan baç Allah'ın Evi'ni ziyarete gelenlerden haraç almaya başladılar. Bu nedenle uzun sürmedi egemenlikleri, Kureyş kabilesine yenik düşüp sahneden çekildiler. Ve Mekke ve Merve ve Safa ve Zemzem ve Allah'ın Evi Kureyş'e kaldı.

Kureyş'e kalan miras elbette kutsaldı. Yer, su ve taş, Allah'ın en sevgili kulu, ilk peygamberi, Arapların atası İbrahim'den kalmıştı. Bu mirasın yeterince önemsendiğini, Allah'ın Evi'ne gelen hacıların beslenip korunduğunu biliyoruz. Çünkü Tanrı "Bana hiçbir şeyi ortak koşma; tavaf edenler, orada kıyama duranlar, rükû edenler ve secdeye varanlar için Evimi temiz tut!" buyurmuştu İbrahim'e. Gerçi Zemzem'in suyu Cebrail Aleyhisselam'ın bir kanat vuruşuyla topraktan fışkırmıştı ama, Kâbe'yi oğlu İsmail'in de yardımıyla İbrahim kendi elleriyle yapmış, taş üstüne taş koyarak ortaya çıkarmış, üzerini örtmeyip açıkta bırakmıştı. Bir kapısı, daha ileriki yıllarda dört duvarı kaplayacak değerli kumaşları ve İbrahim'in ayak izini taşıyan temelleri vardı Kâbe'nin, ama çatısı yoktu. Sonradan o da oldu, üzeri örtülünce gerçek bir eve benzedi, ne var ki insanlar barınmak için girmedi içine, Allah'ın birliğine iman etmek için de girmedi, İbrahim'in tertemiz tuttuğu tapınağa onun soyundan gelenlerce putlar konuldu. O putlar ki, yılın her gününe bir tanesi tekabül ettiğinden sayıları üç yüz altmıştı ve yalnızlıktan sıkıldıklarında, aralarında fısıldaşmaya başlamadan önce kendi kendilerine konuşurlardı.

Uzza

Eşhürü'l-hurum desem kim anlar, kim bilir o günlerin kıymetini! zilkade, zilhicce, muharrem, recep! Dört aylar girdi mi şenlenirdi ortalık. Ah, muharrem! Adını haykırmak, doyasıya bağırmak, üzerime örtülen bu şalı, ta Çin'den, Maçin'den, belki Acem'den gelen, çıplaklığımı, güzelliğimi, bana inanan, bana tapan herkese cömertçe sunduğum bedenimi örten bu ipek şalı yırtıp parçalamak, zil takıp oynamak gelirdi içimden. Muharrem girince savaş biterdi. Muharrem zamansız bir konuk gibi gelir koynuma girerdi. Yeşertirdi gövdemi, canlandırıp diriltirdi. Çünkü sanırım bilmezsiniz, samura ağacında oturdum uzun süre, onun dalları kollarım, gövdesi bedenim, kökleri saçlarım oldu. Evet, muharremle kıvranırdım, ama hazdan değil. Hâşâ hazdan değil, mutluluktan. Kıvanırdım. Gururdan, hâşâ gururdan değil, huzur duymaktan kıvanırdım, muharrem gelince. Gelip düşüme, döşüme girince, sevincime ortak olunca. Sarıp sarmalayınca bedenimi; çıplaklığımı, utancımı örtünce. Savaş biter panayır başlardı. Misk ü amber kokuları yayılırdı her yana, bir tuhaf, bir hoş, biraz sarhoş olurdum. Gelirlerdi. Ülkenin, bu asi, bu engebeli, dümdüz çölü ve kum tepelerini, tepeciklerini de içine alıp denize doğru uzanan bu çorak ülkenin dört bir yanından gelip pazar kurarlar, alıp satarlardı. Dostlar alışverişte görsün. Amaçları mal alıp mal satmak değil barışmaktı. Barıştıktan sonra da kavuşmak. Yavuklular birbirine kavuşur, murat alıp murat verirlerdi. Hem de nasıl, yangından mal kaçırırcasına. Şiirlerde yazıldığı gibi.

Mısır ketenlerine yazdıkları şiirlerini getirip Kâbe'nin duvarına asar, çevremde tavaf ederlerdi. Gençtiler. Yaşlıydılar. Erkek ve dişiydiler. İçlerinde süt emen bebeler bile vardı, ama yine de, bir gün olsun saygıda kusur etmediler. Ben onları bilirim. Kızıl çölü kızıl develeriyle aşıp gelirler, sıkıldıklarında deveye dökerlerdi içlerini; sevdikleri kadını deveye benzetir deveye kaside düzerlerdi. Ve ağzı çabuk köpüren atlarına. Ahularla soy soplarına. Mızrak ve kılıçlarına kaside düzmezlerdi, çünkü muharrem girince savaş onlara haram kılınırdı. İşte o zaman işrete dalar, şarap içip sarhoş olur, çevremde uzun, siyah etekleriyle tavaf eden genç kızları mahfe içinde sıkıştırırlardı.

O şiirlerde güzel sözler yoktu yalnızca, dağların heybeti, rüzgâr ve taze tenlerin kokusu, konargöçerliğin coşkusu da vardı. Her kafiye düşürdüklerinde dinlerdim. Yıldızlı gökyüzü düşerdi aklıma. Öcü alınmamış ölüler baykuş olup uçardı. Yine de aşktı aslolan, savaş ve kan davası değil. Çocuğuna meme veren kadınla nasıl yattıklarını anlatmaktan utanmazlardı. Sevgililerinin yüzlerini kendini ibadete vermiş bir keşişin lambasına da benzettikleri olurdu, parlak bir aynaya da. O şiirlerde kadınların bacakları dolgun ve sıkıydı, boğumlu hurma fidanları gibi. Ve gerdanları beyaz geyik gerdanlarına benzerdi. Gel de anımsama o günleri; aşk, barış ve sevinç günlerini. Kan sevmeyen muharremi, zilkade, zilhicce, recep aylarını. Ve kahpe feleğin çemberinden geçen söz cambazlarını. Kaderin cilvesiyle savrulan o sihirbaz, işvebaz, dilbazları.

İçlerinden birini anımsıyorum. Adı İmruü'l-Kays'tı galiba, evet Kays.

Beni sever, bana tapar, hem kılıç hem kamış tutan elleriyle gövdemi okşardı. Bilirdim bu eller çok kadına dokunmuş, nice genç kızı baştan çıkarmıştır. Yine de bir ürperme duymazdım bedenimde, ama ipek şalımdan sıyrılıp onunla birleşmek, onun olmak isterdim. Bir gün babasının katillerinden öç almak için yola çıktığında Du'l-Halasa'yla karşılaşmış.

Halasa'yı bilirim, severim de. Yemen'e giden kervan yolunun üzerinde çakmaktaşından bir kayadır, ama ne kaya. Güneşte parıldar, gece yıldızların ışığında yine parıldar. Elinde yay, önünde okları vardır, başındaysa nerden geldiği, kimin koyduğu belirsiz bir taç. Kays bir ok çekmiş, bakmış dön git yoluna diyor. Bir tane daha çekmiş, sonra bir tane daha. Oklar kan davası aleyhine çıkmış hep. O sırada gökyüzünden bir turna sürüsü geçmesin mi! Turnalar da ters yönde uçuyormuş, babasının ülkesine doğru değil. Bunun üzerine öç almaktan vazgeçeceğine öfkelenip "Hay pis orospu!" diye bağırmış ilaheye. "Babanın zekerini ye!"

Şaşırdım tabii, ona hiç yakıştıramadım. Ne de olsa şairdi gözümde, kimi zaman kamışını zekeriyle bir tutsa da, güçlü kuvvetliydi. Yeri geldiğinde her ikisini de kullanmakta maharetliydi. Daha anlayışlı, çok daha yumuşak davranmasını beklerdim. Ama içten içe sevindiğimi de itiraf etmeliyim. Biz ilaheler böyleyizdir, hem tutarız birbirimizi, hem sever hem nefret ederiz. Kadın kıskançlığından da öte bir duygu; yüceltilmek isteriz.

Demek ki Kays bu zeker işlerine daha o zamandan meraklıymış. Yoksa ilk hayal kırıklığında dilinin ucuna gelmezdi o sözcük. Dile önem vermeli, onu ciddiye almalı. Ve elbette iyi kullanmalı. Yoksa zekerinden asarlar adamı. Evet, telaffuz etmeden önce dikkatle tartmalı sözcükleri. Yoksa kendi ağırlığınca günahları tartılır mizanda. Bu "mizan" da ne demekse. Hiç duymamıştım. Sonra Kureyş'ten Muhammed adında biri çıktı, Allah'ın bizden yüce olduğunu söylemeye, yaymaya başladı. O'na eş koşulamayacağımızı, mahşer gününde mizan kurulup herkesin bu dünyada işlediklerinin tartılacağını, Allah'ı bir sayanların, yalnızca O'na kulluk edenlerin cennete bize tapan, bize kurban kesenlerin cehenneme gideceklerini vaat etti durdu. İnsanoğlu öldükten, bedeni toprak olduktan sonra dirilmesi mümkünmüş gibi. Bize gelince, biz başkayız. Onlar gelir geçer, biz bu dağlar durdukça, bu güneş tepemizde parladıkça kalırız. Muhammed'in ağzından bal akıyormuş diyorlar. Onu dinleyen bizden yüz çeviriyormuş. Yalan! Ben Kureyş'i bilirim. Bizden başkasına gönül indirmez onlar. Muhammed'in ağzından o güne dek hiç duyulmamış, büyülü sözcükler dökülüyormuş, öyle diyorlar. O da şair olmasın! Neyse, şiir deyince İmruü'l-Kays'ı anımsadım. Buralardan uzakta ölen, zeker saplantısına kurban giden zavallı Kays'ı. Ben onu çoktan affettim bile, dilerim Allah Babamız da günahlarını affeder.

Kays'ın işreti ve kayserle işleri

İmruü'l-Kays Hadramut ve Yemame'de hüküm süren Kinde hükümdarlarından Haris oğlu Hucr'ün oğluydu. İsa'dan beş yüz yirmi yıl kadar sonra Necid'de doğmuştu. Annesini sormayın, onun şeceresini belirtmeye gerek yok, ama –çünkü Araplarda soy sop baba söz konusu olduğunda önem taşır– ben yine de söyleyeyim. Kays'ın annesi Taglip kabilesinden Mühelhil'in kız kardeşi Fatma'dır. Büyükbabasının büyükbabası Hucr, Lahm kabilesinin elinde bulunan Vail oğlu Bekr'in topraklarını da alarak bölgesini genişletmiş, zürriyetine önemli bir miras bırakmıştı. Bu mirasa, sonradan Hucr'le araları açılınca onu bir gece vakti çadırında basıp öldürecek olan Esedoğullarının otlakları da dahildi.

İmruü'l-Kays, dayısı Mühelhil'in teşvikiyle şiir yazmaya başladığı için babası tarafından aile ocağından kovulmuş, dağ taş dolaşır olmuştu. Allah kelamını ileten Muhammed dc, şiir söylediği gerekçesiyle Kays'ın ölümünden sonra, çok değil elli altmış yıl sonra kabilesinden kovulacak, Mekke'yi terk etmek zorunda kalacaktı, ama Allah'ın elçisi o zamanlar doğmamıştı daha. Dolayısıyla sözü ve bu "şair-şiir" işlerini fazla karıştırmadan, hele Kuran'daki "Şuara" Suresi'ne hiç mi hiç atıfta bulunmadan, Kays'a dönelim yine, Kays'ın kayserle işlerine geçmeden işret günlerini beyana devam edelim. Arkadaşlarıyla bir vahadan bir başka vahaya, bir yurttan ötekine konup göçüyor, avlanmadığı zamanlar şiir yazıp şarap içiyor ve elbette genç kadınlar ile kızları ayartmaktan geri kalmıyordu Kays. Bir keresinde dayı kızı Uneyze'ye de göz koymuş, karşılık görmeyince ona tuzak kurmaya karar vermişti.

O gün genç kızın kabilesinin konaklayacağı yeri öğrenip subaşındaki kamışların arkasına gizlendi. Kervan, Dâret-i Cülcül denilen kamp yerine gelince aralarında Uneyze'nin de bulunduğu kızlar soyunup suya girdiler. Bunun üzerine saklandığı yerden çıkan Kays onların giysilerini alıp kaçtı ve kızlara giysilerini, ancak yanına çıplak gelirlerse vereceğini söyledi. Çaresiz razı oldular, yalnız Uneyze, evet bir tek o, kuzenine direndi. Hatta direnmekle kalmayıp Kays'ı küfür yağmuruna tuttu. Ne var ki, günbatımına yakın, kamp yerinde ateşler yanmaya, kuzular kızarmaya başlayınca yelkenleri suya indirdi. Kays, Uneyze'nin güneş görmemiş, akşam alacasında sedef gibi parlayan gövdesine, kara gözlerine, henüz tüyü bitmemiş mahrem yerine vuruldu, gözü başka şey görmez oldu. Hizmetkârlarına canından çok sevdiği dişi devesini kesmelerini buyurdu. Geceleyin kızlarla birlikte deveyi afiyetle yiyip şarap içtiler. Kays kendisini bineğinden yoksun bıraktığı için alınmış gibi yaparak kızın devesine çıkmayı ve mahfede onunla sevişmeyi başardı. Sonra da oturup şiirini yazdı olan bitenlerin.

Diyordu ki, "Ah! Nasıl anmam Dâret-i Cülcül'ü, sevgilimle baş başa geçirdiğim o mutlu günleri, kızların subaşında gülüp oynaşmalarını." Devesinden de söz ediyordu elbet, zavallının top top bükülmüş yağlarını beyaz ve ham ipeğe benzetiyor, kızların ateşte kızarmış etleri iştahla yediklerini anlattıktan sonra Uneyze'ye mahfede nasıl iştahla sarıldığını da anlatıyor, sözü fazla dolaştırmadan, allayıp pullamadan, derin felsefe yapmaya da pek gerek duymadan, sözü –evet Tanrı kelamını değil ölümlü ve günahkâr insanın ağzından çıkan ve can çıkmadan çıkmayan o tehlikeli sözü– dayı kızının "gönül avutan meyvelerini nasıl devşirdiğine" getiriyordu. Nasıl mı devşirmişti o meyveleri? Geceleri nazar boncuklu çocukların, gebe kadınların yanına giderek, yataklarına girip emzikteki çocuklarla meyveleri paylaşarak, çocuklara genç annelerin yukarısını bırakıp aşağısıyla yetinerek "Ah o emzikli kadın!" diye iç geçiriyordu, "çocuk ağladıkça gövdesinin yarısıyla ona dönüp meme verir, altındaki yarısı benden ayrılmazdı."

Ve bu dizeler Mısır ketenlerine altın harflerle işlenip Hazreti İbrahim'in yaptığı Kâbe'nin duvarına asılıyordu. Bir gece tatlı diliyle elde ettiği kadını çadırından çıkarıp nasıl kumların üzerine yatırdığını da anlatıyordu, üzerlerini örten karanlığı da. Ülker yıldızı da tam o anda çıkıp göğün ortasında, sevgilisinin belinin tam ortasındaki değerli taşlar gibi parlamasın mı! İşte o zaman ne aşka doyuluyordu ne kadına. Dünyaya da doymak olmuyordu vesselam. Yine de yanlış anlaşılmak istemem. Kays'ın şiirlerinde gönül serüvenleri yoktu yalnızca; dağları, kumları, kurumuş dere yatakları, sıcağı ve ayazıyla, kayaları, sarp yamaçları ve mağaralarıyla bütün bir coğrafya soluk alıp veriyordu onun dizelerinde. Harfler ağır aksak yürüyen develer gibi eğilip büküldükçe, "elif"ler "nun"lara girip çıktıkça, "mim"ler "vav"larla yuvarlanıp "dal"lara kavuştukça bulutlar rüzgârda savruluyor, hiç beklenmedik bir anda indiren sağanak "üzerinde devetüyünden dokunmuş abasıyla bir kabile şefi" kadar heybetli duran Sebir Dağı'nın tozunu toprağını ovaya yığıyor, fırtına geçtikten sonra her yanda "Yemenli çerçinin satmak için yere serdiği renk renk kumaşlar gibi" çiçekler açıyordu. Bu çorak, bu aman vermez ülkede, bu sert iklimde açan bir çiçek miydi İmruü'l-Kays yoksa ona bu payeyi, şehvet yüzünden öldüğü, sonunda ateşten gömleği giydiği için, ben mi veriyorum? İlk başta da söyledim, ateşten bir gömlektir sevda. Giyince teni yakar, acıtır, sonunda zehirleyip öldürür.

Babasının ölüm haberi geldiğinde Kays, Şam taraflarında yine işretteydi. Yetim kalan her oğul gibi kahroldu, ama renk vermedi. "Bugün şaraba yarın yola devam!" diyerek babasının öcünü almaya yemin etti. Esedoğullarından yüz tanesini kesip bir o kadarının da alınlarını çizmeden Hucr'ün ruhunun huzura kavuşmayacağını, babasının baykuş suretinde kabrinin başına konup gelen geçenden su dilenmeye devam edeceğini biliyordu. İşte bu yüzden zırh giydi, kılıç kuşandı, muallakasında övgüler düzdüğü "iri ve tüysüz, sırtı ebucehil karpuzu kırılan taş kadar sert, ön ayaklarını yüzer gibi kullanan, kurt gibi koşup tilki yavrusu gibi çifte atan" atına bindi, dere tepe düz giderek karlı dağlar ile kum denizini aştıktan sonra Bekir ve Taglip kabilelerinin yurduna vardı. Onlardan yardım istedi. Esedoğulları kendilerini bağışlatmak için Kays'ı asker topladığı yerde gelip buldular, çadırına kadar giderek af dilediler. Fakat o başında siyah sarıkla karşıladı babasının katillerini, onlara Hucr'ün kanını yerde bırakmayacağını söyledi. Ve işret düşkünü bir şairden umulmayacak hışımla, atmaca gibi çöktü üzerlerine, çoğunu kılıçtan geçirdi, öldüremediklerini de esir alıp yardımını gördüğü kabile şeflerine köle yaptı. Sonra yollara düştü yeniden, onun alın yazısı da böyle konup göçmek, bir kuyudan ötekine, bir kentten bir başka kente savrulup durmaktı işte. Ve sahrada avare dolaşırken şiir söylemek. Ama düşmanları boş durmadılar. Esedoğullarının öcünü almak için Kays'ın peşine düştüler. Bunun üzerine Kays, her nasılsa, nereden aklına estiyse, Bizans İmparatoru İustinianos'tan, evet yanlış okumadınız, Konstantinopolis'in hâkimi, bütün zamanların en büyük basileusu, Kayser İustinianos'tan yardım istemeye karar verdi.

Onun Arabistan çöllerinden kalkıp İstanbul'a gelene kadar başından neler geçtiğini, nerelerde konakladığını bilmiyoruz. Öyleyse bir sabah vakti, yedi tepeli kentin surları önünde göründüğünü, limandaki gemiler ile saraylara, mermer sütunlar ile manastırlara, o güne dek hiç görmediği, hayal bile etmediği erguvan renkli denize, Boğaz'ın girişindeki fenere, Üsküdar'ın kırmızı kiremitli bazilikaları ile Ayasofya'nın gökyüzüne asılmış gibi duran dev kubbesine şaşkınlık ve hayranlıkla bakakaldığını tahmin edebiliriz. Hatta hayal gücümüzü biraz zorlayıp, Kays'ın aslında düşmanlarından kaçmak için değil, yardım istemek için de değil, İustinianos'un karısı Teodora'nın ününü duyduğundan İstanbul'a geldiğini varsayabiliriz. Ne de olsa şairdi ve damarlarında Bedevi kanı dolaşıyordu. Tanrı vergisi şehvet ona şahdamarından daha yakındı.

Arabistan çöllerinde gezerken duymuştu Teodora'nın ününü. İustinianos'un yanından ayırmadığı, her konuda görüşüne başvurduğu, belli ki körkütük sevdalandığı imparatoriçenin bir zamanlar Bizans'ın en hayasız fahişelerinden biri olduğunu biliyordu. Beyaz tenli, ateşli, zeytin yeşili gözlerinde şehvete davetin parıltısı yanıp sönerken hayal ediyordu onu. Teodora'nın henüz bir erkekle yatamayacak kadar küçük yaştayken bile, oğlanların Bizans genelevlerinde yaptıkları gibi ters ilişkiye girmekten çekinmediği, olgunlaştıktan sonraysa her türlü hazzı vermeye ve almaya hazır bir kadın olduğu, kimi zaman cinsel güçlerinin doruğundaki sayısız delikanlıyla sevişip posalarını çıkardıktan sonra onların hizmetkârlarıyla da çiftleştiği, bir türlü doymak bilmediği rivayeti, belki de kara çalmadan başka bir amaç taşımayan bütün bu iftiralar Arabistan'a kadar yayılmıştı. Kabile şeflerinin çoğu, İmruü'l-Kays da dahil, Teodora hakkında anlatılanlara inanıyor olmalıydılar. İmparatoriçenin gençliğinde doğanın bedenine bağışladığı üç delikle yetinmeyerek göğüs uçlarının da aynı işlevi görmeyişinden yakındığı, herkes gibi Kays'ın da bildiği, ama bir de yerinde görüp bizzat denetlemek istediği bir gerçekti. İşte bu amaçla çıkmıştı yola, Teodora'yla tanışabilmek için her şeyi, Suriye çöllerinde kaplanlara, Anadolu bozkırlarında kartallara yem olmayı bile göze almıştı. Ya da Akdeniz'in dibini boylamayı, Adalar Denizi'nde fırtınayla, Marmara'da korsanlarla boğuşmayı, evet bir uçkur uğruna bütün bunları ve daha nicelerini göze almıştı.

Kostantiniye'nin kapılarına vardığında Teodora'yı hâlâ, gençliğinde yaptığı gibi, çırılçıplak sırtüstü yatıp bacaklarını açmış, kölelerin mahrem yerine serptikleri arpa tanelerini aç kazlara gagalatırken hayal ediyordu. Oysa çok şey değişmişti o zamandan bu yana. Teodora kendisi gibi "Maviler" taraftarı olan İustinianos'la karşılaştığında otuz beşindeydi. Görmüş geçirmiş bir kadındı; yaşadığı düşkün hayattan sonra devletin ileri gelen memurlarından birinin metresi olarak Kuzey Afrika'ya gitmiş, İstanbul'a dönmeden, daha doğrusu gönderilmeden önce İskenderiye'de yalnızca keşişlerle değil, Kilise'nin başpiskoposuyla da düşüp kalkmıştı. Kays, kayserin böyle bir kadını beğenip onunla ilişki kurmasına, karısı Lupicina'nın ölümünden sonra da evlenip onu imparatoriçe yapmasına, doğrusu hiç şaşırmıyordu. Basileusların güçlü kadınlardan hoşlandıklarını, devlet işlerini yürütürken genellikle onların etkisinde kaldıklarını, hatta eşlerine yalnızca iktidarı değil narin bedenlerini de teslim ettiklerini biliyordu. Onun Bedevi kafasının asıl almadığı, bir ayı oynatıcısı ile bir sirk akrobatının kızı Teodora'nın nasıl olup da devletin en yüce makamına gelebildiğiydi. Onun tanıdığı, bir deve mahfesinde ya da palmiyelerin altında sıkıştırıp kokladığı, geceleyin çadırlarından çıkarıp kuma yatırdığı kadınlar hâşâ, sümme hâşâ bunu beceremezlerdi. Mutlaka bir şeytan tüyü olmalıydı Teodora'da. Kendisinin nasıl bir cini varsa, şarap içip kafayı bulduktan, ateşin karşısında gevşeyip sızdıktan sonra cini nasıl aşka gelip ona güzel sözler söyletiyorsa, Teodora'nın bedenindeki cin de imparatoriçenin bedenini hazdan kıvrandırıyor, şehvet duygularını kabartıp ona henüz tadılmamış zevklerin kapısını aralıyordu. Kays da, ne yapıp etmeli, bu kapıdan içeriye girmeliydi.

İustinianos'un huzuruna çıkmadan önce nefsinin bütün kapılarını zorladı Kays, ama hiçbiri açılmadı. O serkeş ve avare şair gitmiş, yerine her gün yeni şeyler görmekten, dünyayı keşfetmekten hoşlanan meraklı bir gezgin gelmişti. İşte bu merakla dolaştı Kostantiniye'yi, kent de ona kapılarını açtı, ama üç sıra dikilen yüksek surların ardındaki sırlarını, sarayın erguvan rengi odalarında işlenen cinayetlerin, atlas yorganların altında olan bitenlerin, en değerli takılarıyla göz kamaştıran Bizanslı kadınların sırrını açmadı. Kays, yine de tanımadığı bir kadın gövdesini keşfeder gibi heyecanla, istekle, o güne dek hiç tatmadığı bir hazzın sarhoşluğuyla dolaştı sokaklarda. Saraylar, kızıl somaki sütunlar, doğudan batıya uzayıp giden geniş caddenin iki yanına dizili heykellerin gölgesinde uyuklayanlar gördü.

Al, yeşil, mavi, beyaz giysileri içinde Hipodrom'a doğru akıyordu kalabalık. Aralarına karıştı. Araba yarışlarını, ahalinin galeyanını, karşılıklı çekilen hançerleri, yerde can çekişenleri gördü. Çölün şiddetinden daha farklı, sanki daha uygardı kentteki vahşet, ama insanlar burada da dalaşıyor, Hipodrom'da fır dönen arabaların kaldırdığı toz duman içinde bağrışıp çağrışıyor, kan istiyorlardı. Oysa Kays kan görmek istemiyordu artık, bir an önce huzura çıkıp İustinianos'la tanışmak, sonra da imparatoriçe için yazdığı kasideleri okuyarak, Bizanslı kadınların çoğu gibi küçük ve atak olduğunu duyduğu Teodora'yı baştan çıkarmak istiyordu.

Hipodrom'da bir kez uzaktan gördü imparatoru, yanına gitmek istediyse de muhafızlar bırakmadılar. O da yerine dönüp ayı oynatıcılar ile akrobatların gösterilerini, araba sürücülerinin kırbacıyla koşturan atları izlemeye devam etti. Hayvanlardan öç alırcasına indiriyorlardı kırbacı, amaç yarışı kazanmak değil imparatorun gözüne girmek, belki bir mevki kapmaktı. Bu kadar hız, böylesine hırs alışmadığı bir şeydi Kays'ın. O bir kuyudan bir başka kuyuya, bir vahadan ötekine savrulur, kervanlardan arta kalan izlerin peşinde dolaşırken, hatta bir an önce yar koynunda uyuyabilmek için kum tepelerini aşarken bile kırbaçlamazdı atını. Tam tersine ona övgüler düzer, her daim hoş tutup gönlünü alırdı. Atı için yazdığı dizeleri hipodromda araba sürenler, kırbaç vurup kan fışkırtanlar duysa ne derlerdi acaba. Atı en yakın dostuydu, sanki gövdesinin uzantısı, ayrılmaz parçasıydı. Etle tırnak nasılsa öyle. Vahşi hayvanları kaçarlarken oldukları yere mıhlar, önlerinde heybetle şahlanırdı; böğrü geyik böğrü gibi alımlı, sel kadar tezdi. Kays yalnızca doru donuna hayran değildi atının, bir kaya kadar sert ve düz sırtına, rüzgârda uçuşan yelelerine, hatta kazan gibi kaynayan karnının fokurtusuna bile sevdalıydı. Diyeceğim, at ve avrattan başka gailesi yoktu hayatta ve Kostantiniye denilen görkemli kentte, her ikisinden de uzaktı.

Huzura çıkmayı beklerken hamamlarını da dolaştı kentin, çölde geçen susuz gecelerden, cehennem sıcağında üstüne yapışan kirli giysilerden öç alırcasına çeşmelerden mermer kurnalara dolan sıcak suyla yunup arındı, yorgun ve yaralı gövdesine tas tas dökündü. Buharda silikleşen, dalgalanan, eriyecekmiş gibi eğrilip bükülen mozaiklerde av sahnelerini, su perilerinin satirlerle çiftleşmelerini seyretti. Bir mozaikte, hamam arkadaşlarından şarap tanrısı olduğunu öğrendiği Dionisos her zamanki gibi sarhoştu. Ancak yakın dostu bir satirin, ormanda peri kovalamaktan yorgun düşmüş yarı keçi yarı insan bir satirin yardımıyla ayakta durabiliyordu. Tanrı'nın sağ elinde tuttuğu kupadan dökülen şarabı bir panter yavrusu yalıyordu. Eros gölgeye sere serpe uzanmış uyuyordu. Çıplaktı ve uykusunda bile çapkındı. Mavi giysili genç kız Eros'un oklarını çalmak üzere sessizce ona doğru yaklaşıyordu. Oklar atıldığında, yani genç kız kıvırcık saçlı güzel adama abayı yaktığında ten hazdan kıvranacak, aşk tüm güzelliği ve gerçekliğiyle yaşanacaktı. Bu benzersiz anları, insanın her şeyi unuttuğu, bir kadının sıcaklığında eriyip gittiği, kaybolduğu anları özlüyordu Kays. Hamamda gevşeyip çözülürken çıplak gövdesinde zekeri, evet yalnızca o, sertleşip dikiliyordu. Teodora'yla yaşayacağı aşk gecesini hayal ediyor, huzura bir an önce çıkmak istiyor, ama girişimleri bir türlü sonuç vermiyordu. Kimsenin umurunda değildi soyu sopu, kaside düzmedeki hüneri ya da ne bileyim, babasının düşmanlarını bir vuruşta yere sermesi. Burada sarayın kapıları, Bedevi çadırından farklıydı biraz. Kadınlar da öyle, istediğin an kolundan tutup kumların üzerine yatıramıyordun. Kays, tüm kapılar üzerine kapandıkça, fahişeler de dahil Bizans'ın tüm kadınlarından yüz bulamayınca kahroluyor, soylu bir prens olduğunu unutup teselliyi kendi kendini tatminde arıyordu. Bir zamanlar kılıç tutan, körpe kızların memelerini okşayan, sonra da o hızla kasideler yazan eli, o kahrolasıca, doymak bilmeyen erkekliğini tutuyordu artık. Sanki zaman geçmiş, gün dönmüştü. Burada, somaki sütunlar ile dikili taşların, su kemerleri ile sarnıçların, manastırlar ile dev kubbeli kiliselerin kentinde kavruk bir Arap'tı o kadar, kızların ve kısrakların sevgilisi, şair-i muazzam İmruü'l Kays değil.

Hamamın bir köşesinde, pek kimsenin rağbet etmediği kuytu bir kurnanın duvarındaki mozaik levhada gördüğü kambur aklından çıkmıyordu. Tuhaf bir biçimde kendine benzetiyordu kamburu, alnını örten kirpi saçları, uzun burnu, kara, kapkara gözleriyle.

Kendi gözleri gibi kamburun gözleri de biraz dalgın, hüzünlüydü. Rüyasında görüp, aşk badesini elinden içtikten sonra sevdalandığı, uğruna yurdunu terk eyleyip yollara düştüğü yavuklusunu özlüyormuş gibi. Kurnanın duvarındaki mozaikten bakan kambur aynı zamanda cüceydi, dikleşen erkeklik organıyla hayaları da, gövdesine göre oldukça büyüktü. Elinde çatal uçlu bir sopa tutuyordu, ayaklarıysa beyaz zeminin üzerinde kuş kadar hafifti. Yürümüyor, uçuyordu sanki. Mutlu görünüyordu. Hatta sonsuz bir sevinç, taşkın bir heyecan içinde olduğu bile söylenebilirdi. Belki de, sağ omzunu boydan boya örten kamburu değil de, çocuğu olamayacağına, bir insana hayat veremeyeceğine göre yalnızca zevk aracı olarak kullandığı erkekliğini önemsediğinden, onu şu ölümlü dünyada tek varlık nedeni saydığından böylesine uçarı, bu denli kayıtsız bir hali vardı.

Kays hamamda tanıştığı, uzun uzun sohbet ettiği bir saray görevlisinden bu mozaiği yapan ustanın nazar değmesin, kemgözü sahibine geri çevirsin diye kamburu böyle kusursuz çizdiğini, onu bakıra çalan mozaik parçalarıyla özene bezene süslediğini öğrenmişti. Levhanın üzerinde siyah harflerle "KAİ CY" yazıyordu. Bu sözcüklerin anlamını sorduğunda görevli "SİZE DE" demişti. Hemen anlamıştı Kays, kendi ülkesinde de buna benzer muskalar, büyüler vardı çünkü. Kadınlar boyunlarına, erkekler çadırların girişine, hatta Kâbe'deki putların, Lat'ın, Uzza'nın, Manat'ın boyunlarına asarlardı. Kötülüğümü istiyorsan al benden de o kadar! Amacın iyilikse benim de öyle. Kamburun, ucu bir hançer gibi kıvrılan erkeklik organıyla böyle sağa doğru hamle yapar gibi duruşunda bir hikmet vardı. Tabii ki anlayana. Kambur olduğuma bakma, der gibiydi, kalafatım yerli yerinde, kocaman hayalarım taş gibi ya sen ona bak! Üstelik yalnızca zevk için, haz alıp haz vermek için taşıyorum onları, sırtımda kamburumu taşıdığım gibi. Kays, ne tuhaf, hamama her gelişinde, kamburu her görüşünde, onun yerinde olmak için karşı konulmaz bir istek duymaya başlamıştı. Kendi kamburunu taşıyamıyordu artık, bu zengin, bu üç yanı suyla çevrili kendi hüsnüne hayran kentte, kendini beğenmişlerin, ordu kumandanları ile ulu rahiplerin, her gece düşlerine giren imparatoriçe ile kılıbık kocası İustinianos'un kentinde serseri gibi dolaşmaktan, bir ucube gibi karşılanmaktan, dilenci yerine konulmaktan bıkmış usanmıştı.

Sonunda Teodora için yazdığı müstehcen kasideleri sağda solda yüksek sesle okumaya başladı. Hatta bir keresinde mermer sütunlardan birinin üzerine çıkıp Ayasofya'da vaaz veren papaz gibi kıyamet gününün yaklaştığını, çünkü kentte bina ve zinanın çoğaldığını, imparatoriçenin bizzat kendisinin zina yapmaktan başka işe vakit bulamadığını haykırdı. Hamamda da boş durmuyor, yanına kim gelirse, Teodora'yla nasıl seviştiğini, onu nasıl evire çevire dümdüz ettiğini, Hipodrom'daki üç yılanlı sütun gibi altında kıvır kıvır kıvrandırdığını ballandıra ballandıra anlatıyordu.

Eski kaynaklar, uykusuzluk illetinden mustarip imparatorun, geceleyin sarayda gidip gelirken kafasının da imparatorluğun sınırlarını bir uçtan biri uca dolaştığı söylenen İustinianos'un sonunda Kays'ı kabul ettiğini, yanına asker verip ülkesine yolladığını yazıyor. Ama ben koskoca basileusun bir Arap şairine, hunharca öldürdüğü insanlar kadar bile değer vermesinin mümkün olmadığını bildiğim için, Kays'ın saray kapısından döndüğünü tahmin edebiliyorum. Ankara yolunda güneş batarken, bozkırda bir kervansarayda konakladığını da. İmparatorun ardından yolladığı ulak orada, avluda tek başına oturmuş kara kara düşünürken buldu Kays'ı. Hediyesini kendi elleriyle giydirdi. Allı yeşilli, ipekten bir gömlekti bu. İmparator onu kabul edemediğini ne var ki kendisinin bu alçakgönüllü hediyeyi kabul etmesini rica ediyordu. Kays hediyeyi aldı, hemen giymedi. Ankara Kalesi'ne vardıklarında tekfurun kızını baştan çıkartırım ümidiyle giydiğindeyse artık çok geçti. Sıcakta terleyince zehir etkisini gösterdi, derisi parça parça yüzülmeye başladı Kays'ın. Hallac-ı Mansur gibi "Ene'l Hak" dediği için yüzmediler derisini, o çok sevdiği, giderek tanrılaştırdığı kendi zekerinin kurbanı oldu.

Fil yılında

Fil yılında neler oldu bir bilseniz! Balık kavağa çıkmadı, hayır. Irmaklar da kaynaklarına doğru akmadı. Irmak dediysem sözgelimi elbet, dört yanı çöllerle kaplı bu yarımadada ırmak mı olur? Olsa olsa, kıyıdan içerilere doğru kat kat yükselen dağlardan kar suları akar aşağıya, vadiler boyunca dere, bilemedin çay olur denize kavuşmadan önce. Her neyse, dere ya da çay fark etmez, konumuz o değil. Diyeceğim, dağların, dalgaların, rüzgârın olduğu gibi onların da düzeni bozulmadı. Ama neler neler oldu fil yılında bir bilseniz. Balık kavağa çıkmadı, dedik, doğru. Zaten ne balık vardı Arabistan'da ne kavak. Yoksa o yıl, öyle bir yıldı ki, balık bile, Kureyş'in simgesi köpekbalığı başta olmak üzere ummanın tüm balıkları, hatta balina, evet balina bile çıkabilirdi kavağa. Yine de biz sözü fazla uzatmadan sadede gelelim. Ya da saadete gelelim, "Bahtiyar Arabistan" denilen ülkede o yıl olan bitenlere.

Fil yılında hayat hızlandı birden, peş peşe gelen olaylarla devran değişti. Hiçbir şey olmaz burada, bu yakıcı güneş ile bu yıkıcı insanların arasında, bu dağlar bu kumlar hep böyle yerinde durur, bu kabileler birbirini vurur da başka iş görmezler derken, belki balık kavağa çıkmadı, ama Yemen'i ele geçiren Habeşlerden bir ordu

Mekke'yi fethe çıktı, hem de kocaman bir filin komutasında. Gerçi ordunun başında Ebrehe nam, gözü pek bir hükümdar vardı, yine de fil önden gidiyor, komutan ve askerler arkadan geliyorlardı.

Ebrehe'nin ufak tefek de olsa dayanıklı bir bedeni, kıvrak zekâsı, müthiş bir öngörüsü vardı, ama burnu yoktu. Teke tek giriştiği kavgada kendisinden çok daha güçlü ve üstün olan Aryat'ı hileyle öldürmeden önce rakibi bir mızrak darbesiyle koparmıştı burnunu. Bu nedenle çirkinliği dillere destandı, ancak zekâsı ve inancı sayesinde Sana tahtında oturabiliyordu. Bir de, Habeşistan'da hüküm süren muhteşem melik Necaşi'ye olan sadakati sayesinde. Evet, burnu yoktu ama İsa Peygamber'e, Ruhü'l Kudüs'e, Meryem'in bakireliğine ve meleklere inancı tamdı. Bu yüzden hiç de iyi gözle bakmıyordu Kâbe'ye, Arapların kendisi gibi Hıristiyanlığı benimseyeceklerine içinde putlar barındıran bir tapınağa secde etmelerine, her yıl hac mevsiminde onun çevresinde dönüp durmalarına içerliyordu. Kâbe sayesinde palazlanan, kervan yolları ile ilahları denetim altında tutan Kureyş kabilesi ile yandaşlarını kendi ülkesine çekmek istedi. Bu amaçla bir kilise yaptırmaya karar verdi. Arabistan'ın dört bir yanından gelen işçiler ve ustalar, binlerce köleyle birlikte işe koyuldular. Saba Melikesi'nin yıkılmış sarayından arta kalan taşları teker teker taşıyıp ust üste yığarak, Bizans kayserinin gönderdiği mermer ve rengârenk mozaiklerle duvarları kaplayarak, içeriye devasa haçlar, sütunlar, çarmıhtaki İsa ve havarilerinin heykellerini koyarak o güne dek yörede görülmemiş, bir benzerinin ancak Kostantiniye derler o uzak, lacivert denizin kıyısındaki kahpe kentte bulunduğu görkemli bir tapınak vücuda getirdiler. Tapınağın çekimine kapılmamak elde değildi, ama Araplar Kâbe ve putlarına öylesine bağlıydılar ki, Ebrehe'nin kilisesine rağbet etmediler. Hatta içlerinden biri üşenmeden devesine atlayarak Sana'ya dek gitti, bir gece kimse görmeden kiliseye girip çarmıhtaki İsa'nın ayakları dibine pisledi.

Savaş kaçınılmazdı artık, Ebrehe ve ordusu, önlerine fili katıp yola koyuldular. Ömürlerinde fil görmemiş Arapların bizzat muhteşem Necaşi'nin gönderdiği Mahmud adlı fille karşılaşınca neye uğradıklarını şaşırıp çil yavrusu gibi dağılacaklarını sanıyorlardı. Mahmud da, buzul çağından kalma atalarını aratmayacak ölçüde heybetliydi doğrusu. İki devasa boynuz gibi havaya kalkan sivri dişleri, yerde ne varsa hüpleyip ağzına götüren hortumu ve yürüdükçe sallanan kocaman gövdesiyle yalnızca hayvanlar âleminin değil Âdemoğullarının da hükümdarıymış gibi etrafına dehşet saçıyordu.

Mekke önüne geldiklerinde, ana rahmine yeni düşen Muhammed'in dedesi ve Kureyş'in reisi Abdulmuttalib'in otlakta yayılan develerini gördüler. Sürü öylesine çok, o kadar kendi haline bırakılmış gibiydi ki, hemen el koydular. Abdulmuttalib malını geri isteyince Ebrehe ona şöyle karşılık verdi:

– Ülkeni talan etmeye, Kâbe'yi başına yıkmaya gelmiş olmam umurunda bile değil. Sen hâlâ develerinin derdindesin.

– Onların sahibi benim, dedi Abdulmuttalib. Sen bana sahip olduğum şeyi geri ver, ötesine karışma. Kâbe'nin de elbet bir sahibi vardır.

Bunun üzerine deve sürüsünü sahibine geri verdi Ebrehe ve ordusuna Kâbe'nin üzerine yürümesini emretti. Mahmud'u gören Mekke ahalisi korkularından evlerini terk edip, aralarına Abdulmuttalib ve develerini de katarak, dağlara çekildiler. Ne var ki fil, bakıcısının güzel sözlerine, tehditlerine, hatta kızgın demir çubuklarla böğrünü deşmesine rağmen yerinden bile kıpırdamadı. Her biri yelken büyüklüğündeki kulaklarını oynatmakla yetindi sadece. Sonra da hortumunu kıvırıp yeri göğü sarsarak arka ayaklarının üzerine çöktü, uykuya daldı. Uyandığında başka tarafa yönlendirdiler. Kalkıp koşmaya başladı bu kez de, ama Kâbe'ye doğru değil. Hayvanın üzerinde her türlü kışkırtmayı, işkenceyi denediler, ne var ki bir türlü Kâbe'ye saldırtamadılar.

Derken gökyüzü karardı birden, rüzgâr çıktı. Ve nereden geldiği belli olmayan bir kuş sürüsü belirdi dağların üzerinde. Kuşlar gagalarında taşıdıkları nohut büyüklüğündeki taşlarla Ebrehe'nin ordusuna hücum ettiler. O kadarcık taştan ne olur ki demeyin, bir anda cehenneme döndü ortalık. İsabet alanların derileri pul pul dökülüyor, inleyerek can veriyorlardı. Kuşlar çığlık çığlığa çöküyorlardı üzerlerine, gagalarından düşen taşlar ne miğfer dinliyordu ne kalkan. Zırhları delip geçtikçe parça parça oluyordu gövdeler, kol ve bacaklar lime lime dökülüyor, eriyip toprağa karışıyorlardı. Kuşlar ve taşlar küçüktü, ama yol açtıkları hasar büyüktü. Ebrehe de aralarında, sağ kalanlar selameti kaçmakta buldular. Ne var ki Allah'ın gazabından kurtulamadı hiçbiri, ülkelerine varamadan yolda telef oldular. Kuran'daki "Fil Suresi", adı üstünde, bu bozgunu anlatmak için indirilmiştir. Mekke'de nazil olan hepi topu beş kısa ayetten ibarettir:

Ey Muhammed! Kâbe'yi yıkmaya gelen fil sahiplerine Rabbinin ne ettiğini görmedin mi? Onların düzenlerini boşa çıkarmadı mı? Onların üzerine, sert taşlar atan sürülerle kuşlar gönderdi. Sonunda onları yenilmiş ekin gibi yaptı.

Ebabil kuşlarının öyküsünü büyükannen anlatmıştı sana. Yazdı, hava çok sıcak, radyolu odanın tüm pencereleri açıktı. Sedirin üzerinde tek başınaydın, büyükannense yere serili pöstekiye bağdaş kurup oturmuş, Kuran cüzünü önüne koymuştu. Kitap orada, küçük rahlenin üzerinde kapalı duruyordu. Yaşlı kadın iki yana sallanarak bir şeyler mırıldanıyordu içinden, başka bir dünyadaymış gibi dalgın ve düşünceliydi. Derken bir kırlangıç sürüsü geçti pencereden, dağın yamaçlarına doğru gözden kayboldu. Sürüyü başka bir sürü izledi, giderek çoğaldı kuşlar, gün siyaha kesti. Çığlık çığlığa geçiyorlardı pencereden, dutun dallarına, oradan kavaklara konuyor, havada birkaç tur attıktan sonra pervazlara tünüyorlardı. İçeriye girmelerinden korkmuştun, girip odayı altüst etmelerinden, sedirin, sandalyelerin altına, dedenin kitap dolaplarına gizlenmelerinden. Büyükannen olan bitenin farkında değildi; kendi dünyasında, mırıldandığı duanın etkisindeydi. Sen pencereleri kapatınca çevirdi başını, kuşların iyiye alamet olduğunu, onları Allah'ın gönderdiğini söyledi. Hep güzel haber getirirdi kuşlar, cennette hurilerin, gılmanların başına konar, Tuba ağacının dallarında şakırlardı. Ve hiç yalan söylemezlerdi. Çocukların yaptığı yaramazlıkları bir Allah bilirdi bir de kuşlar. Gelip annelerine haber verirlerdi. Büyükannenin yatıştırıcı sözleriyle dışarıda patlayan kırlangıç fırtınası diner gibi olmuştu. Kuşlardan değil yaptığın yaramazlıkları büyükannene haber vermelerinden korkuyordun artık. Terliyken soğuk su içmiş, karıncalara eziyet etmiştin. Yasak olduğu halde göçmen çocuklarıyla çelik çomak oynamış, misket tokuşturmuştun sokakta. Şimdi kuşlar gelip her şeyi, bütün bu yaptıklarını anlatacaklardı büyükannene. O da akşam dedene söyleyecekti. "Peki, ama" demiştin, hep iyilik mi yapar kuşlar, hiç mi kötülükleri yoktur?" İşte o zaman ebabil kuşlarının öyküsünü anlatmıştı büyükannen, sonra da Kuran'ı açıp okumaya başlamıştı.

Keşke şimdi de okusa, açık pencerenin önünden geçen kırlangıçlar gibi kapkara uçuşmaya başlasa sözcükler, yaşlı kadının kısık sesi o yaz ikindisinde bir dua, bir ayet fısıldar gibi Ebrehe ve ordusunun korkunç akıbetini fısıldasa kulağına: "Elem tere keyfe feale rabbüke biashabil-fili!" O zaman büyükannenin ağzından duyduğun yabancı seslerin "Fil Suresi" olduğunu bilmiyordun elbet, ama "fil" sözcüğü, kulağına aşina bu tek sözcük, kırlangıç çığlıklarına benzeyen Arapça sözcüklerin arasından sıyrılıvermişti. Bir hoş, anlamını çözdüğün seslerle sarhoş olmuştun. O zaman işte böyle kolayca kapılıp giderdin bir sözcüğün büyüsüne, anlamasan da huşu içinde dinlerdin. Anlayınca, Allah kelamını anadilinde duyunca, tanıdık bir sevinç kaplardı içini. Tanrı bir tek seninle konuşuyor, sırrını yalnızca sana açıyor sanırdın. Fil, neye benzediğini pek bilmesen de, hem kutsal hem anlamını çözdüğün bir sözcüktü artık.

Önce fili mi hayal etmiştin yoksa ebabil kuşlarını mı, şimdi pek iyi anımsamıyorsun. Anımsadığın tek şey babanın bir yolculuk dönüşü hediye ettiği *Hayvanlar Âlemi*'nin parlak kapağı. Yere dek sarkan hortumu ve dev cüssesiyle bir fil vardı o kapakta, içindeyse hiçbirini gerçekten görmediğin yırtıcı hayvanlar. Kentin hayvanat bahçesindeki o yaşlı kurttan başka yırtıcı hayvan görmemiştin, uysal ayı ile kokarcayı saymazsak. Sahi yiyecek verdiğin birkaç şaklaban maymun da vardı ve kafeste uyuklayan tavşanlar. Sonra, nedense kokarcadan da pis kokan o uyuz tilki. Ama fil yoktu, ne fil ne ebabil kuşları, *Hayvanlar Âlemi*'ni okuyup bitirdikten sonra açık hava sinemalarında göreceğin Tarzan filmlerinde de fillerle tanışacaktın, ama ebabil kuşları Kuran'ın sayfalarında kalacaktı. Şimdi, büyükannenin parmaklarıyla çevrilmekten eprimiş, yer yer sararmış o sayfaları açıp "Fil Suresi"ni okusan ebabil kuşları yine gelir mi pencerene? Yaptığın yaramazlıkları anlatırlar mı büyükannene? Yoksa gerçekte olmayan o kuşlar kutsal kitabın kargacık burgacık harfleriydi de, sen mi hayalinde kırlangıçlara benzetmiştin onları? Ya Kuran'ı açar açmaz, içinden çıkıp doldururlarsa odayı. Kanat seslerini duyar gibisin. Gaipten haber vermiyorlar hayır, o yaz ikindisini, büyükannenin fısıldadığı, artık geri gelmesi mümkün olmayan duaları da taşımıyorlar kanatlarında. Gagalarında yalnızca kilden taşlar yok, sırrını sana hâlâ açmayan sözcükler de var.

* * *

Fil yılında olan bitenler Mahmud'un başını çektiği Habeş ordusunun bozgunundan ibaret değildi elbet. O yıl, ağustos sıcağından sonra karanlık çöküp ortalık biraz serinleyince, gündoğumuna doğru henüz tanyeri ağarmadan, Kureyş kabilesinin Haşimi boyundan Abdulmuttalib'in on oğlundan en küçüğü olan Abdullah ile Zühre kabilesinden Vehb bin Abdülmenaf'ın kızı Âmine'den son peygamber, milyonlarca Müslüman'ın sevgilisi, adını, daha doğrusu sayısız adlarını her anışta "Sallallahu Aleyhi ve Sellem" diyerek ona olan bağlılıklarını dile getirdikleri Muhammed Mustafa Ahmed el Mahi doğdu. Ne var ki babası Abdullah oğlunu göremedi. Karısı hamileyken Suriye'ye giden bir kervanın sorumluluğunu yüklenmiş, dönüşte hastalanarak Yesrib'de Hakk'ın rahmetine kavuşmuştu. Aslında çocukken kavuşacaktı bu rahmete, babası onu Allah'a kurban etmeye kalkışmıştı çünkü, tıpkı Hazreti İbrahim gibi, Allah'ın ona geç yaşta bağışladığı on oğlundan en küçüğünü Kâbe'de, Hubel'in kırmızı akikten putunun ayakları dibinde boğazlamaya hazırdı.

Neyse ki, bu kez Allah bir koç göndereceğine çocuğun annesi Fatma'yı soktu devreye. Abdulmuttalib'in sayısını değil benim, eski kaynakları taramış hatırı sayılır İslam âlimlerinin bile bilmediği karıları arasında Fatma en cerbezeli olanıydı. Beş kız üç erkek çocuk vermişti kocasına, üstelik Manzum kabilesindendi, yani bir Kureyşliydi. Yavrusunu kurtarmak için fal çekilmesini önerdi. On oğulun on ayrı işaretini taşıyan okları dizdiler. Fal her defasında Abdullah'a çıktı. Kurtuluş yoktu kurban edilmekten, ille de küçük oğulun kanı akacaktı. Anlaşılan en büyük ilah Allah onu istiyordu yanına. Çünkü tüm masallarda ve efsanelerdeki gibi en yakışıklı, en zeki, en güzel huylu olan en küçük çocuktu. Ama annesi yılmadı, bu kez de Hicaz'ın ünlü falcılarından Yesribli bir kadına danışılmasını önerdi. Abdulmuttalib karısının sözlerine uyarak yola koyuldu, Yesrib'e gidip orada falcı kadını buldu. Kadın o gece rüyaya yattı, ruhla buluşup konuştu, ertesi gün kan bedelinin on deve olduğunu, fal çekeceğini, eğer Abdullah'a çıkarsa on deve daha ekleyip yeniden çekeceğini, işin yüz deveye kadar varabileceğini, sonunda fal yine Abdullah'a çıkarsa oğlunu kurban etmekten başka çare kalmayacağını söyledi. Ve öyle oldu, ancak onuncu çekişten sonra fal develerin aleyhine dönünce Abdullah kurtuldu.

En çok bu kurban hikâyeleriydi seni korkutan, gece el ayak ortalıktan çekilip herkes uykuya daldıktan sonra yatağında rahat bırakmayan. Yavaşça kalkar, pencereden bahçeye bakardın. Orada, boş damın içinden bir koçun melediğini duyar gibi olurdun. Derken ayda bir evinize de uğrayan bileyicinin sesi doldururdu karanlığı. "Bileyici! Bıçaklar satırlar baltalar bilerim. Bileyiciii!" Dedenin damın bir köşesine yığdığı eski bıçakları bilerdi. Üç tekerlekli küçük bir arabası, arabanın üzerinde ayak hareketleriyle döndürdüğü yuvarlak biley taşı vardı. Bıçağı değdirince kıvılcımlar fışkırırdı taştan. Büyükannenin özenle hazırladıktan sonra İbrahim Efendi'nin fırınına gönderdiği kara ekmeği, surranın kemiklerini, hatta dedenin koltuğuna bile sığmayan karpuzları bir vuruşta ikiye bölen bıçakları bilerdi. İşte o bıçaklardan en keskinini, baban öldüğüne göre deden bir vuruşta senin boynuna da çalacaktı koç olmasaydı. Allah'a şükrederdin. İyi ki kınalı bir koç vardı orada, ayakları üzerine çökmüş yatan, kurban edileceği günü sabırla bekleyen. İyi ki Allah onu babalar çocuklarını kesmesin diye göndermişti yeryüzüne.

Abdullah kurban edilmekten kurtuldu, ama az kalsın Mekkeli bir kadının cazibesinden kurtulamayacaktı. Babası onun yerine yüz deveyi kestikten sonra oğlunu evlendirmek istedi. Araştırdı, ince eleyip sık dokudu, Kusay'ın kardeşi Zühre'nin torunlarından Vehb'in kızı Âmine'de karar kıldı. Babası ölmüştü Âmine'nin, amca-

sı Vuheyb'in velayeti altındaydı. Abdulmuttalib oğluna
Âmine'yi isterken kendisine de Vuheyb'in kızı Hale'yi
almayı uygun gördü. Böylece baba oğul, karşılıklı ger-
değe girmek üzere, evlerinin yolunu tuttular. Tuttular,
ama yolda bir kadın çıktı karşılarına. Boylu boslu, en-
damlıydı. Saçlarına kına yakmış, gözlerine sürme çek-
miş, omuzlarını ve sırtını açıkta bırakan bir elbise giy-
mişti. Abdullah'ı yatağına davet etti. Kabul ederse kan
bedeli kadar deve vereceğini söyledi. Genç damat geri
çevirdi bu öneriyi. Yoluna devam edip önce evine sonra
gerdeğe girdi. Ertesi gün aynı kadın yine yolunu kesin-
ce dayanamayıp bu davranışının nedenini sordu. Ka-
dın, dün bakışlarında bir kıvılcım, yüzünde nur fark et-
tiğini, ama bugün ne kıvılcımdan ne nurdan bir eser
kaldığını, artık istese de onu bir daha yatağına davet
etmeyeceğini söyledi. O gece Abdullah'tan, ana rahmi-
ne düşen Muhammed'e geçmişti nur ve artık hep onda
kalacak, onun yüzünde parıldayacaktı.

Muhammed Mustafa doğduğunda gökyüzünde bir
yıldız kaydı. Sonra bir tane, bir tane daha kaydı. Der-
ken yıldız yağmuruyla aydınlandı çöl gecesi, dişi deve-
lerin memeleri sütle doldu. Ukâz panayırında Araplara
bir nebi gönderildiğini haber veren Kuss bin Saide kızıl
devesinden inip Kâbe'nin yolunu tuttu. Hayber'de bir
Yahudi kâhin, yıldız yağmurunun ardından peygam-
berliğin kendi kavminden Mekke'de doğana geçeceğini
anlayıp kahroldu. Kureyşli haniflerden Varaka bin
Nevfel, Osman İbnü'l-Huveyris, Ubeydullah bin Cahş
ve Zeyd bin Amr, bundan böyle hak dinin yeni doğanla
geleceğini sezip Yüce Varlık'ı Suriye'de aramaktan vaz-
geçtiler.

Muhammed Mustafa doğduğunda ağzı köpüklü serkeş develer ile rüzgârdan hızlı atlar Dicle'yi geçerek Fars içinde yayıldılar. Sasani hükümdarının sarayında on dört şahnişin yerle bir oldu. Sava Gölü yere batıp kayboldu. İstahrabad denilen yerde bin yıldır yanan ateş birden sönüverdi. Ateşetapanlar ne yapacaklarını şaşırdılar. Bunun üzerine Şah Nuşirevan telaşa düşüp ünlü kâhin Satih'in yeğeni Abdülmesih'i, neler olup bittiğini öğrenmesi için amcasının yanına gönderdi. Abdülmesih Şam'a varıp amcasını orada, inzivaya çekildiği manastırın bir hücresinde can çekişirken buldu. Doğrusu pek garip bir adamdı amcası. Bir kervanla Yemen'den Şam'a gelmiş, bir daha da ülkesine dönmemişti. Vücudunda tek bir kemik bile yoktu. Bulursa kuru hurma, yoksa kuru ekmekle besleniyor, su bile içmiyordu. Bir yere gitmesi gerektiğinde kendini yatak gibi devşirip bir katırın üzerine yüklüyor, dilinden başka hiçbir uzvu hareket etmiyordu. Yeğenine, ancak onun duyabileceği bir sesle "Ahir zaman peygamberi doğmuştur, şahın şahnişinlerine geçmiş ola!" deyip son nefesini verdi.

Muhammed Mustafa doğduğunda, Sasani devletinin ezeli rakibi diyar-ı Rum'da da bazı olayların vuku bulduğunu söylemeliyim. Yeni doğana peygamberlik geldiğinde onun da belirteceği gibi "Şiir bayrağını cehennemin orta yerine diken" İmruü'l Kays'ın hatırına İustinianos'un sarayının çatısı çöktü. Arap olduğu için şairi aşağılayan imparator, Binbirdirek Sarnıcı'nı teftiş ederken mahsur kaldı. Muhafızları onu yıkılan direklerin arasından zor çıkartabildiler. Ayasofya'nın duvarlarındaki dev kanatlı melekler, sarı, mavi, yeşil, kestane rengi mozaikleriyle pul pul döküldüler. Haçlar yere devrildi, kentin anacaddesindeki İustinianos ile Teodo-

ra'nın heykellerini taşıyan sütunlar da. Duvar kabart-
maları peş peşe karardılar. Denizin tam ortasında bir
uçurum peydahlanıp açıktaki gemileri tayfalarıyla bir-
likte yuttu. Ve Kostantiniye'nin en güzel hamamların-
dan birindeki duvarda, mozaik levhanın içindeki mutlu
kambur, yere düşmeden önce, kocaman zekeriyle bir
cambaz gibi havada asılı kaldı.

Muhammed Mustafa doğduğunda kâhinler son pey-
gamberin âleme teşrif buyurduğunu bildirdiler. Ne var
ki Allah'ın âlemi onun yüzü suyu hürmetine yarattığın-
dan haberleri yoktu. Bu nedenle yedi kat yer ile yedi kat
göğün bir anda nura kesmesine, deryada balıkların dağ-
larda kartalların, çölde gezer ceylanlar ile çadır çatıp
içinde oturanların som ışığa batıp çıkmasına bir anlam
veremediler. O ışık geldi önce Kâbe'ye vurup İbrahim'in
makamını aydınlattı, sonra Âmine'nin evinden içeriye
girdi. Ve kutlu bebeğin annesinin gözüne ipekten yumu-
şak, Zemzem'den berrak bir perde çekti. Âmine "Onu
kem gözlerden uzak tut!" diyen bir ses işitti. Aynı anda
melekler kundağın çevresini sarıp kanat açtılar. Ve Al-
lah'ın habibini engin şefkatleri, derin hürmetleriyle sal-
lamaya başladılar. Biri mağripte biri maşrıkta biri de
Kâbe'nin üstünde üç bayrak hışırdıyordu. Bebeğin sağ
avucunda üç altın anahtar, sırtında kızıla çalan, güver-
cin yumurtası büyüklüğünde peygamberlik mührü var-
dı. Sünnetliydi. Ve anahtarlar ona cennet, cehennem ve
arafın kapılarını açmak üzere verilmişti.

Muhammed Mustafa doğduğunda Kâbe'deki putlar
da birer birer yere devrildiler. Hubel'in kırmızı akikten
kafası koptu, Lat ve Manat ortalarından çatladı, Uzza
bir başka ilaha, kendinden daha güçlü bir tanrıya sec-
de eder gibi yere kapaklandı.

Yola gelenler yoldan çıkanlar

Dedenle cuma namazına giderken önünden geçtiğiniz bir yatır vardı, tozlu sokağın ucunda, içinde gece gündüz bir mum yanan o basık, taş duvarlı, küçük kubbeli yapıyı hayal meyal anımsıyorsun. Bir koşu gidip demir parmaklıklı pencereden içeriye bakınca yeşil örtüyle kaplı sandukayı görürdün önce, sonra duvardaki cam altı resmini. Resimde bir deve, devenin üzerinde bir tabut ve yuları tutmuş önden yürüyen bir Bedevi vardı. Deveyi güdenin de tabutta yatanın da Ali olduğunu, Muhammed'in yeğeni ve damadı Hazreti Ali'nin kendi cenazesini kaldırdığını bilmiyordun. Ama tabuttan korkardın, sandukadan, mumun titrek alevinden, tavanda bir gidip bir gelen gölgelerden korktuğun gibi. Oysa resimde yusyuvarlak, içini aydınlatan bir güneş de parlardı. Bedevi'nin başının tam üzerindeydi güneş, ama sanki senin korkulu dünyanı aydınlatırdı, ıssız yolda yürüyen deve ile tabutu değil. Ali, ucu çatallı Zülfikârı'nı bir çalsa o güneşi dahi ikiye bölebilirdi, Mekkeli müşrikleri atlarıyla birlikte ikiye böldüğü gibi. Zülfikâr'ın Ali'nin kılıcı olduğunu, Peygamber'in ölümünden sonra halife seçiminde Müslümanların nasıl birbirlerine düştüklerini, oluk gibi kan aktığını, Allah bir Muhammed Ali üçlüsünün Anadolu Alevi inancının temelinde yattığını, gerçekte tek değil iki yol olduğunu, şeriat ile tarikatın birbirine ayrı düştüğünü öğrenecektin sonradan, ama çok sonradan, yıllarca kapağını açmadığın Kuran'a merak sardığında, Anadolu'yu karış karış dolaşıp tekkelerle, dervişlerle, onların menkıbeleriyle yatıp kalkmaya başladığında. Bir yol arayışına girecektin. Doğru yolu bulmak değildi amacın, belli bir yola girmek de değildi. Yoldan çıkmak, kendini hayat yolunun ortasında karanlık bir ormanda bulmak istemiyordun o kadar. Muhammed'in cehennemine girmekten değil Dante'nin cehenneminde yolunu yitirmekten korkuyordun. Ne ulaşabileceğin bir menzil vardı ufukta ne konaklayabileceğin bir uğrak.

Dedenin eline daha bir sıkı sarılırdın, o ise sağa sola bakmadan devam ederdi yoluna. Dosdoğru Ulucami'ye giderdiniz. Demek ki Yolageldi Baba'nın öyküsünü de, tasavvuftan pek haz etmeyen dedenden değil, pazar kurulduğu günler yatırın yanındaki boş arsaya gelip bağlama çalan ozandan öğrenecektin.

Tahtacı köylerinden gelen birkaç Yörük'ün dışında genellikle çocuklar toplanırdı ozanın çevresine. Halka olup dinlerlerdi. Günbatımında, pazar dağılır gölgeler uzarken gelirdi ozan, yatırın yanındaki incir ağacının altına bağdaş kurup otururdu. Cüzünden Kuran çıkarır gibi bağlamasını kılıftan özenle çıkarır, bir baba sevecenliğiyle kucağına koyar, üzerine kapanıp çalmaya, söylemeye başlardı. Siz de dinlerdiniz. Mahallenin bütün afacanları sus pus olup, ozanın yükselip alçalan, yavaşlayıp hızlanan, bazen coşup çağlayan, hıçkıran, bazen de durulup kısılan sesine kapılır giderdiniz.

Yatırdaki evliyanın öyküsüyle başlardı. Bektaşi eren-

lerindendi Baba, gençliğinde çok gezmiş, çok içmiş, ni-
ce günahlar işlemişti. Sonra bir gece, Horasan'dan Ana-
dolu'ya güvercin donunda gelen Hacı Bektaş Veli'yi gör-
müştü düşünde. Bozkırdaydılar. Uzun, ince bir yol var-
dı önlerinde. Bir yol daha vardı ki, onun varlığından
yalnızca Hacı Bektaş haberdardı. "İki yol var" demişti
ona. "İlki şu gördüğün uzun, ince yoldur ki ayı inine gi-
der, öbürü dosdoğru cennete." Cennete giden yola gir-
mek istemişti elbet, ama yol görünmüyordu. "O yolu gö-
rebilmen için gözünden perdelerin kalkması gerek" de-
mişti Hacı Bektaş. "Dergâhımda kırk yıl çile çekmeli-
sin." Uyandığında kararını vermişti. En yakın Bektaşi
dergâhına gidip kırk yıl çile doldurmuştu. Ama Hacı
Bektaş'ın vaat ettiği yol görünmüyordu hâlâ. Şeyhin
huzuruna çıkıp dert yanmış, artık cennete giden yola
girmeyi hak ettiğini söylemişti. Şeyhi "Hele bir yarın ol-
sun da" demişti. "Yarını bekle bakalım." O gece yine
Hacı Bektaş Veli girmişti düşüne, yine bozkırdaydılar.
Rüzgârda savrulan başakların arasından ince, uzun bir
yol görünüyordu. Bektaş Veli Hazretleri yine "İki yol
var" diye konuşmuştu. "İlki şu gördüğün ince, uzun yol
ki cennete gider, öbürü dosdoğru Allah'a." Uyandığında
düşünü şeyhine anlatmıştı. Şeyhi Yunus Emre'nin ağ-
zından şöyle karşılık vermişti ona:

Cennet cennet dedikleri
Birkaç köşkle birkaç huri
İsteyene ver sen onu
Bana Seni gerek seni

Bunun üzerine her şeyi anlayıp Allah yoluna girme-
ye niyet etmişti. Şeyhi "Şimdengerü adın Yolageldi ol-

sun, var git Saruhan iline, Hacı Bektaş'ın mânisini orada saç" deyince aç susuz yollara düşmüş, dere tepe düz giderek, geceleri ağaç kovuklarında uyuyup kurda kuşa yem olmadan Manisa'ya varmış, burada tekkesini kurup nice dervişe nasip verdikten sonra Allah'ın rahmetine kavuşmuştu.

En çok da bu "kurda kuşa yem olmadan" sözü etkilerdi seni, ozan bağlamasının tellerine vurdukça, vurup Yolageldi Baba'nın menkıbesini anlattıkça ıssız yolları, o yollarda yürürken kurda kuşa yem olanları düşünürdün. Ozan "Uzun ince bir yoldayım / Yürüyorum gündüz gece" diye devam ederdi, "Bilmiyorum ne haldeyim / Yürüyorum gündüz gece." Ve nedense hep yollarda yürünürdü o menkıbelerde, yol uzun, hava sıcak olurdu. Kendini yola vuran ne halde olduğunu bilmeden yürür de yürürdü. Sonra döner bakardı ki bir arpa boyu bile ilerlememiş. Yolageldi Baba yola gelmeden kırk yıl çile doldurur da, yollar bana mısın bile demezdi. Sonra bir başka yola girer o yolda yürür ha yürür, ne bir menzile ulaşır ne bir bahçede dinlenirdi, Hakk'ın rahmetine kavuşmadan önce.

Allah'ın rahmetine kavuşmak... Allah zaten rahman ve rahim değil miydi? O'nun rahmeti yeryüzünde önemliydi, öteki dünyada değil. Hem Yolageldi Baba yola geldikten sonra nasibini yeterince almamış mıydı Hakk'tan, yıllarca çilede O'nun rahmetine zaten kavuşmamış mıydı? Bu sorular kafanda dönüp durmaya başlayınca ozanı da unuturdun arkadaşlarını da. Orada, halka olmuş çocuk kalabalığının tam ortasında nasıl da yalnız hissederdin kendini, nasıl da farklı, hep sorular soran, o sorulara yeterli yanıtları bulamayınca sıkılan, içi daralan bir çocuktun. Derken ozanın sesi anlam kazanmaya başlardı yeniden. Sıra Yolageldi Baba'nın işlerine, kerametlerine gelir, bağlamanın telleriyle canlanan ses akıp giderdi.

Saruhan iline varıp tekkesini kurmuş, dervişleriyle Hacı Bektaş öğretisini çevreye yaymaya başlamıştı. Kısa zamanda halkın sevgisini kazanmış, merhameti, sonsuz sevgisi, dilden dile dolaşan kerametleriyle gönüllerde taht kurmuştu. Her gece makamına üç deniz ile yedi ırmak uğruyordu artık. Yatsı namazının ardından seccadesinin üzerinde Kâbe'ye gidiyor, dönüşte bir yol Hacı Bektaş'a uğrayıp hünkârı ziyaret ettikten sonra yatağına giriyor, ama gözünü hiç kapatmıyordu. Gözü hep açıktı Yolageldi'nin, sanki birini bekliyor, bir yol gözlüyordu.

Sonunda menkıbenin en can alıcı yerine gelirdi ozan. Sesini alçaltır, duyulur duyulmaz bir tonda, çok önemli bir gizi açıklar gibi devam ederdi.

Yaşlılığında bir gün yine böyle gözü açık yol gözlerken bir atlı belirmişti ufukta. Tozu dumana katarak dörtnala tekkeye yönelmişti. Yolageldi dervişlerine "Bize artık yol göründü, Hakk'a yürümemiz yakındır" diyerek ateş yakıp su ısıtmalarını söylemiş, sonra da son nefesini oracıkta vermişti. Kara kazanda su kaynarken varıp dosdoğru gusülhaneye gelmişti atlı. Yüzünü yeşil bir nikap örtüyordu. Yolageldi Baba gibi boylu boslu, ak saçlıydı. Cenazeyi dervişlerle birlikte yıkadıktan sonra tabuta koyup atının terkisine yüklemiş, geldiği gibi çekip gitmişti. "Neden sonra" diyordu ozan, "dervişler anladılar ki gelen atlı Yolageldi'nin ta kendisidir. Ölen de odur kendi cesedini tabuta koyup götüren de."

Taş gibi donup kalırdın olduğun yerde. Yörükler Yolageldi Baba'nın öyküsü için ozanın önündeki kaskete ortası delik bir yüz para attıktan sonra oradan uzaklaşır, sen çocuk kalabalığının içinde öylece kalakalırdın. Garip bir sessizlik çökerdi arsaya. Ne ozana bakmaya cesaret edebilirdin ne de oyun arkadaşlarına. Aralarından yavaşça süzülüp yatırın demir parmaklıklı penceresine dayardın yüzünü. İçerde mum yanar, karanlık duvarda gölgeler bir gider bir gelirken, Hazreti Ali'nin, tabuttan çıkıp devenin yularını çeken Bedevi'nin yanı sıra yürüdüğünü görür gibi olurdun. Yürür de yürürler, dur durak bilmeden, bir menzile erişmeden güneşin altında kaybolur giderlerdi. Ozan da tam o sırada başlardı Ali'nin cenk hikâyelerine. Ama fazla uzatmaz, pazarcılar geldikleri yere, çocuklar "Evli evine köylü köyüne evi olmayan sıçan deliğine!" diye bağırdıktan sonra evlerine dağılırken, o da kasketin içindeki bozuk paraları toplar, bağlamasını kılıfına koyup gelecek hafta yine pazar kurulana kadar ortadan kaybolurdu. Ama sesi hafta boyunca çınlayıp dururdu kulaklarında. Derken gün akşam olurdu.

Ulucami'nin imamı da yola gelenler ile yoldan çıkanlardan söz ederdi. Ne var ki onların öykülerinde ne tekke vardı ne şeyh. Ne de kendi cesedini kendi alıp götüren bir evliya. Çünkü imamın dediğine bakılırsa, İslam'da keramet olmazdı. Vaaz bitene dek dinlerdiniz dedenle, ama sen sıkılırdın. Nerde ozanın anlattıkları nerde imamın vaazı! İmam Mekke'den de söz ederdi, Yolageldi Baba'nın seccade üzerinde her gece gidip geldiği kutsal kentten, ama onun anlattıklarında olağanüstü hiçbir şey yoktu. Mekke'nin üç hanifi ile bir serserisinin öykülerinde bile.

* * *

İbrahim Peygamber putlara tapmamış, kendini Tanrı yerine koyan Nemrud'un ateşinden kurtulduktan sonra farklı bir inancın peşine düşmüş, sonunda İsmail sayesinde Tanrı'ya ulaşabilmişti. Yalnızca bıçak tutan eline engel bir güç değildi Tanrı, Tek'ti ve O'ndan başka tapacak yoktu. Yani olmamalıydı. Kâbe'yi de bu amaçla yapmamış mıydı? Şimdi putların, Allah'ın kızları Lat, Uzza ve Manat'ın, onların üzerinden haşin gözleriyle bakan kırmızı akikten Hubel'in mekânı olan Kâbe'yi. İbrahim'in soyundan gelenler onun dinini unutmuş, putlara tapmaya başlamışlardı. Böylesi de doğaldı belki, ne de olsa Tanrı susuyor, kimseye görünmüyordu. Yeryüzü O'nun varlığının işaretleriyle doluydu belki, ama kendisi hiçbir yerde yoktu. Musa Tur Dağı'nda O'nu görmeye kalkışınca bayılıp yere düşmüştü. İnsanoğluna ancak öldükten sonra görünen Tanrı, İbrahim'in soyundan gelen ve ölümden sonraki hayata inanmayanlar için pek bir şey ifade etmiyordu. Onlar putlarından ve hayatlarından hoşnuttular. Ve inançlarına derinden bağlıydılar. Ama içlerinde bu yola girmeyenler de vardı. Yani doğru yolu arayan, ne var ki nerden gideceklerini, o tek ve yüce varlığa nasıl ulaşacaklarını bir türlü bilemeyen hanifler. Emir'in oğlu Zeyd de onlardan biriydi.

Zeyd, günün birinde Kâbe'de Allah'ın kızlarına kurban kesen soydaşlarının akıttığı kandan uzak durmak istedi. Devesine binip Mekke'yi terk eyledi. Günlerce çölde dolaştı, bineğinden inmeden, Hicaz'ın bulutsuz göğünde kanat vuran akbabalara yem olmadan, aç biilaç kuzeye doğru yol aldı. Ona öyle geliyordu ki bu yol onu gerçeğe götürecektir. Sonunda uzakta bir manastır gördü. Manastır dağın yamacında, deveyle çıkılamayacak kadar yüksekteydi. İnip yaya devam etti, yorgun argın, taşların kestiği ayakları kan revan içinde manastırın kapısını çaldı. Keşişler onu içeriye alıp başrahibin huzuruna çıkardılar. Başrahip, Zeyd'e:

– Ey aşağıda bıraktığın devenin sahibi, sen kimsin? diye sordu.

– Kâbe ve Zemzem'in sahibi Kureyş kabilesindenim, diye karşılık verdi Zeyd. Ömer bin Hattab'ın amcası, Said bin Zeyd'in babası, Zeyneb binti Cahş'ın ağabeyi olurum.

– Peki, ne işin var burada, derdin ne?

– Derdim büyük. Tanrı'nın peşindeyim, dağ taş demeden yollara düştüm O'nu arıyorum.

– O'nu boşuna arama, dedi rahip, O senin içinde, ama sen bunun farkında değilsin.

– Peki, ne yapayım öyleyse?

– Mekke'ye dön ve bekle. İçinizden biri seni O'nun yoluna sokacak, o yolun sonunda aradığını bulacak, huzura kavuşacaksın.

Zeyd yurduna döndü, ama ailesine yaranamadı. Kardeşi Hattab ile sonradan İslam'ı kabul edecek olan yeğeni Ömer onu evden kovdular. Kovmakla da kalmayıp işkenceyle öldürmek istediler. Zeyd de ne yapsın, yine yollara düştü, Fedek'te Yahudilere, Habeş'te Hıristiyanlara danıştı, ne var ki hiçbiri içindeki tanrıya ulaştıramadı onu. İnancına bir yön veremedi. Ve bir gün, Muhammed'in risaletine az kala, düşmanları yolunu kestiler. Üzerine saldırıp hançer üşürdüler. İşte böyle, son nefesini doğru yolda giderken verdi Zeyd. Resulullah'ın onun için "Ben Zeyd'i cennette eteklerini sürüye sürüye yürürken gördüm" dediği rivayet edilir.

Abdullah bin Caddan Mekke'nin ileri gelen ailelerindendi, ne var ki yoldan sapmış, her türlü pisliğe karışmıştı. Sonunda babası oğulluktan reddetti onu, bir daha eve gelmemesini, gelirse kellesini bir salkım üzüm gibi koparacağını söyledi. Böylece o devirde Mekke civarında dolaşan serserilerin arasına katıldı Caddan, kervan soydu, ırza geçti, elini kana buladı. Yakayı ele vermemek için çölde dolaşmaya, geceleri mağaralarda uyumaya başladı. Günün birinde bir karayılan gördü. Yılan kızgın kayaların arasından kıvrılıp gözden kayboldu. Sonra bir turna peydahlandı gökyüzünde, o da dağlara doğru kanat vurdu gitti. Derken, bir taşın altından karıncalar sökün etti. Yumruk büyüklüğünde, kocaman kafalı, kırmızı karıncalardı. Bunda bir iş olduğunu sezdi, karıncaların peşine düşmeye karar verdi. Karıncalar telaşla yürüyor, dere tepe düz gidip bir tepeye varıyor, oradaki mağaranın içine giriyorlardı. O da mağaradan içeriye girip karıncaların yuvasını buldu, hançeriyle kazmaya başladı. Bir de ne görsün! Cürhüm hükümdarlarının tüm hazinesi orada değil mi? Altınlar güneş, gümüşler gün gibi parlıyor, yakut ve elmasların allı yeşili Yemen kumaşlarını aratmıyordu. Sevincinden deliye döndü. Kazdıkça coştu, coştukça kazdı, bir günde büyük servet sahibi oldu.

Artık serseri değil varlıklı biriydi. Ama servetini har vurup harman savurmak dururken o, Acem ülkesine doğru yola çıktı. Medain'e vardığında hava kararmıştı. Her yerde ateşler yanıyor, halk ateşe tapıyordu. Kara cüppeli, tuhaf rahipler, dev sütunlu tapınakların eşiğine yüz sürmekteydiler. Suyun ateş gibi yandığını gördü. İyi ile kötünün savaşından söz ediyordu herkes ve nedense sonunda hep kötü kazanıyordu.

Şaha "Allah'ın Evi"nin ülkesinden geldiğini, huzura çıkmak istediğini bildirdi. Şah onu kabul ettiğinde yü-

zünde nikap yoktu, tacı da tavandan sarkan bir zincire
asılmış gibi duruyordu. Öylesine çok mücevherle kap-
lıydı ki, hükümdarın boynu onca yükü taşıyamadığın-
dan bu yönteme başvurulduğunu anladı. Hiç kimsenin
onu, başında taç yokken yüzü açık göremediğini biliyor-
du. Yakut yeşili gözleri vardı şahın, bakışları keskin kı-
lıçtan daha yakıcıydı. Ve huzura çıkan herkes gibi o da
yere kapanıp, Sasani hükümdarı Hüsrev'e secde etti.
Kafasını kaldırıp baktığında şah ona dedi ki:
– Siz de böyle kendi hükümdarınıza secde eder misi-
niz?
– Hayır Haşmetmeap diye karşılık verdi Caddan. Biz
ne ateşe ne hükümdarlara secde etmeyiz. Kara cüppeli
rahiplerimiz de yoktur. Suyun yandığını ilk burada gör-
düm. Her zaman kötünün kazandığını da. Biz taştan
ilah ve ilahelere tapar onlardan medet umarız. Hüküm-
darımız da yoktur. Onurlu bir kavim olduğumuz için
"Allah'ın Evi"nin sahiplerini hükümdar bilir onların sö-
zünden çıkmayız. Ama ilahlardan gayrısına secde et-
mek töremizde yoktur.

Şah sözünü sakınmayan bu yabancıdan hoşlandı.
Ona değerli hediyeler vererek ülkesine geri gönderdi.
Caddan yollara düştü yeniden. Önce kervan yollarını
izledi, sonra yıldızlara bakarak yönünü buldu. Ama
onun asıl yolu kazanç, işret ve şehvet yoluydu. Köle ti-
caretinden de kazanıyor, Kâbe'ye gelen hacılara evinde-
ki köle kadınları kiralamaktan, doğan çocukları büyü-
düklerinde köle olarak satmaktan utanmıyordu. Ne var
ki cömertti, sofrası herkese açıktı. Mekke'ye dönüp ba-
basının öldüğünü öğrenince ailenin reisi olmuş, bildiği
yoldan yürümeye devam etmişti. Evinin avlusunda içi
yiyecek dolu bir küp vardı. Küp öylesine kocamandı ki,

gelen geçen devesinden inmeden içindekilerden dilediğince faydalanabiliyordu. Muhammed'in çocukken bu küpün içinden hurma alıp yediği, sonra da gölgesinde derin bir uykuya daldığı rivayet edilir. Düşünde ne gördüğünü ise bilmiyoruz.

Zeyd bin Amr ile Caddan'ın, başlarına gelenleri yüz yıllar önce Fez'e, İdris Mulay'ın türbesine sığınmış, orada yatıp kalkan bir kanun kaçağından dinlemek isterdim. Ya da Marakeş'te dorukları karlı Atlas Dağları'nın ardından gün batar, Camiü'l-Fena'da lüks lambaları yanarken, yılan oynatıcıları ile fare yarıştıranların, şifalı ot satanlar ile diş çekenlerin, dilenciler ile peçeli kadınların arasına karışıp, sakalar ile sakatların, vitrinlerde sırıtan koyun kellelerinin önü sıra yürüdükten sonra yıkık bir duvarın dibine oturduğumda, sesli harfleri yutarken "Hı"ları alabildiğine çatlatan o kör dilenciden. Evet, uzak Mağrip kentlerinin uğultusuna karışsın isterdim onların öyküsünü anlatan sesler. Sesler ve nefesler. Ama ne yazık ki ben eski kaynakların yalancısıyım. Zeyd bin Amr ile Caddan'ın başlarına geleni Ulucami imamından da dinlemedim. İbn İshak'ın elyazmasından İbn Hişam'ın düzenlediği biçimiyle okuyup kendi hayal gücümü de kattım, çaldımsa yanlış yola sapmadan İslam'ın ortak malından çaldım.

Manat

Onların kaderine uzun süre ben hükmettim. Kudeyd'de dağların ortasında gün boyu güneşin kızdırdığı, gece deli rüzgârın aşındırdığı bir kaya parçasından ibarettim. Sonra düzeltip parlattılar beni, kadın suretine soktular. Elime de bir makas verdiler, kaderlerinin ipliğini dilediğim zaman keseyim diye. Ben de hiç beklemedim, hamarat bir terzi gibi yıllarca çalıştım durdum. Savaştıklarında ölülerinin, kan davası güttüklerinde bazen bütün bir aşiretin, yalvarışlarına aldırmadan diri diri toprağa gömdüklerinde kız çocuklarının kaderlerini hep ben kestim.

Temizlenmeden beni görmeye gelmezlerdi. Ama pistiler, her zaman çok pistiler. Ne yapsınlar giydikleri güneş yundukları kumdu, su değil. Çevremde dönerken giysilerini çıkarır çırılçıplak olurlardı. Huzurumda temiz kalmak için, yoksa içlerinde bir kötülük yoktu. Döner de dönerlerdi, kurban kesmeden önce. Erkekler bileyli bıçakları koyunların boğazlarına sapladıkça bir tuhaf olurlardı. Kan fışkırdıkça dönerdi gözleri. Kadınlar cıscıbıldak dönerken gözleri de dönerdi kan içinde. Derken şehvet duyguları kabarır kadınlara saldırırlardı. Tutup yere, kurban kanlarının içine yatırır, üzerlerine çıkarlardı. Bıçak saplar gibi ansızın, hiç duraksamadan kızgın zekerlerini daldırırlardı kadınların içine. Yoksa kalplerinde bir kötülük yoktu.

Bu yüzden karalamaya çalıştılar beni. Sonradan, içlerinden bazılarının "cahiliye" dedikleri, benimse kutlu bildiğim günler geride kalınca. Fuhuşa kışkırttığımı yaydılar. Yalnızca bir isimden, duymayan, hissetmeyen, bilmeyen bir kaya parçasından ibaret olduğumu söylediler. Oysa duyardım, hissederdim, bilirdim, bir kaya parçasından ibaret olsam da. Onların kaderine yalnızca ben hükmederdim.

Saçlarını da bırakıp gittikleri olurdu, koyunları ile kuzularını da. Hepsini kabul ederdim. Kim ne verirse ona göre tayin ederdim kaderini. Hepsini teker teker bilirdim. Tüccarı, kuyumcuyu, zengini yoksulu, katili dilenciyi, erkeği kadını, evet hepsini. Kanun kaçakları da gelir bana sığınırlardı. Gerçekte kanunları yoktu, töreye bağlıydı düzenleri. Zayıfı korur konuğu iyi ağırlarlardı. Kan bedeli yüz deveydi, vay haline yoksulun! Ben ipini hemen kesince oracıkta öldürürlerdi. Belagatte üzerlerine yoktu. En çok da şairlerini severdim. Kızıl develerin üzerinde gelir kaside okurlardı. Dinledikçe tüm Arabistan'ı dolaşmış gibi olurdum. Dağları, vahaları, kuyuları, kumları, ülkede ne varsa, doğa buraya ne bağışlamışsa hepsini. Yani çok az şeyi. Birkaç deve ile hurmayı, belki kıl çadırlar ile kap kacağı.

Şairler muson yağmurlarıyla sulanan verimli topraklardan, yemyeşil tepelerle çevrili kentlerden, altın kubbeli kiliselerden de söz ederlerdi. Uzakta, güneydeki bahtiyar Arabistan'dan. Oranın yüce dağları ile tarıma uygun bereketli vadilerinden. Mücevherlerinden. Kervanlar önüm sıra geçer, kuzeye günlük ve ipek taşırlardı. Bir süre sonra ufukta yeniden görünür, güneşin altında ağır aksak yürüyen develerle güneye tuz ve baharat, altın ve misk ü amber götürürlerdi. Doğrusu benden hep korktular, çekindiler, bir gün olsun yalnız bırakmadılar.

Derken beni Kâbe'ye getirdiler, duvarlarına Yemen işi o canım kumaşları astıkları, İbrahim'den kalan tapınağa. Zemzem kuyusunun yakınına. Orada tek başına değildim. Gözü Lat ve Uzza'dan başkasını görmeyen azgın Hubel'le, "Hacerü'l-Esved" dedikleri göktaşıyla beraberdim. O göktaşı olduğu için sanki daha bir değerliydi, bizler, ne de olsa yer taşıydık Muhammed bizi kırdı geçirdi onu öpüp başına koydu. Sahi, Muhammed, bebekliğini bildiğim, doğumunda gördüğüm Kureyş'in gözbebeği. Bir tek onun kaderini kesemedim, o bizim kaderimize hükmetti. Akıbetimiz onun yüzünden, ölümümüz onun elinden oldu. Oysa dedesi Abdulmuttalib buraya getirip bize gösterdiğinde, omzuna bindirip etrafımızda tavaf ettiğinde nasıl da sevinmiş, gurur duymuştuk.

Sevinçle dalmıştı içeriye, yaşına başına bakmadan zıplayıp oynamaya, bebeği havaya atıp tutmaya başlamıştı. Ben o güne dek bu kadar heyecanlı, sevincini böylesine belli eden bir ihtiyar görmedim, "Hamdolsun Allah'a!" diye haykırıyordu. "Bana bu tosunu veren Allahıma şükürler, senalar olsun!" Çocuğu havaya kaldırıp indiriyor, öpüp kokluyor, bağrına bastırıyordu. Ve diyordu ki: "Allah seni nazardan saklasın. Kem gözlerden, kıskançlardan, düşmanlardan korusun. Allahım seni anana bağışlasın."

Demek ki babası o doğmadan ölmüştü, ben öyle anladım. İpini ellerimle kestiğimi nasılsa unutmuşum. Fazla önemi yoktu gözümde. Ama Allah anasına da bağışlamadı Muhammed'i. Âmine'nin ipini yavrusunun doğumundan beş yıl sonra kendi makasımla ben kestim. Kocası Abdullah bir yaşlı köle ile beş deve bırakmıştı ona, bir de karnındaki çocuğu. Âmine geride adı güzel Muhammed'den başka bir şey bırakmadı. Çocuğa her zaman övülsün, değeri bilinsin diye bu adı koymuşlardı. Değerini en fazla Allah bildi, bize kalsaydı biz de severdik elbet, ama Allah onun sevgisini bizimle paylaşmak istemedi. Onu elçi seçti insanlarla konuşmak için. Ona güvendi, onu beğendi. Hep onu koruyup esirgedi. O da hiçbir zaman Allah'a eş koşmadı bizi. Gençliğinde bir kez Uzza'ya kurban kesti o kadar. Ne de olsa en güçlümüz, en güzelimiz, en alımlımızdı Uzza. Sabahyıldızının ışığı vardı yüzünde. Onun yerinde olmak için neler vermezdim. Uzza'ya kurban kesti, ama secde etmedi. O zaman büyümüş, nasıl da yakışıklı, gözü pek bir delikanlı olmuştu. Belki içine kapanıktı biraz, hüzünlü ve yalnızdı. Amcasının himayesinde bir yetimden ne beklenir. Ama yılmadı, direndi, yetiştirdi kendini. Hatice'yle evlenmeden önceydi. İlk görüşte ona vuruldum.

Kıyamet

Evin yakınında boş bir arsa vardı, orada toplanır oynardınız. Aranıza kızları almadan, misket, çelik çomak, koşmaca, körebe... Başka oyunlarınız da vardı, vazgeçemedikleriniz, çember, yazı tura gibi ve uzuneşek, en erkekçe, adı üstünde en eşekçe olanı. İki gruba ayrılır, birbirinizin üzerine binerdiniz çökertene kadar. Adı tuhaf oyunlar da anımsıyorsun, elim üstünde kalsını, estepetayı, açıl kilidimi. Oyunlar ne kadar da çoktu, akşama kadar oyna dur. Günler de uzundu, her gün bir başka oyuna zaman kalırdı. Cuma hariç, cuma namaz günüydü.

Bazen kızlar da sekseği bırakıp gelirler, ellerini "Yağ satarım! Bal satarım!" diye çırpmaya başlarlardı. Aldırmazdınız önce, hatta kovalardınız. Ama sıkılınca, ille de kızların katılımına gerek duyulan "yağ satarım" oyununa gelirdi sıra.

Yere oturup halka olurdunuz. Kızlar oturmaz, çömelirlerdi. Ve sıyrılan eteklerinden kırmızı, siyah, sütbeyaz, artık anneleri o gün ne giydirmişse, külotları görünürdü. Yalnızca külotları mı? Don giymeyi unutmuş ya da şeytanlığından çıkarmış bazılarının, aranızdaki yaygın deyimle, "delik"lerinin de göründüğü olurdu. Aslında delik değil çatlaktı kızların altı, bunu ilk kez İsma-

il'e söylediğinde o sapsarı, fırça görmemiş dişleriyle sı-
rıtmış "Sana öyle geliyor" demişti. "Oraları aslında de-
lik, hem de kocaman. Sen de ben de oradan çıktık."
İnanmamıştın! Allah tarafından yaratıldığını biliyor-
dun o kadar. O seni, Ulucami imamının deyişiyle "Alak
Suresi'nin ilk ayetinde buyurulduğu gibi" pıhtılaşmış
kandan yaratmıştı. Yaratan, ama yaratılmayan tek
varlıksa Allah'tı. Her cuma namazında okumaktan bı-
kıp usanmadığın, henüz başka duaları bilmediğinden
sürekli mırıldandığın İhlas Suresi de öyle demiyor
muydu? "Kul hüvellahü ehad. Allahüs-samed. Lem ye-
lid ve lem yûled ve lem yekün lehu küfüven ehad." An-
lamını dedene sorduğunda "Allah bir tektir. Allah her
şeyden müstağni ve her şey O'na muhtaçtır. O doğur-
mamış ve doğurulmamıştır. Hiçbir şey O'na denk değil-
dir" yanıtını almıştın. Evet, Allah'ı hiç kimse, Peygam-
ber Efendimiz bile yaratmamıştı, ama O, sen de dahil
bütün canlı varlıkları sırayla yaratmış, halk etmişti.
Cansız varlıklar da O'nun eseriydi. Dağlar, taşlar, ır-
maklar ve deniz ve toprak ve yıldızlar. Tabii güneşle ay
da. Kendi hallerinde, birbirleriyle çarpışıp tuz buz ol-
madan dönüp duruyorlardı Allah sayesinde.

Belli ki İsmail kafanı karıştırmak istiyordu. Boşuna
"piç" lakabını takmamışlardı Ekmekçi İbrahim'in oğlu-
na. Kızların altındaki çatlak ya da delikten annesinde
de varmış, oradan çıkıp gelmiş dünyaya, öyle diyordu.
Ben de, sen de, kızlar ve erkekler dahil her kimse o da,
hatta dedem ve büyükannem bile, annelerinin karanlık
deliğinden çıkmışlardı.

– Hadi canım! Boşuna günaha girme. Hepimizi Allah
yarattı!

– Sen öyle bil! Ananın karnı davul gibi şişmeseydi

sen olmazdın. Benim anamın karnı şişmeseydi ben de olmazdım. Bizi analarımız doğurdu.

– Seni anan değil Allah yarattı. Beni de.

– Evet, Allah yarattı, ama analarımız doğurdu.

Bu ayırımı anlayamayacak kadar Allah'a kaptırmıştın kendini. Ananı da babanı da unutmuştun. "Lem yelid ve lem yûled." Doğurulmadı ve doğurmadı. Bu sözcükler dönüp duruyordu kafanda, gerisini merak etmiyor, Piç İsmail gibi her şeyi sorgulamıyordun. Ama önünde namaz seccadesi gibi rengârenk açıldıklarında, kızların donlarına bakmaktan da kendini alamıyordun. Birbirinizden utanmıyordunuz. Hele kızlar o kadar rahattılar ki. Utanmalar, kızarıp bozarmalar, hamamda özdoyuma vardıktan sonra günah korkusuyla bol su dökünerek gusül aptesi almalar, korku daha da ağır basarsa dua edip Allah'ın merhametine sığınmalar ergenlik döneminde girecekti hayatına. Çocukken günah kavramı yalnızca korkularında vardı, yaptıklarında değil. Günah sözünü kimi kez annenle babandan, daha çok da dedenden işitiyor, ama anında unutuyordun. Yine de, sanki yalnızca sana anımsatmak istiyormuş gibi, Ulucami imamı her cuma günah sözcüğünü dilinden düşürmüyordu.

"Siz farkında bile olmazsınız" diye gürlüyordu minberin tepesinden, "ama iyilik ve kötülük melekleriniz her işlediğinizi yazarlar. Sağ omzunuzdaki sevapları yazar, sol omzunuzdaki günahları. Ve mahşer günü gelip çattığında hepsi mizanda tartılır."

Kızların deliğine bakmak, hatta aranızda bunu konuşmak günah değildi, ayıp da değildi. Meleklerin tam olarak ne yazdıklarını düşünemiyor, yine de cehennemde yanmaktan korkuyordun. Günah meleğin terliyken su içtiğini de yazmış mıydı acaba? Ya İsmail'le birlikte karıncalara yaptığınız eziyetleri? Bir şişeye koyup havasızlıktan boğduğunuz, kanatlarını koparttığınız atsinekleri ile kızarttığınız çekirgeleri? Sen de, küçük yaşına rağmen, her ölümlü gibi Allah'ın her kulu gibi günahkârdın. Yalan söylemiş, anne sözü dinlememiş, hatta bir keresinde büyükannenin para torbasından çaldığın beş kuruşla bakkaldan gazoz alıp içmiştin. Kötüydün, yalancıydın, yaramazdın. Öyleyse cehennemde yanacaktın. Orada ateş dünyadakinden yetmiş kez daha yakıcı, daha harlı, çok daha kızıl, kıpkızıldı. İbrahim Efendi'nin fırını hiç kalırdı yanında. Zebaniler cehennemde her türlü azabı tattıracaklardı sana. Kara kara kazanlarda kaynayan katranı boca edeceklerdi üzerine, sen topraktaki solucan gibi kıvrılıp debelenirken ağzından içeriye huniyle zehir boşaltacaklar, derini yüzüp tuzlayacaklar, yine de öldürmeyeceklerdi. Çünkü ölüm yoktu cehennemde, sonsuz acı, sonsuz işkence, sonsuz azap vardı. Cennette de yoktu ölüm, ama sana layık olmayan o yerin güzelliğini, baldan ırmakların kıyısında üryan yatan hurilerin beyazlığını hayal bile edemezdin. Senin hayalinde her kapısında başka bir zebaninin, her köşesinde başka bir işkencenin beklediği cehennem vardı, sanki hayal dünyan korkunç bir azaptan, sonsuz bir acıdan ibaretti.

Peki, ahrette kullarının günahlarını tartacağı için "Bakkal mısın be adam?" diyecek cesareti nasıl bulmuştu o zındık şair, aklına bu sapkınlık nerden gelmişti, hâlâ anlayabilmiş değilsin. Bu küfrü sana kim öğretmiş, Allah'ı bakkala benzeten şairden sana ilk kim söz etmişti, şimdi anımsamıyorsun. Aslında zındık falan da değildi, Allah'ı alaya almanın, O'na yaklaşmanın, aradaki mesafeyi kaldırmanın, O'nunla samimiyetin –hatta neden olmasın, belki laubaliliğin– sınırlarını zorlamak istiyordu. Gerçekte Allah sevgisinden kaynaklanıyordu yazdıkları. Zaten dervişin biri olduğunu, dağ taş gezip Allah'ı çağırdığını, O'na kavuşmak için her şeyi terk edip bu dünyadan el etek çektiğini biliyorsun artık. Bildiğin için de adına "şathiye" denilen o tür şiirlere pek aldırmıyorsun. Ama o zaman... O zaman deden bile habersizdi bu işlerden. Ya da bilmezden geliyordu, inancı tam olduğu, bir an bile inancı sarsılmadığı için. Peki, savaşta, Medine'yi Muhammed'in ümmetine, o kentin, o coğrafyanın yerli halkına karşı savunurken, Arapları öldürürken de sarsılmamış mıydı inancı? Bu soruyu ona hayattayken sormalıydın, artık çok geç. Bu soruyu yalnızca ona sorabilirdin, bir başkasına değil. Artık çok geç.

İmam namazdan sonra çıktığı minberin tepesinden mahşerde günahkârların pişmanlık içinde olacaklarını ne var ki yalvarıp yakarmanın bir işe yaramayacağını söylüyordu. Kıldan ince, kılıçtan keskince bir köprü yapmıştı Allah. Günahsızlar bu köprünün üzerinden uçar gibi geçecek, günahkârlar aşağıya düşüp cehennemin dibini boylayacaklardı. Adı Sırat'tı ve o güne dek gördüğün ya da namını işittiğin köprülerin hiçbirine benzemiyordu. Ne Gediz üzerindeki, Manisa'ya gelirken kara trenin üzerinden geçtiği çelik putrelli köprüye ne de İbrahim Efendi'nin dilinden düşmeyen memleketlerindeki Mostar Köprüsü'ne. Yıllar sonra savaşta yıkılışına tanık oldun Mostar Köprüsü'nün, Gediz üzerindeki köprüyse, çok şükür hâlâ duruyor yerli yerinde. Yerinde durmayan, hızla geçip giden yıllar, yalnızca yıllar, kara trenin vagonları gibi peş peşe dizilip geçtiler işte, geride o inanç ve korku dolu günleri, kimi zaman da çocukluğun yeşil cennetini bırakarak. Çocukluğun da geldi geçti, çocukluğun orada, o köprünün berisinde bir başka köprünün, Sırat'ın korkusuyla geçti. Neden sonra, nice ölümlerden, ayrılıklardan, yolculuklardan sonra.

Yanlış anımsamıyorsan bir tür yer kapmaca oyunuydu kızlarla oynadığınız. İçinizden biri ebe olur, elindeki ucu düğümlenmiş mendille halkanın içinde dönmeye başlardı. Giderek hızlanırdı dönüşleri, öyle bir an gelirdi ki, başın dönmeye başlardı. Bir yandan da "Yağ satarım / Bal satarım / Ustam ölmüş / Ben satarım" diyerek tempo tutar, siz de el çırpardınız. Derken birinizin arkasına sessizce bırakıverirdi mendili. Uyanık olmak, sürekli arkayı yoklamak gerekiyordu. Mendil kimin arkasına bırakılmışsa o yerinden kalkıp ebenin peşine düşer, ebe de boşalan yeri kapmaya çalışırdı.

Bir gün yine böyle oynarken, kendini ebeyle onun peşinden koşanın hızına iyice kaptırmışken, oturduğun yerde bile başın dönerken, İsmail "Babam ölmüş / Ben satarım" deyiverdi. Doğrucu Davut olduğun için hemen itiraz ettin: "Babam değil, ustam ölmüş." "Sen öyle bil" dedi. "Senin baban ölmüş de haberin yok!"

Yerinden kalkıp ebenin peşinden koşar gibi eve geldiğini, senden gizlenen haberi orada dedenden öğrenip ağlamaya başladığını anımsıyorsun. Annen kapının ardında saçını başını yoluyordu. Büyükannen sessizdi. Babanın ruhu için Fatiha okumaya başlamıştı bile. Haber mahallede yıldırım hızıyla yayılmış, ama sana dek ulaşmamıştı. Demek ki senden gizlemişlerdi. İsmail söylemeseydi daha uzun süre de gizleyeceklerdi. Dedenin sarılıp öptüğünü, seni ilk kez büyükannen kadar, belki ondan da derin bir şefkatle bağrına bastığını anımsıyorsun. Ter kokuyordu ve sakalları sertti.

Babanın cenazesi Manisa'dan kaldırılmadı, annen ve amcandan başka yakın akrabalarından katılan da olmadı. Ama anlatılanlara bakılırsa, sonradan kulağına çalınanlara, müthiş kalabalıkmış cenaze töreni. Ve babacığın musalla taşının üzerinde yatarken imamın "Merhumu nasıl bilirdiniz?" sorusuna cemaat "İyi bilirdik!" diye karşılık verdiğinde yer gök inlemiş. Annen anlatmıştı, çok sonraları, babanın uzak bir anı bile olmadığı ergenlik yıllarında. Mezarını bir gün olsun ziyaret etmedin, onu, pek az tanıyabildiğin o kıvırcık saçlı, mavi gözlü adamı kabir azabı çekerken hayal etmekten, bu iğrenç hayale ne kadar engel olmak istesen de, bütün bunların uydurma olduğunu kendine sürekli telkin etsen de, babanın Sırat'tan geçemeyip cehennemi boylayacağını aklına getirmekten, bu kâbusla yaşamaktan, bir bakıma kendi ölümünden korktuğun için.

İsmail'in ağzından duymuştun ilk, yalnızca babanın ölümünü değil kabir azabının ne menem bir şey olduğunu da. Sonradan ayrıntıları, deden ya da büyükannen sana kıyamadıkları, seni korkutmak istemedikleri için, imam yetiştirmişti.

Ölüp ak kefene sarıldıktan, sarılıp gömüldükten kırk gün sonra burnun düşüyor. Sonra da başka uzuvların. Sen toprağın altında upuzun yatarken zebaniler dikiliyor başına. Cehennemde yapacaklarını teker teker anlatmaya başlıyorlar. Yeryüzündeki ateşten yetmiş kez daha fazla yakan ateşi nasıl körükleyeceklerini, sana kazanlarda kaynayan katranı nasıl içireceklerini, derini yüzmeden önce gözlerini oyup günahkâr bedenini ucu kızgın kamalarla nasıl delik deşik edeceklerini bir bir anlatıyorlar. Dilinden tutup tavana asacaklarını, sen karanlık bir çukurda yatarken üzerini alevden yorganla örteceklerini. Derken börtü böcek alıyor onların bıraktığı yerden. Yılanlar ile çıyanlar, akrepler ile solucanlar mezarda kıvır kıvır yiyip bitiriyorlar her yanını. Sonra bedenin uzuvları bir araya gelince azap yeniden başlıyor. Ta ki mahşere kadar. Mahşerde diriliyorsun. Allah nasıl seni yaratmış, yaşatmış, sonra da öldürmüşse, yoktan var etmişse, öyle diriltecek, biliyorsun bunu, Allah'ın gücü her şeye yeter. Zaten bakkaldan alınmış saman kâğıdı sayfalı defterine de yazdın, kenarları gagasında mektup taşıyan kuşlarla süslü o küçük deftere:

Âmentü billâhi ve melâiketihî ve kütübihî ve rüsülihî ve'lyevmi'l-âhiri ve bi'l-kaderi hayrihî ve şerrihî mine'llahi teâlâ ve'l-ba'sü ba'de'l-mevti hakkun.

Evet ölümden sonra dirilmek haktır. Haşrolan beden dirilecek, mahşerde hesap sorulacak, günahlar tartılıp Sırat'tan geçilecek, başka yolu yok. Geriye dönüş de yok. Baban oruç tutup namaz kılmadığına, evde hiç oturmayıp hep seyahatte olduğuna göre... Piç İsmail'in dediğine bakılırsa "zina edip içki içtiğine" göre...

"İsmail'e kulak asma yavrum" demişti deden bütün bunları dinledikten sonra. "Baban namazında niyazında değildi, ama iyi bir insandı. Yeri cennettir, sen hiç üzülme." İsmail'le oynamanı da yasaklamıştı. Ama dinlememiştin dedeni. İsmail'de seni çeken bir şey vardı. O gök gözleri, şeytani bakışları, belki de senin kadar Allah'a tapmayışı, sonra yaramazlıkları. Karıncalara eziyet, çekirge kebabı, sineklerin kanadını koparma, kedileri suya atma gibi işler İsmail'in uzmanlık alanına giriyordu. Seni de o sürüklüyordu peşinden. "Onlar muhacir, Müslümanlıkları da o kadar" diyenlere de aldırmamış, İsmail'le arsada buluşup çember çevirmeye, çelik çomağa, o birbirinden güzel oyunlara devam etmiştin. Hayvanlara yaptığı eziyetlere seyir bakmaya, kimi zaman bizzat katılmaya da.

Her sabah, kalkar kalkmaz pencereye gidiyor, dağın yerinde durup durmadığına bakıyordun. Dağ sarp yamaçları, çıplak kayaları, zirvesinde hayal meyal görünen tek tük ağaçları ve Tarzan'ın kulübesiyle oradaydı çok şükür, demek ki kıyamet kopmamıştı. Henüz kopmamıştı. Ama kopacaktı yakında, çünkü çok alametler belirmiş, Kuran'da vaat edilen gün, kendi gelmeden önce insanlara belirtilerini göndermeye başlamıştı. İmam her cuma inatla önce kıyamet alametlerinden söz ediyor, sonra o gün gelip çattığında neler olacağını anlatıyordu.

O gün gelmeden yalnızca bina ve zina değil servet de çoğalacak, sadaka vermek isteyenin parası elinde kalacaktı. Bir erkeğe kırk kadın düşecek, Müslümanlar yoldan çıkıp yeniden putlara tapmaya başlayacaklardı. Derken Deccal zuhur edecekti. Hazreti Peygamber birçok hadisinde söz etmişti bundan, kıyametten önce Huza kabilesinden İbn Kutun'a benzeyen, sol gözü onun gibi kör, kuru üzüm tanesi kadar küçülmüş, sağ gözü hafif şaşı, süpürge saçlı birinin ortaya çıkacağını söylemişti. İki kaşının ortasında "kâfir" yazan Deccal Mekke ve Medine hariç tüm kentlere girecek, halklarını baştan çıkaracaktı. Mekke ve Medine'nin kapılarını elde kılıç melekler beklediğinden oraya hiç uğramadan yoluna devam edip bataklık bir yerde karar kılacak, iki ırmağın arasında insanları kandıracaktı. Çünkü "Gelin girin, işte bu ırmak Kevser'dir" dediğinde ateşten suya, tersini söylediğinde cennete girecekti insanlar.

Derken Yecüc Mecüc taifesi Kafdağı'nı aşıp yeryüzüne yayılacaktı. Gerçi Kuran'da Hak Teala'nın buyurduğu gibi Zülkarneyn bir duvar çekip bu taifeyi ülkelerine hapsetmişti, ama kıyamete yakın duvar yıkılacak, kötülük Kafdağı'nı aşacaktı. Neye mi benziyordu bu taife? Ufak boylu, çekik gözlü, kırmızı suratlıydılar. Suratları çekiçle dövülmüş kalkan gibi yamyassıydı. Araplara bakılırsa göçebe Türk kavimlerindendiler, ama hâşâ ve hâşâ, bu büyük bir iftira, kuyruklu bir yalandı. Atalarımız kıyamet alametlerinden olamazdı. Dini bütün Müslümanlardık biz, Araplarsa, elbette Peygamber'in ümmetiydiler ama... İşte bir aması vardı, senin anlayamadığın. Deden de imamı onaylarcasına başını sallıyor, arada bir içini çekiyordu. İmam kıyamet alametlerini anlatırken onun savaş günlerini anımsadığını, içinde kabuk tutmuş bir yaranın yıllar sonra kanamaya başladığını bilemezdin. Dedenle ön safta, birbirine dolanmış Arapça *huva*'ların, Allah'ın "bir"liğini simgeleyen, eğrilip bükülen o kapkara harflerin tam karşısında diz çöküp oturuyordunuz. Konu savaş değil kıyametti. Kıyametse her şeyden daha beter, daha acı, daha korkunçtu.

O gün, vaat edilen gün geldiğinde korkunç bir deprem olacak, dağlar bir vuruşta birbirine çarpılıp atılmış yüne, insanlar ateş etrafında dönerken yanıp tutuşan pervanelere döneceklerdi. İsrafil sûra üfürdüğünde bölük bölük gelip hesap verecekler, "Toprak olmak ne müşkülmüş" diyerek mezarlarında yatanların yerinde olmaya can atacaklardı. O gün geldiğinde yıldızlar sapır sapır dökülecekti yeryüzüne. Gök başka bir gök, yer başka bir yerle değiştirilecek, her ikisi de gül gibi kızarıp yağ gibi eriyecekti. Dağlar da yürütülüp serap olacaklardı. Bir ayeti Arapça aslından okuduktan sonra "Sen dağları yerinde donmuş sanırsın" diye haykırıyordu imam minberin tepesinden, "ama onlar bulutlar gibi geçerler!"

Her sabah kalkıp dağa bakıyordun. Çok şükür yere çakılmış gibi hiç kıpırdamadan öylece duruyordu. Öylesine kocaman, o kadar ağırdı ki, kalkıp da hiçbir yere gidemezdi. Evin üzerine yıkılabilirdi ama. Kümesteki tavuklar ile çil horozu, kınalı koçun kurban edilmeyi beklediği karanlık damı, dut ağacı ile kavakları ezip geçebilirdi. Sizleri de. Seni ve dedeni, gözlerini kapatmış dua okuyan büyükanneni, baban öldüğünden beri nerede dolaştığı pek belli olmayan anneni ve kim bilir belki de tüm kenti. İbrahim Efendi'nin fırını da yok olurdu, çarşı da. Çarşıda demir döven, yufka açan, kap kacak satan, at eşek nallayan esnaf da. Evet, herkes, hepiniz yok olur giderdiniz, Ulucami hariç. O, kurşun kubbesi, göğe yükselen ince minaresi ve yerine göre ağzından ya bal akan ya alev fışkıran imamıyla Allah'ın evi sayılırdı. Ne fırtına ne deprem, ne dağ ne yangın, hiçbir şey, evet kıyametin ta kendisi bile ezip geçemezdi camiyi.

Dağa baktığında tepesinde bazen bir bulut olurdu. Bir bulut, gündoğumunda o pembe bulut, gelir dağın başını tutar, yerinden oynamazdı. Sen de gitmesini istemezdin zaten. Gitmesini istemediğin her şey gibi, yıldızlara karışan, belki de kabrinde upuzun yatmış azap gününü bekleyen baban, uzaktaki annen, seni burada, bu sıcakta iki ihtiyarla baş başa bırakan herkes gibi, bulutun da çekip gitmesini istemezdin. Hep orada kalmalı, dağ nasıl yerinde duruyorsa bulut da hiçbir yere kıpırdamamalıydı. O bir top pembe bulut biçimden biçime girmeye başladıkça hayal dünyanın kapılarını açardı. Gökyüzünde cehennem yoktu yalnızca, sevip okşadığın, birlikte oynadığın küçük ayına benzeyen pembe bulutlar da vardı.

Mevlit

Geldiler. Aralık bahçe kapısını itip yürüdüler. Dut ağacının gölgesinden geçtiler. Yukarıya çıkmadan kara-dutların boyadığı avluda soluklandılar biraz. Sonra evin konuk odasına girdiler, yan yana sedirin üzerine dizildiler. Sedir o gün özel bir örtüyle kaplanmıştı, zümrüt yeşili upuzun bir seccadeyle. Ayaklarını aşağıya sarkıtıp minderlere gömüldüler. Koltuk ve sandalyelere oturanlar da oldu, yere, Gördes halısının üzerine bağdaş kuranlar da. Halıda maviler ağır basıyor, su kenarında bülbüller şakıyordu. Duvar halısındaysa kalabalık vardı. Kalabalık çepeçevre kuşatmıştı Kâbe'yi, belli ki hac zamanıydı. Kapısı her zaman kilitli duran odanın sürekli konukları da galiba onlardı, yani hacılar. Tapınağın siyah kisvesi rüzgârda dalgalanıyordu. Belki de melekler uçuyordu etrafta, hacıların yokluğunda Kâbe'yi tavaf eden yalnızca onlardı. Duvar halısının tüm ayrıntıları aklında, oysa evinize kırk yılda bir gelen konukların hiçbirini anımsamıyorsun. Babanın mevlidine gelenler hariç tabii, onları unutmadın. Her biri yanaklarından öpüp bağrına basmıştı seni. Hem o gün çok özel, çok önemli bir gündü. Babanın kırkı çıkmıştı. Seni yoktan var eden gerçi Allah'tı, ama tohum babanındı. Onun bir parçası olduğunu biliyordun, bu tohum işine aklın fazla ermese de. Ve o gün babanın burnu düşmüş, kabir azabıyla birlikte bedeni çürümeye başlamıştı. Haşre dek sürecekti bu azap, İsmail öyle söylemişti. O gök gözlü Piç İsmail! Konuklar en güzel elbiselerini giymişlerdi. Kadınların başı örtülüydü, erkekler sinekkaydı tıraş olmuş, kasketlerini çıkarmadan başlarında ters çevirmişlerdi. Pantolonları ütülü, çorapları rengârenkti. Ayakkabılarını eşiğe bırakmışlardı. Ömründe ilk kez bu kadar ayakkabıyı bir arada görüyordun. Şaşırmıştın. Ayakkabılar siyah, beyaz, kahverengi, kırmızı, irili ufaklı kayıklar gibi dizilmişlerdi. İçlerinde yüksek topuklu iskarpinler yoktu, ama çoğu tokalı ve boyalıydılar. Kimse görmeden tozlu olanları elbeziyle silmiştin. Konuklara yapabileceğin başka ikram da yoktu. Ayakkabılar büyükannenin takunyalarından o kadar farklıydılar ki. Nedense saymaya başlamıştın. Tam kırk çift ayakkabı. Sahiplerinin adlarını unuttun, ama yüzlerini, duruşlarını, bir ağızdan tekbir getirişlerini bugün de anımsıyorsun.

Aralarında komşularınız da vardı, dedenin köylüleri de. Hacırahmanlı'dan sabah ezanında trene binmişler, bağda üzümlerini tarlada tütünlerini bırakıp gelmişlerdi. Gelirken de yanlarına torbalarını almayı ihmal etmemişlerdi. Önce alışveriş yapacak, kentte işlerini gördükten sonra mevlide katılacaklardı. Dünya faniydi, ama ahret inancı karın doyurmuyordu. Öteberiyle dolu torbalarını da eşiğe bırakmışlardı, ayakkabılarının yanına. Akrabadan pek kimse yoktu. Annenle araları açık olduğundan teyzelerin gelmeyip baş sağlığıyla yetinmişlerdi. İkisi de evli değildiler ve hâlâ kıskanıyorlardı küçük kardeşlerini. En güzelleri oydu çünkü. Masallardaki gibi en zeki ve en talihsiz olanı da. Piyango ona vurmuş, bunca yıl koca sefası sürdüğü yetmiyormuş gibi bir de çocuk yapmıştı Allah bağışlasın, afacan bir oğlan. Afacan ve hayalci. Neyse ki babası gibi zındık değil. Hem de hiç değil. Bir tek cuma namazını bile kaçırmıyor, ramazanın ilk ve son günü de olsa, oruç tutuyor, eğer uyuyup kalmazsa dedesi ve büyükannesiyle birlikte teraviyi de kılıyordu. Amcan Manisa dışındaydı yine, dedenin silah arkadaşı Gazi Hafız Bey de. Mevlidi ister istemez Ulucami imamı okuyacaktı. Babanın mevlidini. Demek ki öleli kırk gün olmuştu. Anneciğin pek kendinde değildi zaten, "ölenle ölünmez" laflarına aldırmayıp sanki babanla ölmüş, onunla gömülmüştü. Uykusuz, gece evde hayalet gibi dolaşan, ağlayan, hep ağlayan bir yabancıydı artık. Uzaktı sana, oysa Allah hep yanında, yanı başındaydı. Babana kabir azabını layık gören Allah annenden de, dedenden de, hatta baban öldükten sonra kimi geceler koynuna sokulup uyuduğun büyükannenden de daha yakındı.

Annen o gün ayakta zor duruyordu. Dedense bir sabır abidesiydi. Konuklarla hep o ilgilendi. Eğer tevekkül diye bir şey varsa, iyi Müslüman başına ne gelirse gelsin kadere boyun eğmeliyse, deden o gün, babanın mevlidi okunurken örnek bir Müslüman duruşu sergilemişti. Kadınların gözü yaşlıydı, erkekler susuyordu. Sen eşikte ayakkabıları saydıktan sonra içeriye girip konukların ellerini teker teker öpüp başına koymuştun. Sonra usulca büyükannenin yanına ilişmiştin. Yaşlı kadın kendi kendine bir duaya başlamıştı bile, sanki olan bitenin farkında değildi. Mırıldanırken hafifçe iki yana sallanıyor, şişman gövdesi sarkaç gibi gidip gelirken gözyaşlarına engel olamıyordu. Kapalı gözkapaklarından süzülen damlalar dudaklarında dağılıyordu.

Kadınlar aralarında fısıldaşmaya başladılar. "Allah rahmet etsin! Allah mekânını cennet eylesin! Allah taksiratını affetsin! Allah ondan esirgediği ömrü evladına bağışlasın. Allah yarabbim sen büyüksün! Allah... Allah..." Her cümle Allah'la başlıyor, her söz O'nda bitiyordu. Sonunda ayağında lapçınları, sırtında siyah cüppesi, başında kırmızı beyaz bayrak rengi sarığıyla imam odaya girdi, kendisine ayrılan koltuğa otururken o da bir "Allah yarabbim!" çekti. Ve hiç beklemeden, "Allah adın zikredelim evvela!" diyerek mevlide başladı.

İmamın sesine cuma namazından aşinaydın, vaazlarına da. Ama bu kez baban için söylüyor, onun için okuyordu. Hem de ne okuma! Ses konuk odasında yankılanıyor, camlar zangır zangır titriyordu. Sözcükler peş peşe, makineli tüfekten çıkan mermiler örneği saplanıyorlardı yüreğine. Oracıkta düşüp ölebilirdin, öylesine deliciydiler. Hem uzun ve dokunaklı bir şarkı, hem bir yakınma hem de bir ağıt gibiydiler. İmam baban için okuyordu, ama konu Muhammed'di. Gerçi çok azını anlayabiliyordun söylenenin, önce Kuran sandığın duanın başka bir şey olduğunu, Peygamber'in doğumunu anlattığını anlaman içinse aradan yıllar geçmesi gerekecekti.

"Âmine Hatun Muhammed annesi / Ol sedeften doğdu ol dür dânesi" dizeleri yer etmiş belleğinde. Peygamber doğduğunda gökten meleklerin inip Kâbe'yi tavaf eder gibi Âmine'nin evini tavaf etmeleri de. Sonra yeryüzüne yağan nur, Peygamber'in annesine hurilerin sunduğu "kardan ak hem soğuk" şerbet, sırtını kanadıyla sıvazlayan ak kuş ve imamın yükselen sesiyle doruğa varan selam faslı: "Merhaba ey âli sultan merhaba / Merhaba ey kan-i irfan merhaba! / Merhaba ey sırr-ı

fürkan merhaba / Merhaba ey derde derman merhaba!"
Doğumuyla, işledikleriyle derde derman olacaktı Muhammed, ama o da, Allah'ın her kulu gibi sonunda ölüme yenilecekti. Azrail'in Peygamber'in canını almaya gelişini anlatan bölümü de anımsıyorsun. Konuklar kendilerinden geçmiş dinlerken "Ol gelendür eden oğullar yetim / Canlar alup tenleri kılan remim" dizeleri o ana kadar bir Buda heykeli gibi sessiz duran, duygularını dışa vurmaktan kaçınan dedeni bile heyecanlandırmaya yetmişti. Demek ki doğumdan çok ölümdü bu dünyanın gerçeği. Muhammed de yetimdi sen de. O da bir ölüden olmuştu, sen de bir ölünün, kırkı çıkınca "teni remim" olmaya başlayan bir babanın tohumuydun. Doğarken herkes gibi sen de içinde taşıyordun kendi ölümünü, kalbinin her atışında ona biraz daha yaklaşıyordun. Her çocuğun içinde, verdiği canı alan bir Allah vardı, evet, yani ölüm de vardı. Senin içindeyse, Muhammed gibi yetim olduğundan, bir değil iki ölüm vardı sanki.

Peygamber on dokuzundaki eşi Ayşe'nin kollarında can vermişti. Ama ölmeden birkaç gün önce, biraz iyileşir gibi olduğunda, mezarlığa gidip Uhud şehitleri için dua etmişti. İlk orada mı hissetmişti sonun geldiğini, yoksa zaten, babanın mevlidinden sonra konukların birbirlerine ve sana teselli kabilinden "her canlı ölümü tadacaktır" dedikleri gibi, Kuran'da yazılı olana boyun eğme vaktinin geldiği yorgun yüreğine çok daha önceden mi malum olmuştu? Gerçi bu dünyanın hazineleri sunulmuştu ona ya da öteki dünyada Yüce Dost'un refakati. Ve o, elbette ikincisini seçmişti. Bu ölümden korkmasına, fani de olsa bu dünyadan çekip giderken keder duymasına engel değildi elbet. Yine de Ayşe "Ey Allah'ın elçisi, senden önce ölürsem beni gömdükten sonra öbür eşlerinle gününü gün edersin!" dediğinde gülümsemişti, o inci kadar beyaz, güzel dişleri, titreyen şehvetli dudaklarıyla. Ve son bir kez daha, karısının tükürüğüyle ıslanıp yumuşamış misvakla dişlerini ovmuş, Medine'nin yedi ayrı kuyusundan getirilen soğuk sularla yunmuştu. Kapıda Cebrail ve Azrail birlikte bekliyorlardı. Girmek için izin istediklerinde vermeyebilirdi. Azrail, babanın canını aldığında onun böyle bir ayrıcalığı yoktu, ama Allah'ın sevgilisinin vardı. Belki de, kim bilir, yoktu. Allah Kuran'da bütün peygamberler gibi onun da öleceğini haber vermemiş miydi? Tüm kulları gibi ölüp de sonradan dirileceğini. Bu gerçeği unutmuş olamazdı. Kadere boyun eğişi kuşkusuz bundandı. Başını genç karısının göğsüne yaslamış, Azrail'e ruhunu teslim etmişti sonunda, bu işin hiç de kolay olmadığını mırıldanarak.

O gün imam, Peygamber'in doğumunu müjdeler gibi ölümünü de haykırıyordu içli sesiyle. Ve Süleyman Çelebi'nin dizeleri, aruz vezninin yatağında Kevser Irmağı'nın akışıyla çağlayıp coşuyordu:

Vakt erişti dünyadan kıla sefer
Ol güneş yüzlü vü ol alnı kamer

Her kim ol sultan için yaş indire
Yaşı onun tamu odun söndüre

Ve konuklar ağlıyorlardı. Sen de gözyaşlarını tutamayıp hıçkırmaya başlamıştın. Hem Peygamber hem baban için, pek farkında olmasan da belki kendin için ağlıyordun. Şimdi biliyorsun, aslında konuklar kendi ölümlerine, herkes kendi sonuna ağlıyordu. Ve bunca yaygaranın elbette ecele faydası yoktu. İmamın sesi bir alevdi artık, değdiği yeri yakıyor, ulaştığı yüreği dağlıyordu:

Fahr-i âlem göç eyledi dünyadan
Ümmetlerim size olsun elveda

Bize gel oldu yüce Mevla'dan
Ashâblarım size olsun elveda

Bunu dedi yaşlar doldu gözüne
Bir figandır düştü halkın özüne

O gün herkes baban için de ağladı, Peygamber ve bütün ölmüşler için de. Sonra konuklara akide şekeri ve lokma sunuldu. Hiçbir şey olmamış gibi ölümden değil hayattan konuşuldu, sohbet edildi. Ve konuklar geldikleri gibi, eşikte çıkardıkları ayakkabılarını giyip, birer birer gittiler. Odada deden ve büyükannenle yalnız kaldın. Annen bir köşede hâlâ ağlıyordu. Yanına gidip "Artık ağlama" dedin. "O şimdi cennette hurilerle beraber!" Anneni teselli etmekti amacın, ama o ağlamaya devam etti. Bunun üzerine "Zırla dur öyleyse" diye kestirip attın. "Ağlamakta haklısın. Babamın kabir azabını belki gözyaşların azaltır!" Nasıl söyleyebildin bu sözleri, içindeki cehennem korkusunu bu kadar kolay, böylesine pervasızca nasıl babana atfedebildin, neden yüce Tanrı'dan onu bağışlamasını dilemedin, hâlâ anlamış değilsin. Artık ne Allah korkusu var içinde, ne azap korkusu. Yalnızca bir kuşku, evet, içinde ikinci bir insana dönüşen o kuşku kemiriyor zihnini. Ölümden değil ölememekten korkuyorsun, annen gibi, can çekişen herkes gibi. Baban şanslıydı. Öldüğünü bile anlayamadan çekip gitti bu dünyadan. Kâm alıp da hâlâ doyamadığın, bu yaşanası, bu rezil, bu ölümlü dünyadan.

Miraç

Yolageldi Baba'nın türbesi evinizden biraz uzaktaki boş arsanın ortasında, sokağı "perili köşk" denilen metruk evden ayıran yıkık bahçe duvarına bitişikti. Yanında bir incir ağacı vardı. İncir taş duvarı delmiş, ayrıkotlarıyla kaplı bahçeye kadar yürümüştü. İsmail'le kobalak toplar, kurutup ipe dizerdiniz. Onlar misketlerinizdi, "Amerikan" dediğiniz gerçek ve büyük misketler, içinden sarı, kırmızı, mavi ırmaklar akan o ışıltılı, güzel oyuncaklar öylesine ender, mahallenin bakkalında bile o kadar pahalıydı ki, çoğu kez kobalaklarla yetinmek zorundaydınız. Onlar da, başlarını kopartsanız bile, yakıcı güneşte kuruyup iyice sertleşmiş olsalar bile, Amerikan misketleri gibi kolayca yuvarlanmaz, "kaptan" oynarken açtığınız deliklere girmeden toprakta takılır kalırlardı.

Yazın günler uzundu. Hele herkes bağ evine gitmiş, mahallede oynayacak kimse kalmamışsa. Hele tavukların suyunu değiştirmek, koça yem vermek için sabah erkenden kalkılmışsa. Gün uzar gider, yayılır, geçmek bilmezdi. Bildiğiniz tüm oyunları tüketirdiniz İsmail'le, yüz kez dalaşıp yüz kez barışsanız da akşamı zor ederdiniz. Mahalleden uzaklaşman yasaktı. Ne kentin merkezine gidebilirdin tek başına ne de Tarzan'ı görmek için parka. Onu Hazreti İbrahim'in balıklarına yem atar ya da gülleri sularken hayal ederdin, ama yanına yaklaşman, hatta uzaktan seyretmen bile yasaktı. Daha doğrusu ayıptı. Çünkü sen İsmail gibi Ekmekçi İbrahim'in muhacir oğlu değil, Hacırahmanlı eşrafından hukukçu Hacı Rahmi Ran'ın Manisalı torunuydun, büyükannen muhacir bir aileden geliyor olsa bile. Mahalle arkadaşlarından dinlerdin. Onlar, İsmail de aralarında, parka, hatta öğleyin saat tam on ikide topun atıldığı Topkale'ye dek gidip Tarzan'la konuşur, duyduklarını bire bin katarak sana anlatırlardı. Nasıl çölde bir Bedevi çadırında doğduğunu, aslanlarla, kaplanlarla, atmacalarla arkadaşlık ettiğini, delikanlılığında bir kıza âşık olunca gurbete düşüp çile doldurduğunu, o gün bu gündür böyle çıplak ve yalnız gezdiğini, Kurtuluş Savaşı'nda aldığı kırmızı şeritli İstiklal Madalyası'nı bile Manisa'nın kurtuluş günü kutlanırken çıplak göğsüne asıp resmigeçide öyle katıldığını. Dağın eteklerindeki beyaz badanalı, küçük kulübesinden de söz ederlerdi. Zeytin ağaçlarının gölgelediği bu kulübede yaşıyordu yaz kış, yatak yorganı olmadığı için gazete kâğıtlarına sarınıp uyuyor, dağdan topladığı yaban yemişleriyle besleniyordu. Göründüğü gibi saçı sakalı birbirine karışmıştı, ama kirli değil tertemizdi. İki kayanın arasındaki bir küçük gölde yıkanıyordu her sabah. Kimi kimsesi de yoktu, zaten İsmail'in anlattığına bakılırsa Tarzan filmlerini görüp bu hayata özenmiş, günün birinde üzerindeki giysileri çıkardıktan sonra böyle cıscıbıldak doğaya karışmıştı. Sen de biliyordun, uzaktan izliyordun onu, üzerinde siyah bir şorttan başka giysi yoktu, teni çölde avare gezen bir Bedevi'ninki kadar esmerdi. Işıldayan kara gözleri, kara kaşları, kara saçları, uzun kara bir sakalı vardı. Hem korkar, çekinir hem de Tarzan'ı gidip görmek, hayatını bir de kendi ağzından dinlemek için can atardın, ama dedenden korkardın. Seni cezalandırmasından değil, onu üzmekten, büyükannenin deyimiyle "ele güne rezil etmek"ten korkardın. Manisa Tarzanı'yla ahbaplık etmen yasaklanmamıştı yalnızca, Tarzan filmlerini de mahalle arkadaşlarından dinlemek zorundaydın. Onlar Şehir Sineması'nda otuz altı kısım tekmili birden gösterilen Johnny Weissmüller'in filmlerine gidip Afrika'nın balta girmemiş ormanlarında Tarzan ile Jane'in serüvenlerini izlerlerken, sen evde Kuran dinler, Mekke'yi Medine'yi, Muhammed'in hayatı ile Allah'ın yüceliğini hayal ederdin. Arkadaşlarının sana anlatacakları çok şey vardı, sen ise onlara, okumaya düşkün olmadıklarına göre, ancak Peygamber Efendimizin başından geçenleri anlatabilirdin. Dedenden ve büyükannenden dinlediklerini Ulucami imamından duyduklarına katarak İsmail'e anlatırdın, ondan aşağı kalmamak, hayal gücünün zenginliğini en yakın arkadaşınla paylaşmak için. Onun gibi bire bin katarak değil, ne duymuş, ne dinlemiş, hatırında nasıl kalmışsa öyle. Çünkü babası İsmail'i cuma namazına götürmez, fırın gün ortasında kapalı kalmasın diye nöbetçi bırakırdı. İsmail yalnızca Afrika Tarzanı ile Jane ve Çita'nın değil Manisa Tarzanı'nın serüvenlerini de ezbere biliyordu, ama sen de Muhammed'in işlerinden haberliydin. En çok da geceleyin göğe ağışından, yedi kat arşa çıkarılıp sonra Mekke'ye geri gönderilişinden. Yani Miraç'tan.

İsmail'e orada, Yolageldi Baba Türbesi'nin yanındaki yıkık duvarın üzerinde İsra ve Miraç'ı anlatırdın. Oyun oynamaktan, gün boyu dalaşıp barışmaktan, karıncaların yuvalarını bozmaktan sıkıldığınızda, ortalıktan el ayak çekilir akşam inerken duvarın üzerinden bacaklarınızı sarkıtır, gökyüzünde tek tük parlamaya başlayan yıldızlara dalardınız. Sen anlatmaya başlayınca gözleri fal taşı gibi açılır, bakışlarını yıldızlardan sana doğru yöneltip "Yok yaa?" diye sorardı şaşkınlığını gizlemeden. "Muhammed yedi kat arşa kanatlanıp Allah'ı görmüş öyle mi?" Bu "yedi kat arşa kanatlanmak" deyiminin okulda ezberlediğiniz "Akıncılar" şiirinden aşırma olduğunu hemen çakar, ama bozuntuya vermezdin. İsmail'in de senin gibi ecdadıyla övünmek için müsamerelerde "Akıncılar"ı okurken coşup ağladığını tahmin edebiliyordun. "Tabii ya, bir yaz günü Tuna'yı geçen ecdadımız gibi Peygamber Efendimiz de yerden yedi kat arşa kanatlanmış, cenneti, cehennemi görmüş orada. Allah'la konuşmuş." Önce "Tövbe tövbe! Sus çarpılırsın!" der, sen nazlanınca "Anlat hadi!" diye yelkenleri suya indirirdi. Sen de inadına yavaş yavaş, sözü döne dolaştıra, ama ballandırmadan, en baştan itibaren anlatmaya başlardın.

Bir gece Muhammed Mekke'de, nedense kendi evinde değil de amcakızının evinde uyurken çatı açılmış, Cebrail içeriye süzülmüştü. Her zamanki gibi yalnız değildi bu kez, yanında acayip bir yaratık vardı. Eşekle katır arası bir binek hayvanına benziyordu, ama başı insan başıydı. Yeleleri incilerle örülmüş, kulakları zümrüt yeşiline bürünmüştü. Alev gibi parıldıyordu gözleri. Kuyruğu tavus kuşununki gibi rengârenkti, toynaklarıysa pamuk kadar yumuşak. O da, Cebrail gibi, geniş kanatlı, tatlı bakışlıydı. Adı Burak'tı. Peygamber ona binerken başucundaki su testisini devirdiğinin farkına bile varmamıştı.

– Bu testi de nerden çıktı şimdi? diye sorardı İsmail, her zamanki meraklı sesiyle.
– Testi çok önemli.
– Hiç de değil. Ne olmuş testi devrilmişse.
– Sonunda anlarsın ne olduğunu.

Ve devam ederdin anlatmaya. Burak şimşekten hızlı gidiyor, ne gitmesi uçuyordu. Her adımda ufka dek uzanıyordu ayakları. Cebrail'le birlikte Kudüs'e gelmişler, Mescid-i Aksa'da Peygamber yere basıp dua etmişti. Musa, İsa ve Hazreti İbrahim de arkasında saf tutup ona eşlik etmişlerdi. Hani şu, oğlu İsmail'i kesmeye yeltenen İbrahim. Burada durup, seni can kulağıyla dinleyen İsmail'e Ege şivesiyle yapıştırırdın soruyu.
– Hazreti İbrahim kim bilin mi?
O da inadına Rumeli şivesiyle cevap verirdi:
– Bilmem mi? Haçan bir peygamberdir o da. Musa ve İsa gibi, efendimiz Muhammed gibi, bir peygamberdir kendisi.
– Ne yapmış peki?
– Ne mi yapmış? Kesmiştir kendi öz oğlunu. Yok, kesmemiş, gökten koç ininke onu doğramıştır çorba yapmaya. Haçan boş ver sen İbram'ı şimdi, gel bakayım Muhammed'e.

Çokbilmiş edanla bir süre susar, yıldızlara bakardın. Baktıkça gökyüzünde çoğalıp sana göz kırpmaya başlarlardı sanki. Kaldığın yerden devam ederdin.

Kudüs'te Yakub'un kayası derler bir kayanın üzerine basınca göğe kanatlanmıştı Muhammed, gerçekte kanatları yoktu, ama yedi kat yer ile yedi kat göğün sahibi Allah kendi yanına çekmişti onu; Peygamber kanat takmadan, Burak'a da binmeden, Cebrail'in eşliğinde uçmaya başlamıştı.

İsmail'in Muhammed'in göz açıp kapayana Mekke'den Kudüs'e gelmesine bir itirazı yoktu. Yolageldi Baba da her gece uçan seccadesinin üzerinde Kâbe'ye gidip gelmiyor muydu? Onun da makamına, Peygamber'e Kevser'in verildiği gibi, yedi ırmak ile üç deniz verilmemiş miydi? Ama yedi kat göğe yükselmesini aklı nedense pek almıyordu. Merdivenle çıkmış olmasın? Doğru, gerçekte gökten inen, her basamağı bir başka mücevherle süslü Allah'ın merdivenine tırmanıp öyle dolaşmıştı semayı. Ama Peygamber'in uçması sana daha çekici, çok daha ilginç geldiği için öyle olmuş gibi anlatırdın. İsmail de sanki inanmadan dinler, sonra kendini hikâyeye iyice kaptırırdı. Muhammed neden uçmasın, sen bile düşünde uçtuktan sonra. Hem de ne uçmak! Sipil Dağı'nın zirvesinden bırakırdın kendini. Boşlukta süzülüp Manisa'nın üzerinde kanat çırpar, sonra Gediz Ovası'nı geçer, derken leyleklerin peşine takılıp Mekke'ye yönelirdin. "Hacı Baba" derdiniz leyleklere, kışın Arabistan çöllerine doğru uçup giderlerdi kentin üzerinden. Artlarından bakakalır, iç çeker, sen de onlar gibi, deden gibi, nice dini bütün Müslümanlar gibi Mekke'ye Medine'ye giderek hacı olmak isterdin. Hacı olup bütün günahlarından arınmak, bir bebek gibi yeniden doğmak isterdin. Sanki çok yaşamış, çok görmüş, çok günah işlemiştin. İsmail'e merdiven konusunu açmaman bile başlı başına bir günah değil miydi? Yine de aklınca, doğruyu söylermiş gibi anlatırdın. Çünkü "Ya sonra?" diye tuttururdu İsmail. "Sonra ne olmuş?"

Sonrası gerçekten müthişti. Olağanüstüydü. O yıllarda bu "olağanüstü" sözcüğü icat edilmemişti henüz. İkinizin de dilinin dönmediği "harik-ül-ade" ve "fevk-alade" sözcükleri revaçtaydı, Arapça bilmeseniz de Arapça kökenli sözcüklerle doluydu konuştuğunuz dil ve Kuran ayetleri de dahil hiçbirini doğru düzgün söyleyemezdiniz. Her neyse, Peygamber'in kanatsız ve bineksiz göğe yükselmesine İsmail'in itirazı vardı, mümkünü yoktu böyle bir şeyin. Bütün bunlar rüyadayken başına gelmiş olamaz mıydı? Elbette olamazdı, o zaman herkes aynı şeyi rüyasında görebilir, Peygamber'in bir ayrıcalığı kalmazdı. Hayır, Allah sevgili elçisine sırlarını göstermek istemiş, onu bu nedenle göğe yükseltmişti. Ve göğün ilk katında, atamız ve ilk peygamberimiz Âdem Aleyhisselam'la karşılaşıp selamlaşmadan önce Nil ve Fırat ırmaklarının kaynaklarında yıkanmış, sonra da Kevser'den içip yoluna devam etmişti.

– Dur bakalım, diye araya girerdi İsmail. Acele etme. Ne yapıyormuş orada Âdem Babamız?

– Ne yapacak, sağına bakınca gülüyor, soluna bakınca ağlıyormuş.

– Neden ki?

– Sağında cennetlikler solunda cehennemlikler sıralanıyormuş da ondan.

– Bak sen! Solunda cehennemlikler ha...

O yıllarda sağ sol kavgası gündemde değildi henüz, ama komünizm en büyük düşmandı. İsmail'in ailesi de komünizmden kaçıp Manisa'ya geldiğine göre solda olamazlardı, solcular Moskova'ya gitmeliydiler, öyle diyordu herkes, İsmailler ise özbeöz Müslüman, muhacir kardeşlerimizdendiler, her şeylerini komünistlere bırakıp yanlarında bir kocaman katana ve bir bohçayla gelmişlerdi vatana. Demek ki cehennemlik değildiler, çok şükür değildiler, İsmail cuma namazına gitmese de. Hem Peygamber Efendimiz bir gün kahkahadan kırılan sahabeye "Benim bildiklerimi bilseydiniz az güler çok ağlardınız" dememiş miydi?

Muhammed birinci göğe ayak basar basmaz gümüşe kesmişti her yer, bir bulut onu sarıp sarmalamış, beş yüz yılda aşılabilecek mesafeyi göz açıp kapayana kat ettirmişti. Çevresinde her biri dağ kadar yüce yıldızlar vardı artık, her yıldızın başında da bir melek. Melekler Allah'ın bu kattaki sırlarını şeytan ve cinler çalmasın diye bekliyorlardı. Gerçekte, öğretmenin anlattığı gibi binlerce, yüz binlerce, hatta milyonlarca ışık yılı uzakta yanıp sönen, boşlukta kendi eksenlerinde dönen güneşler değil miydi yıldızlar? Değildiler demek ki. Demek ki sana göz kırpan, bacaklarını aşağıya sarkıttığın duvarın üzerinden baktığın yıldızlar, göğe asılmış dağlar, dev kandillerdi. Yolageldi Baba'nın türbesinde yanıp duran, yandıkça eriyen mum gibi yanıp duruyorlardı gökyüzünde. Onları böyle yüce dağlar gibi yaratan, mum alevi gibi parlatan Allah'ın gücüydü. Hikmetinden sual olunmaz yüce Allah'ın işlerini İsmail'e anlatırken duyduğun heyecanı başka hiçbir zaman, hiç kimseyle paylaşmadığını biliyorsun. Şimdi, yıllar, ışık yılı olmasa da ışık hızıyla geçen, seni her an biraz daha ölüme yaklaştıran yıllardan sonra kendi zamanını yaşar, kendi işini görürken. Bu satırları böyle gelişigüzel, bunca ayrıntılı yazarken.

Göğün ikinci katına beş yüz yılda varması gerekirken yine göz açıp kapayana ulaşmıştı Muhammed. Ulaşır ulaşmaz da her yer demire kesmişti. Mızrakları demirden bir melek ordusu sarmıştı Peygamber'i bu kez de, yeryüzünde karıncalar gökyüzünde kuşlar kadar çoktular. Onları saymaya bir ömür yetmezdi. Kıyamet gününde İslam'ı savunmak için talim yapıyorlardı. Başlarında

Yahya, artlarında İsa peygamberler vardı. Belki bu dünyada barıştan yanaydılar, ama orada meleklerle kılıç kuşanmışlardı. Hem Meryem Oğlu Hazreti İsa "Kılıç kuşananın kılıçla ölmektir sonu" dememiş miydi çarmıha gerilmeden önce? Bir yanağına tokat atana öteki yanağını da uzatmadan önce?

Muhammed onlarla da selamlaştıktan sonra yoluna devam etmiş, üçüncü kata geldiğinde her yer bakıra kesmişti. Süleyman ve Davud peygamberler bu kattaydılar. Yeryüzünde tüm vahşi hayvanlara hükmü geçen, kuşların ve karıncaların dilini bilen Süleyman burada sıkılıyor gibiydi. Pek fazla bir işi yoktu sanki. Hükmü de kimseye geçmiyordu. Melekler Allah'tan alıyorlardı buyruklarını ve yer gök Allah'ın adlarını tespih eden cennetliklerin sesleriyle inliyordu.

Cennet ve cehennemi de görmüştü Muhammed, boş arsada çevirdiğiniz topaçlar gibi günahkârların ağızlarından hızla girip kıçlarından çıkan ateşten toplara, bağırsaklarını yutan yaşlı cadılara, zina yapmış kadın ve erkeklerin atıldığı kaynar kazanlara seyir bakmıştı. Kan ve irin içindeydi her yer. Zebaniler, günah işledikleri uzuvlarından tutup ateşe atıyorlardı erkek ve kadınları. Galiba en çok da kadınları. Giydikleri alev, yedikleri leşti. Ve azaplarına son yoktu. Çünkü zebanileri, azap çekenlerin yalvarmalarını ve yakınmalarını duymasınlar diye, sağır ve dilsiz yaratmıştı Allah.

Cennetteyse suları kardan temiz, camdan saydam ırmaklar, baldan tatlı yemişler, inci köşklerde kuştüyü döşeklere çırılçıplak uzanmış Allah'ın sevgili kulları ile şehitleri bekleyen huriler vardı. Altın ve yakuttan saraylar da vardı elbet, sonra sütten ve baldan ırmaklar, derin, sonsuz, yemyeşil vadiler. Tuba ağacının gölgesinde dinlenen müminler. Kim bilir öldüğünde belki sen de aralarında olur, yan gelir yatardın. Allah, dünyada O'nun için namaz kılıp oruç tutan, zekât verip hacca giden kullarını, ahrette bu zahmetlerden imtina etmişti. Muhammed cehennemin kapısında Malik, cennetin kapısında Rıdvan'la da konuşmuştu, ama İsmail'i asıl etkileyen Azrail'le karşılaşmasıydı.

"Bu da kim?" diye sormuştu Cebrail'e. Vahiy meleğine aşinaydı gerçi, ne var ki ölüm meleğinin böylesine korkunç, bu kadar siyah, simsiyah, bir kanadı yerde bir kanadı gökte olduğunu, iki gözü arasındaki mesafenin arasına bütün bir kâinatın sığdığını bilmiyordu. "Azrail" demişti melek. "Evleri annesiz babasız, dünyayı ıssız bırakan odur. Çocukları yetim ve öksüz bırakan da."

Cebrail'in ölüm meleği hakkında söylediklerini İsmail'e tekrarlarken bir hıçkırık düğümlenirdi boğazında, gözyaşlarını zor tutardın. Ama erkekler ağlamazdı. Hele Hacı Rahmi Bey'in torunu bir muhacirin yanında hiç ağlamazdı. Sipil Dağı'nın yamacındaki kadın başı suretindeki o kaya bile ağlardı da sen ağlamaz, ağlayamazdın. Yutkunarak devam ederdin hikâyene.

İnci ve kızıl altın rengindeki dördüncü ve beşinci katları, Muhammed buralara ayak basar basmaz her şeyin inciye ve altına kestiğini söyledikten sonra çabucak geçer, altıncı katta Musa'yla karşılaşmasına gelirdin. Bu karşılaşma önemliydi. Çünkü Miraç'ta Müslümanlara farz olunan günde elli namazı beşe indirmek için Musa uyarmıştı Muhammed'i, gerçi Allah'la pazarlığı bizzat Peygamber'in kendisi yapmıştı, ama günde elli kez namaz kılmanın ümmeti için imkânsız olduğunu Musa söylemişti ona. Ramazanda teravi namazlarını saymazsak her hafta cuma namazını kılıyordun, İsmail ise onu

122

bile yapmıyordu. Günahkârdın evet, ama İsmail senden daha günahkârdı. Belki bu nedenle merak ediyordu Allah'ı, günahlarını bağışlatmak için o da Peygamber gibi Allah'ın huzuruna çıkmak, O'nunla konuşmak istiyordu. Allah'ı hiçbir canlının, peygamber de olsa hiç kimsenin, Hazreti Musa'nın bile göremediğini bilmiyordu ki. Hani Allah Tur Dağı'nda tecelli ettiğinde Musa düşüp bayılmıştı ya, İsmail'in din bilgisi seninkinin yanında solda sıfırdı. Kuşkusuz bu nedenle dinlerdi anlattıklarını, Muhammed'in hikâyeleri Tarzan'ınkilerden biraz farklı olsa da. Yedinci kattan sonra, Peygamber Sidretü'l-Münteha'ya varıp Cebrail'i de geride bıraktıktan sonra ne olmuştu peki? Cebrail ona biraz daha yükselirse kanatlarının tutuşup yanacağını söylediğinde hiç mi korkmamıştı? Gerçekten Allah'ı görüp O'nunla konuşabilmiş miydi? Elbette bir karşılığı olmalıydı bu soruların. Yoksa İsmail bir daha seni hiç ciddiye almaz, anlattıklarını değil böyle can kulağıyla dinlemek, hiçbirine kulak dahi asmazdı.

Sınıra vardıklarında Cebrail buradan öteye gitmesinin yasak olduğunu söylemiş, Muhammed ise yoluna devam edip Allah'ın cemaliyle karşılaşmış, sırlarına ulaşabilmişti. Hatta aradan tüm perdeler kalkıp da yalnızca iki perde, zifiri karanlık ve mutlak nur perdeleri kaldığında, önce heyecanlanmış, sonra bu iki perde de kalkınca gözleri kamaştığı için ancak kalbiyle görebilmişti Allah'ı, ama soğuk elini yüreğinin derininde hissetmişti. Ölümün soğukluğu muydu bu, yoksa mekânsız ve zamansız bir ortamda varlıktan sıyrılıp hiçe dönüşmenin korkusu mu? Peki, neye benziyordu Allah, nasıldı? İşte tam burada susar, titremeye başlardın. Seninle birlikte gökyüzünde yıldızlar da titrer, teker teker sönerlerdi. Yolageldi Baba'nın türbesindeki mum da çoktan sönmüş olurdu. İsmail ısrarla tekrarlardı aynı soruyu: "Demek Allah'ı görmüş ha? Peki, nasılmış bakalım?"

– İşte onu bilemem, diye kestirip atardın. Onu hiç kimse bilemez. Ne dedem ne imam ne de öğretmenim.

– Peki Muhammed? O da mı bilemez?

– O bilir, ama söyleyemez.

Susardınız. Sana öyle gelirdi ki çevrenizdeki her şey de susmaktadır. Dağ ve kent, sokaklar ile caddeler, hatta yüksekten uçarken bile takırtıları duyulan leylekler, türbede sanduka ve sönmüş mum, "perili köşk"ün yıkılmak üzere olan cumbası ve karanlık pencereleri, sonra incir ağacı, duvar ve yıldızlar, evet her şey susmakta, bu soruya hiç kimse ve hiçbir şey, bütün bir evren bile cevap verememektedir. Neden sonra:

– Ya testi? diye sorardı İsmail.

– Muhammed Mekke'ye dönüp yatağına girdiğinde bir de bakmış ki su hâlâ akmakta. Testiyi alıp kalan suyu kana kana içmiş.

Huveylid kızı Hatice

Huveylid kızı Hatice, Kureyş'in en güçlü kadınlarındandı. Başka efsane kadınlar da vardı elbet, gerdek gecesi düşman kabilelerin barışma şartını ön koşan, bu gerçekleşmezse kendini kocasına vermeyeceğini söyleyen, inadıyla ünlü Avs bin Harita'nın en küçük, en küçük olduğu için de masallardaki gibi en güzel ve en akıllı kızı Behiye örneğin ya da cazibesi dillere destan kindar Hind. Ona bu sıfatı neden yakıştırdığımı herhalde anladınız. Yine de, anlamayanlar, anlasalar da inanmayanlar için tekrarlayayım. Mekke'nin ileri gelenlerinden Ebu Süfyan'ın zevcesi Hind, erkek kardeşlerini öldüren Hamza'dan öylesine nefret ediyordu ki, Peygamber'in amcası Uhud Savaşı'nda şehit düşünce dayanamadı, devesinden inip kızılca kıyametin arasına dalarak Hamza'nın cesedine ulaştı ve bir hançer darbesiyle karnını yarıp ciğerini yedi.

Hatice'nin gücü ne cazibesinden kaynaklanıyordu ne de öfkesinden. Çok güzel sayılmazdı. Duldu üstelik, ölen iki kocasından da çocuk sahibi olmuş, kendini evine ve işine adamıştı. Bir iş kadınıydı o, belli ki çok cerbezeli, çok becerikli, çok meşguldü. Zengindi evet, malı mülkü, kervanları vardı. Ama gücünün asıl kaynağı iş bilen, tuttuğunu koparan bir kadın olmasındandı. Mekkeliler ona "tacire" de diyorlardı, temiz kadın anlamına gelen "tahire" de. Bütün bunları Hatice'nin kâr hanesine yazdığımızda onun Ebu Talib'in yeğeni Muhammed'i neden işe aldığını, amcası adına Şam'a gidip gelen, ne var ki ticaret yapmaktan çok develerin yükünü indirip bindiren, yemlerini veren bu alçakgönüllü genç adamı neden seçtiğini, hadi doğrusunu söyleyelim, ona neden göz koyduğunu daha iyi anlayabiliriz.

Belki Hatice de, Hind gibi, nüfuz ve söz sahibi bir kocaya varmak isterdi. Ya da Behiye gibi aşiret reislerinden biriyle çölde, aysız bir gecede üçüncü kez gerdeğe girmek. Dışarıda rüzgâr palmiyelerin dallarını sallar, kamp yerinin son ateşleri de sönerken çadırda kocasına sokulmak, onu şefkati, sıcaklığı, kendine olan engin güveniyle sarıp sarmalamak. Ama yoksul bir erkeği sevdi, ona kapıldı, onu istedi ve burada pek uygun kaçmasa da yazmak zorunda olduğum bir deyimle, kendisinden on beş yaş küçük bir delikanlıyı elde etti. O zamanın töresi gereğince Muhammed aile büyüklerinden istemedi onu, bir yakını aracılığıyla Muhammed'i o istedi ailesinden. Yine de her şey gereğince yapıldı. Düğünleri kırk gün kırk gece sürmedi hayır. Onlar ermiş muradına biz çıkalım kerevetine diyecek halim de yok. Daha durun bakalım, henüz evlenmediler. Zengin iş kadını Hatice hemen evlenme teklif etmedi Muhammed'e, onu sınamak istedi. Nasıl mı? Şöyle:

Küçük yaşından beri amcası Ebu Talib'in kervanlarıyla Şam'a giden Muhammed bu kez Hatice adına çıktı aynı yolculuğa. Mal yüklü develere Kureyş'in muhafızları ile Kervankıran yıldızı eşlik etmiyordu yalnızca, Hatice'nin adamları da vardı. Ve kadın kölesi Meysere. Meysere Habeş kökenliydi, Ukaz pazarında satılmadan önce varlıklı bir ailenin kızıydı. Endamlı, görgülü, çok da işveliydi. Yol boyunca ilgisini çekmeye çalıştı Muhammed'in, ama geceleyin kervan konaklayıp develer çöktüğünde, genç adamın gözü gökyüzünü dolduran yıldızlardan başka bir şey görmüyordu. Düşünceli ve dalgın bir hali vardı. Kamp ateşine gelen cinlerin şerrinden korktuğu da söylenemezdi. Zaten yola çıkmadan önce herkesin yaptığı gibi ne Kâbe'ye gidip Allah'ın kızlarını ziyaret etmiş ne de evindeki taş parçasını sevip okşamış, ondan yolculuğun iyi geçmesini dilemişti. Beytullah'ı yedi kez tavaf etmekle yetinmişti yalnızca. Çevresindekilerden çok farklıydı Muhammed, alevlerin gölgesinde dans edip erkekleri baştan çıkaran cinlerin iğvasına kapılmadığı gibi Habeş kölenin koynuna da girmemişti. Sözüne güvenilir biriydi üstelik, mahcup ve yakışıklıydı. Evet, yakışıklıydı. O'nu yüzü örtülü tasvir eden minyatürlerin sonradan, çok sonradan yapıldığını, oysa eski kaynakların Peygamber'i gerek karakter gerekse fizyolojik özellikleriyle en küçük ayrıntılarına varıncaya dek anlattıklarını biliyoruz.

Muhammed'i Şam kervanında bir dişi devenin üzerine binmiş, başında yeşil ya da beyaz sarığıyla hayal edebiliriz. Herkes gibi onun da iri, siyah gözleri ışıktan kamaşıyor. Ama herkesin üzerinde olmayan bir bulut var Muhammed'e eşlik eden, kendisine henüz peygamberlik gelmemiş de olsa Allah'ın sevgili kulunu ve müstakbel elçisini güneşten koruyan. Muhammed'in devesi durunca bulut da duruyor, yürüyünce bulut da yürüyor. Ve güzel, beyaz dişleriyle hep gülümsüyor Muhammed. "Gerçekten de Biz insanı en güzel surette yarattık" ayeti sanki onun için inecek gibi. Alnı geniş ve ferah, sarık başını olduğundan daha büyük gösteriyor. Burnunun üstüne dek uzayan kavisli kaşları, kaşların tam ortasında öfkelenince kabarıp şişen, sakinleştiğinde eriyip kaybolan bir damar var. Burnu uzunca ve hafif kavisli, ağzı büyükçe, dudakları kalınca. Kureyş'in tüm soylu erkekleri gibi kara kaşlı kara gözlü anlayacağınız, ama teni beyaz, çok beyaz. Gerçi Yusuf ondan daha beyazdı, ama o Yusuf'tan sanki daha güzel, çok daha çekici. Ve bulutun koruyucu gölgesi düşüyor nazik tenine. Geniş, ama kılsız göğsüyle ince ve güçlü bacaklarını da gölgelendiriyor. Saçları ne çok düz ne fazla kıvırcık, ama epeyce uzun, omuzlarına dökülüyor. Sakalları da bir hayli uzun ve gür, bakır renginde. Kokulu. Misk ü amber sürüyor her sabah, günbatımında çıkan rüzgâr saçları ile sakallarını dalgalandırdığında çevreye hoş bir koku yayılıyor. Kum denizinde bir ada sanki, bir rayiha kaynağı. Yalnızca güven vermiyor çevresine, büyüleyen, alıp götüren, ilk solukta baş döndüren bir koku da saçıyor.

O kokudan mı etkilendi Huveylid kızı Hatice, yoksa bakışlarındaki kararlılıktan mı? Belki de gözlerinin beyazındaki kırmızılıktan, neden olmasın? Doğru sözlü, güvenilir, sadık oluşundan da etkilendiği anlaşılıyor. Ben Hatice'nin Muhammed'de en çok imkânsızı, gizemi, çocukluğu daha doğrusu yetimliği sevdiğini düşünüyorum. Önce dedesinin daha sonra da amcasının korumasında büyümüş, ne var ki anne şefkatinden yoksun kalmış, babasınıysa hiç tanımamıştı Muhammed. Bebekken sütannesi bile korkup geri getirmişti onu, çocuğun çevresinde olağanüstü bir şeylerin dönüp durduğunu bahane ederek dedesine teslim etmişti. Büyüdükçe, serpilip geliştikçe, sürülerin peşinden düşüp kalkmaya, ağzı köpüklü develer ile allı morlu, yağ kuyruklu koyunları değneğiyle yederek otlatmaya yeltendikçe yalnızlığı daha da artmış, Mekke civarındaki vadileri, tozlu yolları, kurumuş dere yataklarını, sarp yamaçları arşınlamaya başlamıştı. Yalnızlığı arar olmuştu artık, yetimliğinin, kabilesinden dışlandığının farkındaydı. Ve gelmiş geçmiş peygamberlerin hepsinden daha fazla çobandı, öyle bir başına, sürüsüyle ve dağlarla ve taşlarla haşır neşir, onların ayrılmaz bir parçası, hısımı, akrabasıymış gibi. Akrabalık ilişkilerinin her türlü toplumsal değerin üzerinde tutulduğu kabile hayatında bu derin, bu kahredici terk edilmişlik duygusunu en yoğun biçimde yaşadığını tahmin edebiliyorum. Ve "Andolsun kuşluk vaktine, karanlık geceye!" diye başlayan Duhâ Suresi'nin o müthiş ayetleri düşüyor aklıma: "Rabbin seni terk etmedi, sana darılmadı da. (...) Seni yetim bulup da barındırmadı mı? Seni yolunu kaybetmiş bulup da doğru yola iletmedi mi? Seni yoksul bulup da zengin etmedi mi? Öyleyse yetimi hor görme sakın!" Bunları, bir bakıma, Hatice de söyleyebilirdi, çünkü ölene dek Hatice de terk etmedi onu, bir anne şefkatiyle sarıp sarmaladı, hep yanında, yakınında oldu. Rabb'dan önce Hatice bağrına bastı Muhammed'i, O'na da, yani kocasına, yani Tanrı'nın birliğine ilk Hatice inandı. Neyse, daha evlenmediler demiştim. Daha Şam yolunda Muhammed'in izindeyiz, Mekke'de Hatice'nin evinde değil.

Kervan Busra'ya yaklaştığında bir Nasturi keşişi tepenin yamacındaki mağarasından dişi devenin üzerinde salınan bulutu gördü. Mekke kervanı böyle yılda bir kez uzaktan görünür, karayılan gibi kıvrıla büküle çölün içinden çıkar gelirdi. Yaklaştıkça muhafızların haykırışları çıngırak seslerine karışır, mağrur ve yorgun develer çölü geride bırakmanın sevinciyle hızlanırlardı. Ama hiçbirinin üzerinde bu kadar serin gölgeli, böylesine alçak bir bulut, tek bir bulut olmazdı. Keşiş bir olağanüstülük sezerek telaşla aşağıya inip kervanı düz ovada, konak yerindeki ulu ağacın altında karşıladı. Ağaç yörede pek rastlanmayan türdendi. Gövdesi kağşamış, eğrilip bükülmüş, iyice kocamıştı. Köklerinin bir kısmı sanki dışarıdaydı. Dalları yok denecek kadar azdı, yaprakları da. Bulut, devesinden inen yakışıklı, genç adamla birlikte geldi, ağacın tam üzerinde durdu. Gölge vermeyen ağacın dibini bir serinlik kapladı. Keşiş serinliğin uzağındaydı, genç adamsa tam ortasında. Konuşmaya başladılar. Daha doğrusu keşiş genç adama bazı sorular sordu, sonra da gömleğini çıkartmasını rica etti. Meysere olan bitenleri uzaktan izliyordu. Muhammed keşişin ricasını kırmayıp gömleğini sıyırınca iki omzunun ortasındaki peygamberlik mührü alaca bir leke gibi ortaya çıktı. Duruma keşişten başka şaşıran olmadı. Bunca yıldır okuduğu kitapların haber verdiği, Yahudi kâhinlerin Arapların içinden çıkacağını söyledikleri son peygamber karşısında duruyordu, ama henüz kimse bunun farkında değildi. Meysere dönüşte olan bitenleri Hatice'ye anlattığında Huveylid'in kızının bakışlarından bir parıltı geçti ve o an Muhammed'le evlenmeye karar verdi.

Hatice'nin babası Ficar Savaşı'nda ölmüştü. O kanlı ve saçma savaşta kimler ölmemişti ki! Aynı soydan gelen iki kabile bir kan davası yüzünden birbirine girince zırhlar kuşanılmış, zehirli oklar atılmış, kılıçlar çekilmiş, nice koç yiğitler yere serilmişti. Çöken develeriyle birlikte ölenler de olmuştu bu arada. Mızrakla kalbi deşilenler, kellesi uçurulanlar, kafası koparılıp top gibi oradan oraya atılanlar, kolları, bacakları havada uçuşanlar... Su gibi kan akmıştı. Kan, yörede kıt olan, kuyu diplerinde biriken sudan daha çok, daha coşkuyla akmıştı. Evet, kan gövdeyi götürmüştü, diyeceğim. Ve sonra, yıllar sonra, Müslümanlar ile müşrikler kapıştığında da kan oluk gibi akacak, kılıçlar çalındığında kelleler düşecekti. Ficar Savaşı'nda ölenler cennete gitmemişlerdi, çünkü henüz cennet ya da cehennem vaat edilmemişti onlara, parçalanıp toprak olan gövdenin yeniden dirilebileceğine, ölümden sonraki hayata inanmıyorlardı. Ama ağıtlar yakılmıştı arkalarından, çocuklar ve kadınlar ölülerine ağlamışlardı. Üstünü başını parçalayanlar, dövünenler, kendini yere atıp toprakta debelenenler arasında Hatice yoktu. Hatice o zaman da vakur bir keder, Kureyşlilerde pek görülmeyen bir tevekkülle karşılamıştı babasının ölümünü. Yani o da, müstakbel kocası Muhammed gibi öksüz kalmış, genç kızlığında en yakınını kaybetmenin acısını yaşamıştı. Bu nedenle, yetimi hor görmek şöyle dursun, ona sahip çıkmak, onu bağrına basıp korumak, sevip okşamak, kollarında sallamak için karşı konulmaz bir arzu duyuyordu.

Hatice Muhammed'le evlenmeyi kafaya koyunca töreyi çiğneme pahasına bu arzusunu Ebu Talib'e iletmişti, ama düğünün yine de kurallar çerçevesinde yapılması gerekiyordu. Sonunda, babası hayatta olmadığı için Hatice'yi amcasından, Muhammed'in kendi amcası Ebu Talib istedi, ne var ki kız tarafını temsilen amca Amr Esed rıza göstermedi. Esed varlıklı yeğenini yoksul, üstelik de yetim bir delikanlıya layık görmüyordu. Bunun üzerine evinde bir şölen düzenledi Hatice, ne de olsa görmüş geçirmiş, başından iki evlilik geçmiş olgun bir kadındı. Şölene aile büyükleri ve yakın akrabaların yanı sıra eş dost da çağrıldı. Dostların arasında bir şair vardı. Tuhaf bir adamdı doğrusu, ne dediği pek anlaşılmıyordu. Belli ki cini garip sözler söyletiyordu ona, Hicaz lehçesinde olmayan, kimsenin anlamadığı sözcükleri peş peşe sıralıyor, sanki gelecekten haber veriyordu. Yalnızca şair değil aynı zamanda kâhindi. Derken dili açıldı. Muhammed'i övüyordu; onun yüreğinin tüm Mekkelilerin hatta Acem'de ve Rum'da hor görülen tüm Arapların yüreğinden daha temiz, çok daha parlak olduğunu, bu nedenle ona önemli bir görev yükleneceğini söylüyordu. Dağların bile kaldıramayacağı bir görev olacaktı bu, öylesine zor, tehlikeli, ama kaçınılmaz. Hem de çok gerekli. İşte o zaman tüm kaderi değişecekti Kureyş'in. Yalnızca Kureyş'in değil tüm Arapların ve başka kavimlerin de kaderi değişecekti damat adayının pirüpak yüreğine gökyüzünden bir esin, bir söz nazil olduğunda.

Şairin sözlerine o gün kimse önem vermedi. Söylemesi gerekenleri söylemediği, Kureyş'in yiğitliğini, asilliğini övmediği için, Kâbe'nin anahtarları ile hacılardan, Zemzem suyu ile ilahlardan dem vurmadığı, Allah'ın kızlarına yalvarıp yakarmadığı için amcalar tarafından susturuldu. Amcalardan Ebu Talib söz aldı sonra, Muhammed'in yoksul, ama soylu olduğunu, zenginliğin gölge gibi geçici soyluluğun ise kalıcı olduğunu belirtti. Yeğenine Hatice'yi istemeden önce onun meziyetlerini bir bir sıraladı. Bu arada öteki amca öteki yeğenin cömertçe sunduğu hurma şarabından fazlaca etkilenmiş, sızıp kalmıştı. Onun yerine Hatice'nin kuzeni Varaka bin Nevfel söz aldı. Kutsal kitapları hatmettiğinden, derin bilgisini çevresindekilerle paylaşmak istemediğinden olmalı, kısa ve öz konuştu. "Muhammed cins bir deve gibidir" dedi, "çökmesi için burnunun üzerine değnekle vurmaya gerek yoktur." Bunun üzerine Ebu Talib müstakbel gelinin evine yirmi deve bağışladığını ilan edince ortalık şenlendi. Hatice'nin bir işaretiyle rakkaseler içeriye girip şölen masasının çevresinde tef çalarak dans etmeye başladılar. Aynı anda konuklar gelin ve damadın başlarına atılan kuru hurma ve şekerlere yumuldular. Amcalardan Amr bin Esed gürültüden uyandı, yeğenine neler olup bittiğini sordu. Hatice "Allah'ın izni Peygamber'in kavliyle ben Muhammed'e vardım" demedi elbet, ama dünya evine girdiğini söyledi. Amca öfkesinden ne yapacağını bilemedi önce, ama kendi rızası dışında gerçekleşen bu evliliği onaylamadığını da dışa vurmadı. Çünkü atı alan Taifi çoktan geçmişti. Öylece oturdu kaldı yerinde, yeğeninin elinden içtiği hurma şarabıyla bu kez ancak ertesi sabah ayılmak üzere yeniden sızdı.

Muhammed ile Hatice mutlu yaşadılar. Süt emerken ölen oğulları Kasım'ın dışında mutluluklarına gölge düşmedi. Dört kızları oldu. Zeyneb, Rukiye, Ümmü Gülsüm ve Fatıma. Hiçbirini diri diri toprağa gömmediler. Zengin olduklarından değil, kız çocuklarını en az oğlan çocukları kadar sevdiklerinden. Ve Muhammed'e vahiy inene dek, yani on beş yıl boyunca kervan düzüp mal aldılar, mal sattılar. Daha doğrusu tam olarak ne yaptıklarını bilmiyoruz, ama bu mutlu yuvanın temelinde yalnızca şefkat ve sadakat değil meşakkat de olduğunu biliyoruz.

Vahiy

Gün doğmadan yola çıkıyordu, azık torbasına yetecek kadar su, birkaç hurma, evde kalmışsa bir parça kuru ekmek koyarak. Oysa varlıklıydılar, Mekke'den Şam'a, kimi zaman da güneye, bahtiyar Arabistan'a gidip geliyordu kervanları. Kumaş, baharat, tuz ve mücevher taşıyorlardı. Tuz, mücevherden daha değerliydi işini bilene, kervan düzüp yollar aşana. Kuyu başlarında dinlenip kurda kuşa yem olmayı göze alana. O da yolu seviyor, yürüyor da yürüyordu. Ama gençliğindeki gibi çölü aşmıyordu artık. Kendini tefekküre vermiş, erişilmez bir sırrın peşine düşmüştü. Yanına fazla yiyecek almayışı dünya nimetlerini sevmediğinden değildi. İnsan açken, nefsine tümüyle egemenken daha kolay uzaklaşıyordu gerçek dünyadan; uzakta, göğün yedi kat ötesinde oturan, ama kimseye görünmeyen yüce varlığa daha bir yaklaştığını duyumsuyordu. Hem mide dolmayınca evren dolduruyordu insanın içini, dağlarla taşlarla yıldızlarla olmanın bilinci pekişiyor, bu ortak var oluş zihni açıyor, algı gücünü geliştiriyordu.

Zengindiler, ama Mekke'nin diğer zenginleri gibi bencil değildiler. Onların gönülleri de zengindi. Bir keresinde, o amansız kıtlık yılında, insanlar kırılır bebeler açlıktan ölürken Muhammed'in sütannesi Halime kapılarına dayanmış, yardım istemişti. Ondan sütünü esirgemeyen, ne var ki bir gece çocuğun nerede olduğunu soran o beyaz giysili iki adamdan korkunca Muhammed'i dedesine teslim eden kadını eli boş göndermemişler, kırk koyun ile bir binek devesi bağışlamışlardı. Diyeceğim, en kötü zamanlarda bile Allah'ın bereketi eksik olmuyordu evlerinden. Yalnızca Allah'ın mı? O'nun kızları Lat, Uzza ve Manat da titriyorlardı üzerlerine, onlar bu kaya ve tahtadan ibaret ilahelere fazla yüz vermeseler de. Hatta bir gün genç koca Uzza'ya en sevdiği, gözü gibi baktığı süt kuzusunu kurban etmişti, sürüden ayırıp. Eskidendi, çok önceden. Evliliklerinin ilk yılında. Yoksa artık, kırkına gelmişken, duymayan, konuşmayan, görmeyen ilahelerin değil başka bir sırrın peşindeydi. Bir gün onunla arasındaki dağların, göklerin ve görünmez perdelerin kalkacağını umduğu, o erişilmez sırrın. Evet, o zamanlar sürüleri de vardı, yalnızca kervan değil çok sayıda koyun ve deve sahibiydiler. Cömert ve iyilikseverdiler.

Gün doğmadan başka bir dünyaya doğru yola çıkıyordu, nicedir içinde, yüreğinin derinliklerinde hissettiği, adlandıramasa da bir süredir varlığından kuşku duymadığı o dünyanın sınırları gerçeğin bittiği yerden başlamıyordu, hayır. Bakmasını, görmesini bilene, özellikle de onun gibi dağların taşların uğultusuna, rüzgârın sesi ile mahlukatın nefesine kulak vermesini bilene her an sırlarını açmaya hazırdı, sormayı, sorgulamayı, düşünüp taşınmayı bilene. Ama birkaç şair ile kâhinin dışında kimse, hiç kimse ne evreni sorguluyor ne doğayı dinliyordu. Kazanç hırsı bürümüştü gözlerini. Zevk ve işret, şehvet düşkünüydüler. Ve Allah'ın kızlarını kendi kızlarından daha çok seviyor, sevmek bir yana, onlara tapıyorlardı.

Nasıl da bir düzen kurulmuş hiç aksamadan işliyordu. Her şey sırayla olup bitiyor, doğumlar ölümleri, gün geceyi, ışık karanlığı izliyordu. Güneş sıcak, ay parlaktı. Geceleyin yıldızlarla doluydu gökyüzü, gündüz bulutlarla. Yıldızlar yerinde dururken bulutlar rüzgârda dağılıyordu. Bazen bir yıldızın kaydığı da oluyordu, ama onlar yukarda, aşağıdaki kum taneleri kadar çoktular. Sabit, cin kovan ateşler kadar ışıklı ve uzaktılar. Sular ağaç kökleri gibi toprağın derinliğine inerken Şam yolunda denize doğru akıyordu Fırat. Yeryüzüne mıhlanmıştı dağlar, kalkıp da hiçbir yere gidemez, denize kavuşamazlardı. Ne var ki havada dönüp duruyordu kuşlar. Leylekler de öyle, uzun gagaları, geniş kanatları, incecik bacaklarıyla gelip kışın Kâbe'ye konuyor, yazın uzağa gidiyorlardı. Bulutlar ayrışıp birleştikçe, üst üste yığılıp karardıkça şimşekler çakıyor, derken yağmur indiriyordu. Şimşekler gümüş kakmalı hançerdiler, yağmur yeryüzünü yeşerten, insanlar ile hayvanlara rızk veren bir lütuf. Yeryüzü geniş ve düzdü. Dağlar tepeler, kertenkeleli kızgın kayalar bir yana, uçsuz bucaksız uzayıp gidiyordu. Çöl de öyle, göz alabildiğine dümdüz. Canlı ve cansız, dalgalı ve devingen, yılanları, çıyanları, bin bir çeşit börtü böceğiyle. Develeriyle. Yelkenleri rüzgârla dolunca denizde tez giden gemiler gibi. Gerçi o, hayatında hiç gemi görmemişti, ama varlıklarından haberliydi. Kimi yerde engebeliydi yeryüzü, vadiler ile dağlar, derin boğazlar arasında öyle kıvrım kıvrım, buruşuk. Üzerinde bitkiler, hayvanlar ve insanlar vardı. İnsanların içindeyse iyilik ve kötülük, daha çok da kötülük. Kimi ateşe tapıyordu kimi ağaçtan yontulmuş, kocaman başlı bir zekere. Kureyşliler gibi ilahelere tapanlar da vardı ve İsa ile Musa'nın dininden olanlar. Hem aynıydılar hem farklı, onlar da kuşlar, ağaçlar, sular gibi bin bir çeşittiler. Peki, kim yaratmıştı bütün bunları, evrenin bir sahibi var mıydı? Yoksa her şey tesadüfen, kendiliğinden mi ortaya çıkmış, dağlar yeryüzüne yıldızlar gökyüzüne mıhlanmıştı? Kim ayırmıştı yeri gökten, geceyi gündüzden, kadını erkekten? Kimdi şafağın sahibi, karanlık geceye hükmeden? Bu soruların yanıtını bulmak için gün doğmadan yola çıkıyordu. Bu soruların yanıtı günlerce kapanıp düşünceye daldığı o dağın yamacındaki mağarada gizliydi belki, belki de içinde, yüreğinin en derin yerinde.

Anımsıyordu. Hayal meyal de olsa, kimi kez gerçek varlıklarından kuşkuya da düşse, sütannedeyken bir gece beyazlar giyinmiş iki adamın, adamdan çok heyulayı andıran o iki gölgenin yanına sokulup göğsünü açtıklarını, kalbini kar suyuyla yıkayıp temizledikten sonra tekrar yerine koyduklarını anımsıyordu. Taşıyamayacağı bir yükten mi kurtarmışlardı onu, yoksa yüreğindeki pıhtıdan mı arındırmışlardı? Peki, nereden bulmuşlardı kar suyunu? Yemen dağlarından mı getirmişlerdi, yoksa daha uzaklardan, karla örtülü bir başka diyardan mı? Belki de hiç olmamıştı böyle bir şey, ama o bir gece iki meleğin yanına sokulmasını istemiş, bunun için karşı konulmaz, dayanılmaz bir arzu duymuştu. Küçük yaşında, tüysüz bir ergen bile değilken, henüz süt emerken. Onun için mi böylesine çok seviyordu deve sütünü, bu nedenle mi her şeyden, hurma şarabı ile baldan, sudan bile vazgeçiyordu da, deve sütünden, gece karanlığında süzülüp yanına sokulan o beyaz adamlar gibi sessizce ve bembeyaz köpüren deve sütünden bir türlü vazgeçemiyordu?

Gün doğmadan ardında bırakıyordu Mekke'yi, taş evler ile develeri, dar ve tozlu sokaklar ile Kâbe'yi. Kâbe yarı karanlıkta bir heyulaydı, siyah kumaş kaplı duvarları, içinde susan putlarıyla. Yalnızca putlar değildi susan, taşlar ve ağaçlar da susuyordu, kuyular da. Sabahın seher vaktinde, güneş ortalığı yakıp kavurmaya başlamadan önce hafif bir rüzgâr esiyor, palmiyelerin dallarını kıpırdatıyordu. Kimi zaman, rüzgâr esmeden de kıpırdıyordu dallar, sivri yaprakların ucundan bir hışırtı geliyordu. Yalnızca Muhammed duyuyordu hışırtıyı, taşların dile gelmek için yanıp tutuştuklarının, ama buna şimdilik izin verilmediğinin de farkındaydı. Şimdilik. Her şey, vakti geldiğinde konuşmak üzere, şimdilik susuyordu. Ve bir tek o farkındaydı sessizliğin. Derken içinden bir uğultu yükseliyor, tüm bedenine yayılıyordu. Sanki doğa uğulduyordu içinde, uzaktan, çok uzaklardan çan sesleri geliyordu. Belki çan değil develerin çıngıraklarıydı böyle kafasının içinde yankılanan, bazen güm! güm! güm! bazen de tın! tın! tın! diye ünleyen. Ne var ki o, ardına dönüp bakmadan, kafasındaki seslerin kaynağını araştırmadan devam ediyordu yoluna. Yürüyor da yürüyordu. Zaten yürümesiyle meşhurdu. Gövdesi bacaklarına oranla daha uzun olduğundan seker gibi, bir yokuştan hızla iner gibi gidiyordu. O yürüdükçe aydınlanıyordu ortalık. Gün karanlıktan sıyrılır palmiyelerin yaprakları kuş kanatları gibi hışırdarken kendini dağ yollarına vuruyordu. Mekke arkasındaydı artık, önündeyse tek tük ağaçlar vardı.

Atası Kusay zamanından kalmaydı bu ağaçlar, ne meyve veriyorlardı ne gölge. Neredeyse dalsız ve yapraksızdılar. Ama çok sağlamdı gövdeleri, kovuklarıysa karanlık. Kureyş kabilesi Kâbe ve Zemzem'in yönetimini ele geçirip çevre tepelerden kente indiğinde çadırlarını bu ağaçların dibine kurmuşlar, kutsal olduklarına inandıkları için de hiçbirine dokunmamışlardı. Zamanla kıl çadırlar eprimiş, içerde yere serili hasırların altından da ağaçlar boy vermeye başlamıştı. Bunun üzerine taştan evler yapmalarını buyurmuştu Kusay, ağaçları da bizzat kendisi kesmişti. Ama hepsini değil. Dağ yolunda önüne çıkan ağaçlar onun elinden kurtulanlardı. Onun için böylesine yaşlı, bu denli efsunluydular. Muhammed onlarda kendi akıbetini görüyordu.

Yol toz toprak içindeydi. Kimi yerlerde siyaha çalan bir rengi vardı tozun, sandalları ayak bileklerine dek içine gömülüyor, yine de iz bırakmıyordu. Sandallarla birlikte sanki güneşi de emiyordu toprak. Muhammed'e öyle geliyordu ki karanlık kovuklu ağaçlar, kaya ve yamaçlar gibi karşısında heybetle dikilen Hıra Dağı da ona atalarından miras kalmıştır. O dağın öbür yamacındaki mağara da. Mağaranın içindeki sarımtırak toprak ile duvarlarına ağ kuran örümcekler de.

Tırmanmaya başladığında güneş göğü ortalamış oluyordu. O tırmandıkça çevreye serpilmiş, yırtıcı hayvanlar gibi korku veren kayalar da tütüyor, sanki sıcakta genişleyip büyüyorlardı. İrili ufaklı taşlarsa her an avlarının üzerine atılmaya hazır alıcı kuşlar gibi tetikteydiler. Ve ilk işarette aşağıya yuvarlanmak üzereydiler. Ama ne bir işaret görünüyordu ufukta ne dağ ses veriyordu. Tepeye ulaştığında öbür yamaçtan biraz inmesi gerekiyordu mağaraya ulaşmak için. Aşağıda ufka kadar göz alabildiğine çöl uzanıyordu. Beyaz kum tepeleri ve uçsuz bucaksızlığıyla sonsuzluk duygusu uyandıran, gençliğinde bir uçtan bir uca kat ettiği, bildik, tanıdık, ama yine de gizemli çöl. Sırlarını açığa vurmayan, kendini hiçbir zaman tümüyle ele vermeyen, her zaman kendine, yalnızca kendi özüne eşit olan çöl. Muhammed bu duygunun esiriydi artık, sanki ondan ibaretti. İlk kez karısının kuzeni, o kargacık burgacık harfli eski kitapları okumaktan gözleri kör olan Varaka'ya söz etmişti bu esaretten. Galiba gayb âleminden gelen sesleri, rüzgâr esmeden hışırdayan palmiye yapraklarını da ilk ona anlatmıştı. Varaka Muhammed'e bir şeyler olduğunu seziyor, ama damadının dünyasında kopan fırtınanın gerçek boyutlarını kavrayamıyordu. Bir gece yağ kandilinin ışığında sabaha dek konuşmuşlar, Muhammed'e Rabb'in Kutsal Ruh'tan İsa'ya nasıl üfleyip ona can verdiğini, Bakire Meryem'i, Tur Dağı'nda Musa'yı anlatmıştı. Atalarının atası İbrahim'den de söz etmişlerdi elbet, Nuh ve diğer peygamberlerden de. Kureyş Rabb'in gazabından korkmuyordu, ama onlar korkuyorlardı. Tufandan, Lut halkının başına gelenlerin Mekke'nin de başına gelmesinden. Sonra güneş ile ayın kararıp solmasından, göğün nar gibi kızarıp yıldızların olgun incirler gibi sapır sapır yeryüzüne dökülmesinden. Neden sonra Varaka, duyulur duyulmaz bir sesle, sözcükleri ağzında geveleyerek, gerçekte Rabb'in ne insanlarla ne de gelmiş geçmiş nebilerin hiçbiriyle konuşmadığını, doğru yoldan sapan kavimleri hizaya getirmek için mutlaka bir aracıya gerek duyduğunu, bunun da meleklerin en yücesi Cebrail olduğunu söylemiş, Muhammed de dalgın ve sessiz, dinlemişti. Tanrı tekti, bu ne demekse, güçlüydü, gazabından korkmak merhametine sığınmak gerekirdi ve insanlarla doğrudan konuşmayıp onları doğru yola yöneltmek için aracılar gönderir, elçiler seçerdi. Demek ki hiçbir insan yaşarken Rabb'i göremez, O'nun vasıflarını tahayyül bile edemezdi. Ama O her şeyi bilen, işiten ve gö-rendi. Musa Tur Dağı'nda O'nu görmek isteyince cemal ve celalinin şiddetinden yere düşüp bayılmıştı. Varaka bunları anlatır, eski kutsal kitaplardan öğrendiklerini Muhammed'e aktarırken, o yağ kandilinin ışığında hayallere dalıyor, kızlarıyla işlerini, sevgili karısı Hatice'yi bile ihmal ediyor, kendini tozlu yollara vurup Hıra Dağı'ndaki mağaraya sığınıyordu. Ve orada, uykuyla uyanıklık arası bir düşte, bitmek bilmeyen bir düşüşte bekliyordu. Biliyordu ki yıllardır aradığı, içinde ikinci bir insan gibi besleyip büyüttüğü, bir süredir kafasında uğuldayan, zihnini kemiren o şekli şemaili belirsiz şey oradadır. Ve biliyordu ki bir düşünce, sonsuzluk duygusuyla gelen bir hayal olmaktan öte, onun varlığı tamamıyla gerçektir. Henüz yüzünü göstermemiş, bir işaret ya da ses vermemiş, kendini aşikâr etmemiş de olsa, en yakın zamanda zuhur edecektir.

* * *

Sonunda beklenen an geldi, vakt erişti. Ve Cebrail, Rabb'in soylu ulağı bir yüce melek suretinde göründü Muhammed'e. Dev kanatlarıyla göğe yakın bir uzaklıktaydı. Ufku boydan boya kaplıyor, ayakları yere değmiyordu. Ayakları, hatta kanatları var mıydı, o bile pek belli değildi. Sabaha doğruydu. Gün yeni ağarmaktaydı. Nurdan gözleri kamaşmıştı Muhammed'in, ama Cebrail'i gördüğü kesindi. Derken melek mağaranın içine geldi, bir yayın iki ucu uzaklığında, hatta biraz daha yakında durdu. Ayaktaydı yine ve ürkütücüydü. Muhammed'i tutup "İkra!" diye haykırdı ona. Muhammed bir dağla kucaklaşmış gibi sarsıldı, ağırlığından ezilecek gibi oldu. Cebrail'in ağırlığından değil, çünkü melek saydam ve hafifmiş gibi duruyordu, dağın ağırlığından da değil, çünkü dağın zaten tepesindeydi, Söz'ün ağırlığından yere kapaklandı. Okumak bilmediğini söyledi. Cebrail yeniden tutup sarstı, bir daha, bir daha sarsarak, bu kez "Yaratan Rabbinin adıyla oku!" diye tekrarladı. "O, insanı bir kan pıhtısından yarattı. Oku! Rabbin sonsuz kerem sahibidir. Kalemle yazmayı öğretti. O insana bilmediğini öğretti!" Bu sözler birer birer kalbine kazındı Muhammed'in, o temiz, ayın yüzü kadar parlak kalbine. Demek ki okuması gereken yazılı bir metin vardı da, o bunun farkında değildi. Sözcükleri, ona öğretmek istermiş gibi tane tane telaffuz eden meleğe okuma bilmediğini söylerken bunu kastetmişti, yani "ümmiyun" olduğunu, Kutsal Kitap sahibi kavimlerden olmayan bir Kureyşliden bunu bekleyemeyeceğini. Titriyordu. Korkudan değil, hayır. Şimdi yüreğinde duyumsadığı tanrısal sözün ağırlığından. Vahiyden. Vahiy yere çalmış, belki de üzerinden kalkamayacağı bir görev yüklemişti ona. Deve gibi olduğu yere çökertmişti.

Mağaradan nasıl çıktığını, tepeye tırmanıp yamaçtan gerisin geriye nasıl indiğini, bir işaret bekleyen o taşlar gibi yuvarlana yuvarlana yürüdüğünü, geldiği yoldan evine nasıl döndüğünü anımsamıyordu. Anımsadığı tek şey Hatice'nin yakınlığıydı. O titrerken üzerini örtüp yatıştırıcı sözler söylemişti. Karısının kulağına neler fısıldadığını tam olarak anımsamıyordu, ama ondan kendi bedenine yayılan bir gevşemeyle, yalnızca onun kollarındayken hissettiği o güven verici duyguyla, kendini bırakışın ılıklığıyla derin bir uykuya daldığını çok iyi anımsıyordu. Uyandığında Ebu Kasım ya da Huveylid kızı Hatice'nin kocası değildi artık, yalnızca Muhammed Mustafa da değildi. Allah'ın elçisiydi.

Allah'ın elçisiydi, ama bir daha uzun süre, tam üç yıl boyunca, Rabb'i ne bir ses ne bir haber gönderdi ona. Her şeyi unutup yalnızca gayb âleminden bir işaret bekledi. Boşuna dolaştı durdu dağlarda, Hıra'daki mağarada günlerce aç susuz Cebrail'i bekledi. Ama ne gelen vardı ne bir ses veren. Çocukluğunda da böyle olmamış mıydı? Önce babanın yokluğunu hissetmişti. Belirgin bir duygu değildi, hatta acı da vermiyor, yalnızca endişelendiriyordu. Sonradan, çok sonraları, yetim kalıp dedeye teslim edildiğinde, kendini yalnızca anne babadan değil aileden de yoksun hissedince, ne erkek ne kız kardeşi olmadığını fark edince anlayacaktı gerçeği. Boşluk ve terk edilmişlik duygusu işte o zaman yapışacaktı yakasına, ta ki Hatice'yle evlenip bir yuva kurana kadar. Ama daha önceleri, evet çok daha önceleri, annesi hayattayken ona yeterince şefkat göstermiş miydi bakalım? Babanın yokluğunu –babayı bilmeden, silik bir görüntü, bir hayal belki bir koku olarak dahi bilmeden büyüyen çocuğa– hissettirmemek için saçını süpürge etmiş miydi? Etmiş olsaydı bunca iştah, böylesine aşırı bir dürtüyle saldırır mıydı Halime'nin memesine? Evet, Mekke'nin boğucu havasından uzaklaşması gerekiyordu belki, Saad bin Bekrlerin yanında kalıp hayatındaki ilkleri onlarla yaşaması, ilk sözcüğü en güzel, en temiz Hicaz lehçesinde söylemesi, ilk lokmayı tatması, sevilip okşanmanın, o yatıştıran duygunun ilk ürpertisini bedeninde duyması gerekiyordu. Evet, çölde beden daha özgür hissediyordu kendini, istediği gibi hareket edip mekâna hâkim olabiliyordu. Hayat daha sakin, daha sadeydi orada. Zaman kavramı da yoktu, çünkü dünden kalan iz bugün siliniyor, yarın bugünden hiçbir iz taşımıyordu. Günler de öyle, peş peşe dizilip birikmeden, geride bir tortu bırakmadan geçip gidiyorlardı. Sürekli bir şimdiki zamandaydı her şey, beden büyürken, gelişip serpilirken yılların ağırlığını hissetmiyordu. Ama pek uzun sürmüştü anneden ayrılık, işe beyazlar giyinmiş o iki adam, belki de iki melek karışmasaydı, kalbini açıp yüreğindeki pıhtıyı kar suyuyla yıkamasalardı, daha da sürecekti kuşkusuz. Çocuk belki de yıllarca sütannede kalacak, olmayan öz kardeşleriyle değil, kendi annesinin yanında da değil, Saad bin Bekr kabilesinin kıl çadırlarında kuzular ve sütkardeşleriyle büyüyecekti.

O olaydan sonra apar topar Mekke'ye getirip annesine teslim etmişlerdi çocuğu. Birlikte oynadığı, kardeş bellediği Halime'nin çocuklarından ayrılmak Muhammed'e zor gelmişti elbet. Hayal meyal anımsıyordu. Cılız bir eşeğin üzerinde, sütannesinin kucağındaydı. İyice yapışmıştı kadına, kocası Haris ise bir dişi devenin üzerinde önden gidiyordu. Derken hızlanıvermişti eşek, o sütanneye sokuldukça eşek hafiflemiş, tırıs giderken kanatlanıp uçmaya başlamıştı. Oysa ne onlardan ayrılmak ne de Mekke'ye, annesinin yanına dönmek istiyordu. Annesi vardı evet, babası gibi gerçekte var olmayan, hiçbir zaman da olmayacak bir gölge, bir hayalden ibaret değildi. Ama nasıl da uzak, belirsiz, sanki yok gibiydi. Belki yokluğunu içinde, yüreğinin en derin yerinde hissetmiş, ama çöldeyken onu hiç özlememişti. Aradan çok geçmeden annesini de kaybedeceğini ve hiçbir şeyin, ne dedesinin ne de amcasının onun yerini alamayacaklarını bilemezdi. Bilseydi elbette böyle küsmezdi annesine, onu terk ettiği için o genç ve güzel kadına gücenmezdi. Yemen işi, masmavi bir nazar boncuğu, kâhin kadınların çocuklara taktıkları bir muska gibi yanında taşırdı hep, eteğinin altından çıkmazdı. Yesrib'e gidişlerini de anımsıyordu. O mutlu beraberliklerini. İlk ve son kez annesine sarılışını, sıcaklığını, kokusunu. Vahada, palmiyelerin arasında uçurtma uçurtmuş, önce akrabaları, sonra bir havuzda suyla tanışmıştı. Bedenini arındıran, serinletip ferahlatan, hayatı boyunca vazgeçemeyeceği, yalnızca aptes alırken değil, ölürken de kırbalar dolusu döküneceği suyla. Babasının mezarını ziyaret ettikten sonra, Mekke'ye dönerlerken yolda hastalanmıştı annesi. Yanlarındaki kadın köleyle Ebva'da konaklayıp Bedevilerden yardım istemek zorunda kalmışlardı. Zavallı kadın ateşler içinde yanıyor, anlamsız sözler sayıklıyordu. Harmanisinin altında titrerken kan geliyordu ağzından. Muhammed, süt emerken hiç görmediği annesini hep bu haliyle anımsayacaktı artık. Onu güzel, ama mum gibi erimiş, iri, siyah gözlerinin feri sönmüş, ölüm döşeğinde anlamsız sözler sayıklayan bir kadın olarak hayal edecekti.

Bu kötü hayalden Hatice'yle evlendiğinde kurtulabilmişti ancak. Ne var ki onu bir anne şefkatiyle seven, üzerine kol kanat geren, çocuklarının annesi de yaşlanmış, neredeyse kocamıştı. Oysa kendi annesi, can çekişirken gördüğü o güzel kadın, hayalinde hep öldüğü yaştaydı, öyle uzak, yalnız ve acılı. Ebu Leheb'in oğullarına varan kendi kızlarının yaşında ya var ya yoktu. Muhammed onu ölümünden sonra unutmuş, dedesinin sonra da amcasının gösterdiği ilgiyle avunmuştu. Ama şimdi, belki kendi kızları da anne olacak yaşa geldiklerinden, özlemeye başlamıştı annesini. Yalnızca annesini değil, onunla çıktığı ilk ve son yolculuğu da özlüyor, toprak sanki ayaklarının altından kayıyordu. Annesine yaklaşmak, yine onun eteklerinin altına sığınmak, Yesrib günlerindeki gibi doyasıya koklamak geliyordu içinden. Kendi ailesinden ise giderek uzaklaştığını hissediyordu. Hepsinden, Hatice de dahil bir zamanlar üzerine titrediği tüm ailesinden uzaklaşmaya başlamıştı. Kasım fazla yaşamadan ölüp gitmişti zaten, erkek evlat acısına katlanmak kolay değildi, üstelik "ebter"e çıkmıştı adı, bu hakarete katlanmak da kolay değildi. Kızlarından ikisi kocaya varmış, Hatice ona bir başka erkek evlat veremeyecek yaşa gelmişti. Oysa halâ varlıklı, hâlâ kendine güveni tam, hâlâ âşık bir kadındı. Yalnızca bir zamanlar hizmetinde çalışan o yakışıklı, genç adama değil, onu böyle yalnız bırakıp Hıra Dağı'na çıkan, vaktinin çoğunu orada geçiren şimdiki kocasına da âşıktı. Ama koca Kureyş içinde, şu taşı toprağı kutsal Mekke içinde özlediği, hak ettiği yeri edinebilmiş miydi bakalım? Hatice'yi yitirmekten korkuyordu evet, ama korunmasız ve sevgisiz kalmaktan daha çok korkuyordu. Yine de yalnızlığı, belki başka bir macerayı özlüyor ne var ki çocukluğunda yaşadığı o boşluğa yeniden düşmek, o karabasanı bir kez daha yaşamak istemiyordu. Yalnızlık yeni bir kimlik kazandırmıştı ona, üstelik bilinmeyenin, nicedir düşlediği, hayalinde besleyip büyüttüğü o büyük sırrın kapısını da açmıştı. Geçmişte kalan babanın yokluğundan da öte bir başka koruyucu gücün etki alanına girmesini sağlamıştı. Kendisi seçmemiş, belki bu durumu gerçekte hiç istememiş, ama seçilmişti. Evet, seçilmişti, ama mağaradaki o karşılaşmadan, o büyük sarsıntıdan bu yana ne bir gelen vardı ne bir ses veren.

Bir gün çıldırmak üzereyken, artık bu terk edilişe, bu korkunç yalnızlığa, bu dayanılmaz sessizliğe isyan etmek, kendini bir uçurumdan atmak üzereyken vahiy yeniden geldi. Bu kez Cebrail inmedi Rabb'in katından, ona bir melek suretinde görünmedi. Sesini duydu yalnızca, "Oku!" diyen sesi unutmamıştı. "Rabbin seni terk etmedi sana darılmadı da" diyordu ses, "O'nun nimetini insanlara anlat!" Bundan böyle kalbine nakşolan sözlerle yaşayacak, onlarla var olacak, Kuran ayet ayet indikçe Allah'ın kelamını insanlara bildirecekti.

Ayet yağmuru

"Ey üzeri örtülü! Kalk ve uyar!"

Hatice Bedevilerin çölde giydikleri bir harmaniyle iyice sarıp sarmalamıştı onu, Hıra'da gördüğüne inanmış, korkusunu, sıkıntısını, endişesini paylaşmıştı. Vecdine de ortak olmuştu, vesvesesine de. Yalnızca oydu Muhammed'i anlayan, seven, koruyan. Ebu Talib'in korumasına şimdilik gerek yoktu. Çevresindekileri uyarmaya, onları yüce Allah'ın birliğine inandırmaya girişmemişti daha. Kureyş'i doğru yola çağırmamış, peygamberliğini ilan etmemişti. Gün gibi açık da olsalar her hecesi büyük sarsıntıya yol açan, yalnızca zihnini değil bedenini de yoran ayetler inmeye, Allah kelamı tüm varlığını kuşatmaya başlamamıştı. Kim bilir belki de cinlerin işiydi olup bitenler. Belki de Muhammed'e bir cin musallat olmuş, onu ele geçirip kölesi yapmıştı. Kim bilir belki de bir meczuptu o. Böyle tek başına dolaştığına, dağ taş demeden kendini yollara, yamaçlara vurduğuna, uçurum kenarlarından bir türlü ayrılamadığına göre bir mecnundu. Kâbe sayesinde Mekke güvenceliydi belki, ama cinler de ortalıkta cirit atıyor, harami gibi yol kesiyor, istediklerini ele geçirip esir alıyor, köle yapıyorlardı. Zamanın ve mekânın dışında, her an her yerden zuhur ediyorlardı. Deveye de bindikleri oluyordu devekuşuna da. Genelde hızlı koşan, sıçrayıp atlayan hayvanları binek yaptıkları için tavşan ya da kertenkele üzerinde görünüp insanları kandırıyorlardı. Semadan getirdikleri haberlerin tümü yalandı. Aralarında doğru yolda olanlar da vardı neyse ki, Allah'a inanıp Mekke'yi ziyaret edenler, bir yılan öldürüldüğünde ya da bir akrep harlı ateşe atıldığında bunu yapandan intikam almayanlar. İyi cinler de vardı çok şükür ve belki de Muhammed'e musallat olup kulağına Allah'ın ayetlerini fısıldayan onlardı. Onlar ki eski zamanlarda Kureyş'le bile savaşmış, sonra müzakereye oturup anlaşmışlardı. Şimdi de, kâhinlere yaptıklarının tersine, Muhammed'e sağ kulağından fısıldıyorlardı hayır ile şerri, Peygamber'in sol kulağı onların sözüne kapalıydı. Allah kelamının ayet ayet nazil olduğu yüreği de.

Çok geçmeden yola girip Kuran'a hayran kalacaklarını, okunduğunda halka olup Allah kelamını huşu içinde dinleyeceklerini, ondan ders alacaklarını bilemezdi.

Bir gece Muhammed yine vesveselendiğinde, Hıra'da gördüğünün bu kez evin eşiğinden içeriye girip yatağın başucuna dek geldiğini hissettiğinde, Hatice başörtüsünü çıkarıp hâlâ gür, hâlâ güzel saçlarını omuzlarına salmış, bunun üzerine kocasının gözlerinden görüntü bir anda kaybolup gitmişti. Demek ki melekti evlerini ziyaret eden, kötü bir ruh değil. Yoksa utanıp gitmez, kadından kaçmazdı. Böyle kendi kaderine terk etmezdi Muhammed'i. Geçmek bilmeyen üç uzun yıl boyunca Allah'ın elçisini yalnız bırakmazdı. Her an musallat olurdu ona, kene gibi yapışıp içini kemirirdi. Demek ki vakit vardı daha. Bildiğini bildirmenin, duyduğunu söylemenin, gördüğünü anlatmanın zamanı gelmemişti. Üç yıl önceydi. Sonra...

Sonra ikinci bir vahiy geldi, Cebrail üzeri harmaniyle örtülü olana kalkmasını, iman etmeyenlere kıyamet günününü, cennet ve cehennemi, akıbetlerinin kötü olacağını, yaptıkları işlerden, haset ve cimriliklerinden, mal düşkünlüklerinden, putlara tapmalarından dolayı mutlaka hesap sorulacağını bildirmesini, Rabbini yüceltip O'ndan başkasına secde etmemesini söyledi. Ve dedi ki: "Giysilerini temiz tut. Azaba vesile olandan sakın. Rabbinin rızası için sabret". Sonra ayetler peş peşe inmeye başladı gökyüzünden ve Muhammed hep sabretti. Onunla alay ettiler, onu terslediler, onu sorguya çektiler. Hatta öldürmek istediler. Ama dönmedi yolundan, gecenin şerrinden, her türlü kötülükten, düğüme üfleyen büyücüden âlemlerin Rabbine, gece ile gündüzün, ay ile güneşin, gökteki meleklerin sahibine sığındı.

Ayetler çok çarpıcı, kulağa hoş gelen, ille de uyarıcı sözlerdi. Hicaz lehçesinde, hızlı bir akış içinde doluyorlardı kalbine, onları ta içinde, varlığının en derin yerinde duyumsuyordu telaffuz etmeden önce. Bazıları uzun, bazıları kısaydı. Hatta bir cümleden, bir sözcük ya da heceden ibaret olanlar bile vardı. Ölçülü ve uyaklı, bazen de değildiler. Baştaki harfler mi? Kim bilir belki de Tanrı sırrının ta kendisiydiler.

Elbette yağan yağmur çakan şimşekten, rüzgârda dağılan bulutlardan, kara ve denizden, engine yelken açan gemilerin seferinden, erkek ile dişinin yaratılmasından ve geçmiş kavimler içersinde küfre sapanların helakinden alınacak dersler vardı. Her şeye kadir olan, her şeyi bilip işiten, insanoğlunu bir kan pıhtısından yaratan Allah, onu diriltmeye de, kemiklerini bir araya toplayıp parmak uçlarına kadar yeniden yapmaya da, cennetiyle ödüllendirip Hutame'nin harlı ateşine atmaya da muktedirdi. İstediğini doğru yola istemediğini küfre ve şirke yönelten O değil miydi? Toprak ancak O'nun sayesinde bitkileri yeşertiyor, ekinlere boy attırıp dağları ve kayaları oldukları yerde tutmuyor muydu? Hurma ağaçlarını böyle heybetli, upuzun kılmıyor muydu? Ya yıldızlar, ay ve güneş ve gezegenler? O'nun buyruğuyla hareket etmiyorlar mıydı? Nallarından kıvılcımlar fışkıran kısraklar ile ince bacaklı, uzun boyunlu develer de öyle değil miydi? Demek ki yalnızca O'na tapınmalıydı. Allah'a eş koşmak en büyük sapıklıktı. O'nun gazabından korkup rahmetine sığınmayanlar cehennemliktiler. Hele onlar, Allah'ın elçisine meczup diyenler, şair diyenler, büyü yaptığını öne sürenler ya da yabancı kavimlerin bildik hikâyelerini anlattığını dillerinden düşürmeyenler, ona ebter diyenler, küfredenler, yolunu kesip evini pisletenler. En çok da bu "ebter" sözcüğü yaraladı Muhammed'i. Daha süt emerken Hakk'ın rahmetine kavuşan biricik oğlu Kasım'ın acısını tazelediği için değil yalnızca, Arapların nezdinde en ağır küfür olduğu için de değil. Kız çocuklarını hiçe saydığı, onlara bir karınca kadar bile değer vermediği için. Oysa nasıl da bağlıydı kızlarına, nasıl da seviyordu onları. En çok da dünya güzeli Rukiye'yi. Kocasından boşanmak zorunda kalınca yüreği yanmış, ama Allah daha iyisini, Osman'ı vermişti ona. Neyse ki vahiy gerekli cevabı yetiştirdi o alçaklara, sevgili elçisinin yarasını bir nebze olsun hafifletmek isteyen Allah "Asıl sana ebter diyenin kendisi ebterdir" buyurdu.

Allah, Muhammed'in yalnızca iç dünyasında değil günlük yaşamında da öylesine yer etmişti ki elçisini günbegün izliyor, destekliyor, ona karşı gelenlerin gerçekte kendisine karşı geldiklerini bildiğinden müşriklerle tartışmaya girmekten kaçınmıyordu. Tabii doğrudan değil, Cebrail ve Muhammed aracılığıyla. "Yabani eşekler!" diye çıkışabiliyordu onlara, "susamış develer", "dilini sarkıtıp soluyan köpekler", "alçak zorbalar" dediği bile oluyordu. Gerçi zatı "noksan sıfatlardan münezzeh"ti, ama yeri geldiğinde yemin ediyor, iş iddiaya binerse tehditler savuruyor, yarışta üste çıkmaya çalışıyordu. Kâfirlerin elebaşı Ebu Cehl'i günahkâr perçeminden yakalayıp cehenneme atacağını, kafadarlarını çağırmaya kalkışırsa kendisinin de zebanileri çağıracağını söyler, yalnızca peygamberini değil kendisini incitenlere de meydan okurken ya da Muhammed Medine'ye göçtüğünde münafıkların başı ilan ettiği Ubey oğlu Abdullah için "Onu sarp bir yokuşa sardıracağım. Çünkü o düşündü, ölçtü biçti, canı çıkası, ne biçim ölçtü biçti. Canı çıkası, sonra yine ölçtü biçti" derken sanki kullarının arasına inip konuşuyordu. Ya da Muhammed o kadar yakındı ki Allah'a, O'nunla öylesine halleşip kaynaşmış, bütünleşmiş, O'nun varlığında öylesine eriyip tükenmişti ki kendi üzüntü ve sevinçlerini, kin ve öfkesini O'na atfettiği de oluyordu. Yine de, ayetlerin çoğunda Allah erişilmezdi. Her şeyin en iyisini, en doğrusunu, en hayırlısını bilendi. Karar veren O'ydu, uygulayansa elçisi.

Amcaları başta olmak üzere tüm yakınlarını İslam'a çağırdı, uyardı, korkuttu, tehdit etti, ama ikna edemedi Muhammed. Burada cuk oturan bir deyimle söylemem gerekirse "Nuh diyor peygamber demiyorlardı." Öylesine kırıldı, o kadar üzüldü ki, Allah kendisini bu kadar üzmemesini buyurdu bir ayetinde. Zaten hep böyle oluyor, Kureyşlilerle, özellikle de onu dışlayan, alay eden, korumasını üzerinden kaldırması için Ebu Talib'e baskı yapan amcası Ebu Leheb'le çatıştığında

Allah devreye giriyor, ona yalnızca yol göstermekle kalmayıp teselli de ediyordu. Böylece sürdürebiliyordu görevini. Mekke dağlarındaki taşlardan daha sabırlı, çok daha dayanıklıydı. Ama onun sözünü dinleyip doğru yola girecekleri yerde taşlardan vazgeçmiyorlardı bir türlü. Yolculukta dört taş bulsalar üçüyle ocak kurup tencere kaynatıyor, dördüncüsüne tapıyorlardı. O taşlar ki, Muhammed'in dediğine bakılırsa, yuvarlanıp kenti yerle bir etmek için Allah'ın bir işaretini bekliyorlardı. Tek bir işaret alsalar, Allah onlara yürümelerini buyursa Mekke halkı telef olurdu. Bir zaman Âd ve Semud kabilelerinin başlarına gelen Kureyş'in de başına gelir, gökyüzünden taş yağmaya başlardı. Aslında günlerce esen soğuk rüzgâr yok etmişti Semud'u, kof hurma ağaçları gibi topraktan söküp savurmuştu. Nuh Peygamber'in kavmine o korkunç tufanı gönderen de Rabb'in öfkesi değil miydi? Suda boğulmuştu hepsi, yalnızca gemidekiler sağ kalabilmişti. Neyse ki yalnızca insanlar değil hayvanlar da vardı gemide, her birinden bir çift. Allah hiçbirini unutmamış, yeryüzünü canlı cansız hiçbir yaratıktan yoksun bırakmamıştı. Peki, daha başka, daha başka neler olurdu? Bu defa kıyamet koparsa hayat sona erer miydi yeryüzünde? Ererdi evet ve ahret günleri başlardı.

"Güneş durulunca. Yıldızlar kararınca. Dağlar savrulunca. Gebe develer başıboş bırakılınca. Vahşi hayvanlar toplanınca. Denizler kabarınca. İnsanlar birbirine yanaşınca. Diri diri toprağa gömülmüş kız çocuğu 'suçum neydi?' diye haykırınca. Defterler açılıp yayılınca. Göğün perdesi kaldırılınca. Harlı ateş kızışınca. (...) Gök yarılınca. Yıldızlar savrulup saçılınca. Deryalar boşanınca. Kabirler altüst olunca" kıyamet günü gelir, mizan kurulup hesap sorulurdu. Evet, İsrafil sûra üflediğinde, gökyüzü maden gibi eridiğinde. Aslında eriyen madenden daha beterdi gök, yer de öyle, kızgın kayalarla çevrili kentin cehennemden pek farkı yoktu. Değil mi ki Allah'ın elçisiydi Muhammed, değil mi ki, O'nun gücü her şeye yeterdi, öyleyse Mekke'nin üzerine yıkılacakmış gibi duran dağlar ile taşları kaldırmalıydı önce. Sonra, Şam yolunda gördükleri ırmaklardan birini getirip ayaklarının altına sermeli ya da onlarla birlikte kanatlanıp göğe ağmalıydı. Peygamber'den bir mucize beklemeleri doğaldı. İsa gibi ölüleri diriltebilir miydi bakalım? Mekke'yi Mekke yapan ataları Kusay'ı diriltse mesela, fena mı olurdu! Ya da Musa gibi asasıyla denizi ortasından ikiye ayırabilir miydi? Deniz pek yakında değildi gerçi, ama ay her gece tepelerin ardından doğup yusyuvarlak olduğuna göre, onu ikiye ayırması da yeterli olabilirdi. İlle de bir kanıt gerekiyordu kâfirlere. Hatta altın saraylar, gümüş hurmalar, yakut yataklar isteyenler de vardı. Muhammed bir merdiven dayayarak göğe çıkmalı, orada Cebrail'i bulup yeryüzüne, onların arasına indirmeliydi. Böylece onlar da görmeliydi Allah'ın meleğini.

Yemame'de zuhur eden Müseyleme kadar bile olamıyordu. Ne onun gibi yumurtayı ibriğin içine sokabiliyor ne de kanatsız güvercinleri göğe salıp uçurtabiliyordu. Müseyleme melek görenin kör olacağını söylemiş, bundan sakınmaları için kendi halkını uyarmıştı. Oysa Muhammed'e hiçbir şey olmamıştı Cebrail'le Sidretü'l-Münteha'da buluştuğunda. Gerçi oradan daha ileriye gitmemiş, sınırda durmasını bilmişti. Hem Cebrail neden Kureyş'in daha zengin, çok daha hatırı sayılır ileri gelenlerine, örneğin bir Ebu Süfyan ya da, neden olmasın, bir Ebu Leheb'e değil de, yetim Muhammed'e görünmüştü. Ve o, yalnızca Allah'a tapmak, O'na kulluk etmek için bula bula birkaç köle ile çulsuzu bir de Ebubekir'i bulabilmiş, ancak onları ikna edebilmişti. Bir de yeğeni Ali'yi tabii, ama o daha çocuktu. Ne yapsa ne etse, bin bir dereden su bile getirse, bir avuçtu Müslümanlar, kâfirlerse yerde karınca suda balık havada kuş kadar çoktular. Zalim, güçlü ve çocuktular. Evet, çocuklar bile vardı aralarında ve Muhammed onlardan ümidini kesmemişti.

Kendisinden mucize bekleyenlere ne in ne cin değil, onlar gibi Âdem soyundan, İbrahim zürriyetinden geldiğini söylüyor, bizzat Kuran'ın başlı başına bir mucize olduğunu öne sürüyor, ne var ki bir türlü derdini anlatamıyordu. Güçleri yeterse bir ayet de kendileri okusunlardı bakalım. Okuyamazlardı. Çünkü Allah kelamıydı kalbine inen ayetler ve o ancak bu kelamı iletmekle yükümlüydü.

Bildiğini söylemekten, vahiy yoluyla gönlüne düşenleri kavmine iletmekten çekinmiyordu. Bazen heyecanlanıyor, acele ediyor, sanki ayet yağmuruna tutulmuşçasına dili dolaşıyordu. Karışıklığa yol açmamak için bir keresinde Cebrail'in ağzından ona şöyle seslendi Allah:

"Acele edip dilini fazla oynatma, yalnızca dinle. Sözü toparlayan Biziz! Biz sana onu okuduğumuz zaman, okunuşuna uy!"

Allah'ın elçisi şairlik şöyle dursun onlardan nefret ettiğini, kâhin de olmadığını, yolunu hiçbir zaman yitirmediğini, gördüğü ve bildiği her şeyin gerçek olduğunu, ne gözünün kaydığını ne dilinin sürçtüğünü, Allah'ın ona inanmaları için Kuran'ı kendi dillerinde indirdiğini söyleyip duruyordu, ama dinleyen kim. Kureyşliler bildiklerini okuyor, atalarının dininden, putlardan, özellikle de Lat, Uzza ve Manat'tan yüz çevirmiyorlardı. İşte bu yüzden günün birinde, bir uğursuz günde şeytan karıştı işe. Ve Muhammed'in en umutsuz, en çaresiz kaldığı bir anda Allah'a eş koşan o ayetler çıkıverdi ağzından. Ve yalnızca Kureyş'i değil Kâbe'deki Allah'ın kızlarını da mutlu eden şu sözleri söyledi:

"Gerçekten o Rabbinin en ulu işaretlerini gördü. Sizse Lat ve Uzza'yı, o üçüncüsü Manat'ı mı görüyorsunuz? Gerçi onlar da yüce ilaheler, yüksekten uçan turna kuşlarıdır. Şefaat etmeleri beklenir." Sonra toparlandı hemen, ne var ki şeytan kötülüğünü yapmış, Müslümanlar ile müşriklerin arasını bulmuştu. Peki, şimdi ne olacaktı? Nasıl da kanmıştı şeytanın iğvasına. Nasıl olmuş da şeytan ona bunları söyletebilmişti. Gerçi ondan önceki peygamberlerin başına da buna benzer şeyler gelmişti, ama şeytanın böyle kolay, bunca çabuk amacına ulaştığı galiba ilk kez görülüyordu. Oysa tüm melekler Âdem'e secde ettiğinde bir tek şeytan Allah'ın buyruğunu dinlememiş, O'na karşı gelmişti ya, işte o günden beri Tanrı'nın kulları olmasa da peygamberleri her an tetikteydiler. Çamurdan yaratılmış insanoğlunu doğru yola yöneltmek için yeryüzündeydiler, şeytansa tüm kibir ve haşmetiyle gökyüzünde. Peki, nasıl olmuş da yolu Kutsal Topraklar'a düşmüş, Mekke'ye dek sokulmuş, Allah'ın elçisinin diline hile karıştırabilmişti.

Muhammed bunalıma girdi. Yemedi, içmedi, uyumadı. Hatta evine bile dönmedi. Kâbe'ye kapanıp bir çözüm aradı. Ve çözüm her zamanki gibi yine, böyle anlarda affına sığındığı, yardım beklediği Rabbinden geldi. Rabbi ona dedi ki:

"O putlar atalarınızın uydurdukları birer isimden

ibarettirler. Allah onlara hiçbir yetki vermedi."

Böylece, durum açıklığa kavuşur kavuşmaz, müşriklerin yanına vardı Muhammed. Ve onlara, heveslerini kursaklarında bırakan şu sözleri söyledi: "Ey inkâr edenler! Ben sizin taptıklarınıza tapmam. Benim taptığıma da siz tapacak değilsiniz. Ben de sizin taptıklarınıza tapacak değilim. Siz de benim taptığıma tapacak değilsiniz. Sizin dininiz size, benim dinim de bana!"

Ne var ki bu olay peşini bırakmıyordu bir türlü. Kısa sürede duyulmuş, neredeyse tüm Arabistan'a yayılmıştı. "Garanik" rivayetiyle çalkalanıyordu her yer, dağ taş onlardan haber soruyordu. Evet, birdenbire görünmüşlerdi semada, simten bakireler gibi beyaz ve endamlıydılar. İnce, uzun boyunları, geniş kanatlarıyla Mekke üzerinde kanat çırpıyorlar, Kâbe'ye doğru dalışa geçmeden önce uzaktan, çok uzaklardan haber getiriyorlardı. Peygamber Kureyş'le, demek ki Allah'ın kızlarıyla uzlaşmıştı sonunda, Uzza, Lat ve Manat'ı kötülemekten vazgeçmişti. Müşrikler ile Müslümanların artık hep beraber ibadet ettikleri haberiyle çalkalanıyordu kervan yolları, panayırlar, dağ yamaçları ile kuyu başları, o uzak, erişilmez vahalar. Mekke Mekke olalı, hatta daha da önce, Mekke böyle iki kapılı taş evlerden değil çadırlardan ibaretken bile, böyle heyecan görülmemişti. Haber Habeş ülkesine dek ulaşmış, oraya göç eden ilk Müslümanlar kentlerine dönüş için yola koyulmuşlardı. Kim bilir belki aralarında sevinenler de olmuştu. Kendi yurtlarında, kendi yuvalarında yakınlarıyla yaşayabileceklerdi bundan böyle. Habeş'in ekmeğine muhtaç olmayacaklardı. Oğulu babaya, karıyı kocaya karşı getiren, kardeşleri birbirine düşüren, aileleri bölen durum ortadan kalktığına göre çatışma ortamı da yerini barış ve huzura bırakacaktı.

Müslüman göçmenler dönüş yolunda aldılar ikinci haberi, neye uğradıklarını şaşırdılar. Demek ki uzlaşma doğru değildi, Allah'ın kızları uyduruk isimlerden ibaret taş ve tahta parçalarıydı, semada süzülen Garanik kuşları değil. Boşuna dönmüşlerdi öyleyse. Ömer'in de İslam'ı kabul etmesiyle birlikte düze çıkan, gizlenerek evlerinde, keçi patikalarında, kentin ücra mahallelerinde namaz kılan Müslümanlar Kâbe'de, herkesin gözü önünde ibadetlerini yerine getirebilecekler, ama Garanik'ten şefaat bekleyemeyeceklerdi. Allah Bir olduğuna ve O'na eş koşulamayacağına göre kâfirlerle çatışma da kaçınılmazdı. Muhammed'i yolundan döndürmek için ona vaatlerde bulunan, iktidar istiyorsa kabile reisliğini, yok amacı servet edinmekse ağırlığınca altın ve gümüş, eğer hastaysa, ruhuna musallat olan cinden kurtulmayı diliyorsa Hicaz'ın en ünlü büyücülerini öneren Kureyş'e, tevhit inancından başka verebileceği bir şey yoktu Peygamber'in. "Bir elime güneşi öbürüne ayı bıraksanız da dönmem yolumdan" diyen o değil miydi? Ama Garanik olayı içini kemiriyordu hâlâ, tövbe etmek istiyordu. Allah'ın elçisi, habibi, nuru da olsa eninde sonunda bir insandı. Sarsılmaz sandığı inancına mı sığınmalıydı, onu kötü günlerinde yalnız bırakmayan Rabbine mi? Her ikisi de aynı şey değil miydi zaten, Allah'ın varlığıyla, birliğiyle sarıp sarmaladığı, rahmetiyle koruduğu inancının dışında başka bir şey olabilir miydi? Bu kez ayet çok bekletmedi onu, aradan uzun yıllar geçmedi. Allah "Habibim!" diye seslendi, "onlar sana vahyettiğimizden başka şeyler uydurup Bize iftira etmen için az kaldı seni fitneye düşüreceklerdi. (...) Sana sebat vermemiş olsaydık

herhalde onlara biraz meylederdin." Meylederdi evet,
ama etmemişti çok şükür. Öyleyse Kureyş'le çatışma ka-
çınılmazdı. Ve Medine'ye göç etmek zorunda kaldığında
bu çatışmadan kimin galip çıkacağı henüz belli değildi.

* * *

Bir gün bu satırları yazacağını hayal bile edemezdin.
Yazdığın nice muhalif sözcükler, aykırı cümleler gibi.
Oysa bu satırlar ne kıyamet gününün habercisi ne isya-
na çağrı. Ne de çocukluğunda Peygamber'in dünyasına
doğru çıktığın yolculuğun izlenimleri. Belki geçmişe
yaptığın bir yolculuk bu, ama paylaşılması mümkün
olup da anlaşılması pek mümkün olmayan bir şeyi,
inancı, kurcalıyorsun. Onun için de sanki elin varmıyor
Kuran'ı eleştirmeye. Levhi Mahfuz'da yazılı olan orada
kalmalı. Allah kelamıysa, senin için olmasa bile, inanç
sahibi herkes için, Manisa'daki o meraklı, dedesiyle na-
maz kılan, cehennemden korkup tövbe eden çocuk için
de kutsallığını korumalı.

En kısa sureden başlamıştı deden, hepi topu üç ayet-
ten ibaret "Kevser"den. Ezberlemekte güçlük çekme-
miştin. "İnnâ ataynâ kel kevser. Fe salli li rabbike ven-
har. İnne şani'eke hüve'l-ebter." Namazlarda bu sureyi
okuyabiliyordun artık, sonra da ne yapacağını, nasıl va-
kit geçireceğini bilemeden sıkılıyor, secde, rükû, kıyam,
başkaları ne yapıyorsa taklit ediyordun. Yine de geçmi-
yordu zaman. Zaman kaskatı kesilmiş boğazında duru-
yordu. Buz gibi. Erise biraz, şöyle akıp gitse, kurtulsan
ondan. Hayır kurtulamıyordun. Sıktıkça sıkıyordu bo-
ğazını, aman vermiyordu. Hele o bitmez tükenmez tera-
vi namazlarında. Dilin damağına yapışmış iftar topunu

beklediğin sıcak ramazanlarda. Günahlarından defalarca tövbe etsen, koyunları saysan, o gün başından geçenleri anımsayıp içinden bir kez daha geçirsen de geçmiyordu zaman.

Şimdi o suredeki son ayetin, erkek çocuk sahibi olmadığı için Muhammed'e yapılan bir hakarete karşılık vermek amacıyla Kuran'a konulduğunu biliyorsun. Ve ne tuhaf, bunu bilmen "ebter" sözcüğünün büyüsünden bir şey alıp götürmüyor. Ayetin tümünü bir solukta okuduğunda çocukluğundaki ürpertiyi duyuyorsun yeniden, aynı korkuyu. Aynı hazzı diyemezsin belki, ama aynı merakı duyduğun kesin. Şu anki konumunla, geldiğin yerle ilgili değil bu ürperti, bu korku, bu kendini bırakış. Geçmişte kalmış, ama peşini hâlâ bırakmayan, üzerindeki etkisi bugün de süren bir dünyadan, o çok sevdiğin şairin deyimiyle "çocukluğunun yeşil cenneti"nden kaynaklanıyor. Oysa yeşil ya da mavi, belki de beyaz hiç fark etmez, cennet fazla ilgilendirmiyordu seni. Aklın fikrin cehennemdeydi. Yani kırmızı ve siyahta, ateş ile katranda.

Manisa belediyesi, o zor yıllarda nereden para bulduysa, asfaltlama çalışmalarını hızlandırmıştı. Demokrat Parti iktidardaydı, Başvekil Menderes'in memleketi sayılırdı Manisa, Aydın'a kapı komşuydu, ama sokakları hâlâ toz toprak içinde, caddeleri geniş ve parke taşlıydı. Yunanlıların kaçarken çıkardıkları büyük yangından sonra belini doğrultamamıştı bir daha. Kentin içinde boş arsalar, yangın yerleri, metruk yapılar, kaldırılmamış enkaz yığınları vardı. Kazası Akhisar kadar bile olamamanın ezikliğini yaşıyordu. Ve yalnızca tımarhanesiyle değil şehzadeleriyle de övünüyordu. Derken, günün birinde, Devlet Karayolları'nın kamyonları, kepçe ve demir silindirli araçları, zift tankerleri çıkageldi. Faytonları, at arabaları, Yugoslav göçmenlerin memleketlerinden getirdikleri heybetli katanaları ve otomobilleriyle –sahi o zaman "otomobil" sözcüğü revaçtaydı, o şarkıdaki gibi bir gitti mi uçar giderdi– küçük bir taşra kasabası görünümündeki kentin köşe bucağını sardılar. Başka bir gezegenden gelmiş gibi esrarlı ve korkunçtular. Önce mıcır döşendi, sonra asfalt dökümüne başlandı. Külüstür kamyonlar bir gidip bir geliyor, kaynar ziftin üzerinden silindirler geçiyor, yüzleri öğle sıcağında sahtiyan gibi parıldayan işçiler kan ter içinde çalışıyorlardı. Şimdi bile anımsıyorsun, tulumları yoktu. Kaskları, çizmeleri, eldivenleri de yoktu. O yıllarda Manisa'da çalışan hiç kimsenin hiçbir şeyi yoktu zaten, yalnızca alın teri ile kol gücü vardı. Kim ne bulursa, kimin nesi varsa onu giyerdi. Genellikle de, nasıl olsa kirleneceği için, en partal elbisesini.

Asfalt döken işçilerin düğmeleri kopmuş yırtık mintanlarından kolları, yamalı pantolonlarından bacakları görünmüyordu yalnızca, güneşte yanıp kavrulmuş bağırlarında göğüs kıllarına yapışmış zift lekeleri de belli oluyordu. Gürültü patırtıyı duyunca oyunu yarıda bırakıp seyir bakmaya gelmiştiniz. İşçiler kazma kürekleri, kaynar kazanların başında nöbet bekler gibi duruşları, kapkara yüzleriyle zebanileri andırıyorlardı. Cehennemde günahkârlara katrandan gömlek giydirileceğini, derileri kavrulup yüzüldükçe Allah'ın onlara yeni deriler vereceğini, azap böyle sürüp giderken gayya kuyusunda fokur fokur kaynayan katrana sokup çıkarılacağını İsmail mi söylemişti sana, yoksa cuma vaazında imamdan mı duymuştun, şimdi pek iyi anımsamıyorsun. Deden söylemiş olamazdı, çünkü torununun yüreğine korku salmaktan kaçınırdı her zaman. Çünkü Allah'ın azabı korkunçtu. Boynunda yetmiş arşınlık zincir, zebaniler kulaklarından tutup ateşe atacaklardı. Odunları taştan ve insandandı bu ateşin, kıvılcımları saraylar kadar büyük, sarı develer kadar çoktu. Ve Allah senin gibi günahkârları cehenneme atarken "Tamam mı?" diye soracaktı ateşe, o "Daha yok mu?" diye cevap verecek, ne cehennem insana ne zebaniler azaba doyacaklardı.

Kanal Savaşı'nda ve Hicaz'da gerçek cehennemi yaşamıştı deden, acının, açlığın, susuzluğun ne demek olduğunu biliyordu, ama senin o zaman hiçbir şeyden haberin yoktu. Cennetin de cehennemin de bu dünyada, yalnızca bu dünyada olduğunu nereden bilebilirdin. Gazi ve Hacı Rahmi Bey yatıştırıcı, avutucu sözleri, dualarıyla gerçekte müntakim değil rahman ve rahim olan Allah'ı sana sevdirmeyi başarmıştı. O'nun kelamını anlamasan da Kuran'ın sesine, alıp götüren ayetlerin büyüsüne aşinaydın. Ve inançlıydın. Bu, cennete gitmen için yeterli olabilirdi, ama yine de korkardın. Cennetse tomurcuk memeli bakireleri, gılmanları, meyveleriyle pek çekici değildi. Ne suyu baldan tatlı, rengi sütten beyaz, kardan soğuk Kevser'den etkileniyordun ne inci kadehlerden. Gediz'in suladığı bereketli topraklarda yeterince meyve vardı zaten. Dalından yeni koparılmış şeftalileri, dudak boyar ağız yakar karadutları, çekirdeksiz üzümler ile ballı incirleri, mis kokan o canım Kırkağaç kavunlarını dilediğince yiyebiliyordun. Bolluk içindeydiniz. Eve arabayla gelirdi kavun karpuz, kiler büyükannenin yaptığı pestil ve pekmezlerle dolup taşardı. Dedenin akrabaları Hacırahmanlı'dan bal, yağ, yoğurt, hatta çuvalla un taşırlardı. Cennette vaat edilen her şey evinizde de vardı nasılsa, bir tek huriler yoktu. Ama onlar, her ilişkiden sonra yeniden bakire olup gözleri eşlerinden başkasını görmese de, ilgini çekmiyorlardı. Sonradan az düşmedin peşlerine, Muhammed gibi sen de onlarsız yapamadın. Bir kadın cenneti yaratmaya çalıştın çevrende. Bunu yapmak için ne hurilere gerek vardı ne Tanrı'nın lütfuna. İşte böyle, müminlere ahrette vaat edilen cennet çocukluğunun Manisası'nda yeryüzüne inmiş, bütün nimetleriyle kuşatmıştı çevreni, cehennemse, oyunu bırakıp seyrine geldiğin katran kazanları gibi fokurdayıp duruyordu kafanın içinde, uykularını bölüyor, gece düşlerine giriyordu. Gerçekte sana şahdamarından da yakın olan cehennemdi, cennet değil. Allah hiç değil.

Üç ahbap çavuş ve cinler

O gece ay Mekke'de bir tuhaf parlıyordu, öyle bembeyaz, kocaman ve gümüş bir kalkandan daha parlak, daha yuvarlak, sanki bir şeyler olacak, devran dönecekmiş gibi. Yıldızlar seçilmiyordu, ne Samanyolu görünüyordu ne Büyükayı ve Küçükayı ne de gezegenler. Yalnızca ayın nuruydu gökyüzüne hâkim olan, yeryüzünü de ışığa boğan. Işık, kentin tozlu, dar sokaklarına da vuruyor, taş evler ile kıl çadırları, ağılları, tek tük ağaçları aydınlatıyordu. Ve Kâbe'yi, siyah kisvesiyle bir heyula gibi duran kutsal yapıyı da harelendiriyordu, çevresindeki putları da. Allah'ın kızları birbirlerine sokulmuş derin uykudaydılar. Başlarında ay ışığından yuvarlak haleleriyle azizelere benziyorlardı. Gerçi azizeler uyumaz, dua ederler sabaha dek, ama onlar, azize değil ilahe oldukları için uyuyorlardı. Lat, Uzza ve Manat böyle daha güzel, sanki çok daha heybetliydiler.

Derken bir ses duyuldu. Çevredeki büyük, taş evlerden birinin açık penceresinden kentin merkezine doğru akar gibi geldi, Kâbe'nin içinde yankılandı. Kadife kadar yumuşaktı ses, yükselip alçalıyor, yavaşlayıp hızlanıyor, sözcükler tane tane, bazen de art arda, birbirleriyle yarışır gibi deviniyorlardı. Bir arınmışlık, derinlik, ihtişam havası vardı seste, erkeksiydi, ama ezici değildi. Alıp götürüyordu duyanı, sürükleyip zorlamadan, büyülenmiş, akışı hızlı bir ırmağa kapılmış gibi.

Sesi ilk duyan Mekke ulularından Ebu Süfyan oldu. Kervanı Suriye'den düzüp silahlı muhafızların, yüzlerce köle ve hizmetkârın eşliğinde Mekke'ye getirmiş, getirir getirmez de işini hakkıyla yapan insanların gönül rahatlığıyla Hind'in koynuna girmişti. Başka hiçbir kadında yoktu bu kadının tadı. Ne Şam'ın dilberleri ne iştahını kabartmak için kokular sürünüp, süslenip püslenip yolunu gözleyen yuvarlak kalçalı, iri memeli, tenleri kuştüyü yastıktan daha yumuşak cariyeler, evet hiçbir kadın Hind'in eline su dökemezdi. O siyah, şehvetli bakışları, sıcaklığı, boyu bosu, yatakta çevikliği, aklı ve asiliğiyle benzersizdi. Uzun yoldan dönülür de Kâbe tavaf edilmeden, Uzza'ya kurban kesip sunulmadan yâr koynuna girilir mi? Ebu Süfyan girmiş sonra da pişman olmuştu. Şimdi gecenin bu geç vaktinde ibadetini yapıyor, iman tazeliyordu ki o sesi duydu. Muhammed'indi, daha ilk sözcük kulağına gelir gelmez tanıdı, bu tertemiz, akıp giden sözcükleri ancak o yan yana getirebilir, böyle yumuşacık, okşar gibi, bazen de öfkeyle, şimşek çakar gibi söyleyebilirdi. Onu dinlerken insan Taifte bir vahada sanıyordu kendini, o yörenin dilini öylesine güzel, o denli içten, tıpkı çocukluğunda duyduğu gibi kullanıyordu. Haşimilerden Abdulmuttalib'in torunu, Ebu Talib'in yeğeni, yoksul ve yetim Muhammed, daha dünkü cahil çocuk Huveylid kızı Hatice'yle evlendikten sonra zengin olmuştu, ama adam olamamıştı. İşlerine bakacağına, onun gibi kervan düzüp servetine servet katacağına geceleri eve kapanıp dua ediyor, Kuran dediği Allah'ın kitabından ayetler okuyordu. O uzak, erişilmez, yedi kat göğün de ötesindeki Allah nasıl olur da kitap yazar, ayet indirirdi. Başka işi gücü yok muydu? Ya kızları ne güne duruyordu? Bu işi yapmaya kalksa elbette kendi zahmet etmez, Lat, Uzza ve Manat'ı görevlendirir, kullarını uyarmayı onlara bırakırdı. İşitmeyen, hissetmeyen, ama tapıldığında dile gelip konuşabilen özbeöz kendi kızlarına. Böyle düşünüyordu Mekke ulularından Ebu Süfyan, ötesini bir türlü aklı almıyor, belki de Muhammed'e inanmak işine gelmiyordu.

Sese kulak kabarttı. Sanki ondan, Kureyş ve yakın çevresinden söz ediyordu ses. Diyordu ki: "Kureyş kabilesinin yaz ve kış yolculuklarında uzlaşması ve anlaşması sağlanmıştır." "Güvenli Mekke" kenti de geçiyordu bir yerde, ses "insanın en güzel biçimde yaratıldığını" söyleyip müşriklerin cehennemde yanacağını cümle âleme ilan etmeden önce. Ve Ebu Süfyan tavafı bırakmış, ay ışığında donakalmış bir put, taştan bir ilah gibi dinliyordu. Dinlenmeyecek gibi değildi ki sözler, "İkindi vaktine and olsun / İnsan şüphesiz hüsran içindedir". Ya da "And olsun Allah yolunda koştukça koşanlara / And olsun kıvılcımlar saçanlara / Sabah sabah akına çıkanlara / Ve tozu dumana katanlara". Evet, kendisi değil ama çevresi, şu zengin kentin, hatta bahtiyar Arabistan'ın neredeyse çoğu hüsran içindeydi. Diz boyuydu yoksulluk, sanki Lat, Uzza ve Manat artık onlardan yüz çevirmişti. Her yıl Kâbe'yi ziyaret eden hacılar da, bu tatlı dilli, bu zehir zemberek sözlerle kalbine cehennem korkusunu salmayı beceren sözde peygamber yüzünden gelmiyorlardı. Muhammed yoldan çeviriyordu onları, Allah'ın elçisi olduğunu, O'na eş koşanların hesap vereceklerini, putlara tapmanın en büyük günah olduğunu söyleyerek kafalarını karıştırıyordu. Ya sabah sabah akına çıkıp tozu dumana katanlar? Kimdiler acaba, neden Allah'a karşı nankör olduklarını söylüyordu Muhammed, ne yapmış, ne işler çevirmişlerdi ki? İşte bazen Zemzem gibi bulanık, bazen de bir pınar gibi pırıl pırıl ve saydamdı Kuran, öyle ya da böyle karşı konulmaz bir cazibesi, Ebu Süfyan'ın anlayamadığı bir çekim gücü vardı. Tavafını yarıda bırakıp sesin peşine düştü, ürkek adımlarla yürüyerek ve görünmemeye çalışarak Muhammed'in evine dek geldi. Bir duvarın ardına gizlenip açık pencereden kalbine dolan ayetleri dinlemeye devam etti. Kendini sesin akışına öylesine kaptırmıştı ki, az ötede, ay ışığında gölgesi uzayan hurma ağacının altında bir başkasının da aynı sesi aynı huşuyla dinlediğini fark etmedi bile.

Mahzumoğullarından Ebu Cehl de o gece ayı öyle tostoparlak, giderek büyürken, nurunu gökteki karanlıkla yerdeki dağlara, rüzgârda soğuyan kayalara, Mekke'nin tüm çatılarına ve çadırlarına saçarken görünce yatağından kalkmış, sesin peşine düşüp hurma ağacının altına dek gelmişti. Nefret ediyordu Muhammed'den, ama onda tuhaf, yalnızca büyücülerde rastladığı bir gücün, sözden kaynaklanan bir şeytan tüyünün olduğunun da farkındaydı. Bütün ısrarlarına, hatta tehdide varan davranışlarına rağmen Ebu Talib'in korumasını üzerinden kaldıramamış, Allah'ın elçisi olduğunu iddia eden bu kendini bilmeze haddini bildirmek için her türlü yola başvurmaktan çekinmemişse de bir sonuç alamamıştı. Öldürtmeye bile kalkışmıştı Muhammed'i, aklınca kan davasına yol açmamak için cinayetin sorumluluğunu değişik obalardan gençler arasında paylaştıracaktı. Ne var ki amcası, Muhammed'i her gece bir başka oğlunun yatağında yatırmaya başlayınca bundan da vazgeçmiş, hakaret ve kışkırtmalarla sindirmeye devam etmişti. Şu Allah'ın birliği hikâyesi hiç işine gelmiyordu, çünkü işlerini gözeten, servetini çoğaltan Allah'ın kızlarının lütfuyla yetinmeye razıydı, yeter ki atalarının dinine dokunmasınlar. Yeter ki cehennemlik olduğunu ele güne duyurmasın Müslümanlar, onu rahat bıraksınlar. Allah'ın elçisi fazla ileri gidip işlerini bozmasın, Kuran'da buyrulduğu gibi çevresindekileri uyarıp korkutmasın.

Gerçekte Muhammed'i rahat bırakmayan, Müslümanlarla sürekli dalaşan kendisiydi. Hatta bir keresinde Ebü'l-Bahteri'yle bile kapışmış, kafasına yediği bir çene kemiği yüzünden rezil olmuştu. Korkaktı. Bir tek Allah'tan korkmuyordu, bir de Muhammed'den. Ama amcalarından, hele Hamza'dan ödü patlıyordu. Bu nedenle ona "Ebu Cehl" lakabını takmışlardı zaten, ama herkes bilmeliydi ki değil cahillerin babası olmak, Kureyş'in en akıllı, en gözü pek reislerinden biriydi; yalnızca akıllı değil zekiydi aynı zamanda, kurnazdı.

Başına ne geldiyse bu kurnazlığı yüzünden gelmişti zaten, Muhammed'i ortadan kaldırmaya gücü yetmeyince saf dışı bırakmayı denemiş, bu amaçla Kureyş'i ikna edip kabile meclisinden Haşimoğulları'nı boykot kararını çıkartmıştı. Bundan böyle hiç kimse Ebu Talib ve akrabalarına ne mal alıp satacak ne de onlardan kız alıp verecekti. Bir anlamda, o günün koşullarında Müslümanları yavaş yavaş ölmeye terk etmek demekti bu. Gel gelelim evdeki hesap çarşıya uymamış, bir süre sonra abluka delinmişti. Hem de kendi adamları tarafından. Oysa işi sağlama bağlamak için üşenmeyip boykot kurallarını parşömene yazdırmış, üç mühür vurup kapattıktan sonra bir mahfazaya koyarak Kâbe'ye bizzat kendisi götürmüştü. Anlaşma metnini güvelerin yi-

168

yeceğini, Haşimoğullarına uygulanacak sert önlemlerin bir tek maddesinin bile kalmayacağını nereden bilebilirdi. Muhammed, nasılsa, önceden haber vermişti olacakları, Kâbe'de saklanan parşömende yalnızca "Allah"ın adının kalacağını, geri kalan sözcüklerin güvelere yem olacağını söylemiş ve söyledikleri doğru çıkmıştı. Şimdi de ay ışığında Kuran okuyordu işte. O okudukça efsunlu bir ışık iniyordu gökten, dağ taş Muhammed'in güzel sesiyle yankılanıyordu. En iyisi kulaklarını kapatıp bu sesi duymamaktı, Allah "Onların kalplerini mühürledik" demiyor muydu zaten, öyleyse kulaklarını kendi elleriyle tıkayabilirdi.

Ayı her zamankinden daha güzel, daha parlak ve nur içinde gören Ebu Leheb'i de uyku tutmamış, büyülü ses onu da kendi dünyasına çekmişti. O da, Ebu Süfyan ve Ebu Cehl gibi, gizlendiği yerden Muhammed'in peş peşe okuduğu ayetleri dinliyor, dinledikçe de sözcüklerin akışına kapılıp gidiyordu. Serin ve saydam, dibinde yassı çakıl taşlarının şavkıdığı bir suya girmişti sanki. Çırılçıplaktı. Yunup arınmıştı dünyanın kirinden, bembeyaz, temiz bir ihrama bürünmüştü. Kâbe'ye gelen hacılar gibi. Derken irkildi birden. "Ebu Leheb'in elleri kurusun!" diyordu ses. Alevli ateşe yaslanacağını söylüyordu. Neye uğradığını şaşırdı, saklandığı yerden çıkıp kendini sokağa dar attı. Bir de ne görsün! Ebu Süfyan ile Ebu Cehl de orada değiller mi! Üç ahbap birbirlerine kuşkuyla baktılar. Sonra gülmeye başladılar hep birden. Ve bir daha uyur uykularından kalkıp Kuran dinlememeye yemin ettiler.

İslam'ın can düşmanlarını bile büyüleyen o yumuşak, güzel ses Taif dönüşü, Muhammed'in başına atılan taşların akıttığı kan bile henüz kuramamışken cin taifesini de etkiledi, onlar Mekke ulularından daha önce yola geldiler. Peygamber Taiflileri doğru yola iletememenin verdiği kederle bir ağacın gölgesine sığınmış Kuran okurken yanında azatlı kölesi Zeyd yoktu yalnızca, cinler de vardı. Halka olup huşu içinde Kuran'ı dinlediler. Zaten nicedir semadan haber alamıyorlardı. Allah'ın elçisi zuhur ettiğinden bu yana semanın kapıları ve sırları onlara kapanmıştı. Kuran'ı dinlediler ve iman ettiler. Gerçi ne ay parlıyordu gökyüzünde ne de yıldızlar. Cinler güpegündüz duydular Muhammed'in sesini, Kuran'ı dinlerken kendilerinden geçtiler. Doğru ya da yanlış bilemem, benden hikâyesi.

Uzza

Doğrusu Muhammed'in bizi kötülemesine hiç şaşırmadım. Kötülemekle de kalmıyor, Kureyş'in, hatta tüm Arapların düpedüz vazgeçmelerini istiyor bizden. Babamızdan vahiy mi ne gelmiş, benden başkasına tapmayın, en yüce benim buyurmuş. Biz Allah'ın yüce olmadığını söylemiyoruz ki! Mekkelilerin, Medinelilerin, hatta ikizim diyebileceğim Lat'a tapan Taiflilerin de böyle bir iddiası yok. Ama Allah öylesine uzak ki onlara, hem hayal bile edemeyecekleri, tasarlayamayacakları kadar meçhul ki, bize gereksinimleri var. Onlar ile yedi kat göğün derinliklerindeki Allah arasında aracıyız o kadar; sonuçta babamız bizden daha güçlü, çok daha bilgin ve ulaşılmaz olsa da. Ne var ki evlatlıktan reddetmiş hepimizi, "Bu nasıl da haksız bir paylaşım!" diye gürlemiş bize tapanlara. "Oğlan çocuklar size kızlar bana öyle mi?" Muhammed her yerde Allah'ın doğurulmadığını ve doğurmadığını söylüyor, O'ndan başka tapacak yoktur diyerek bize karşı geliyormuş. Atalarının uydurduğu birer isimden ibaretmişiz. Hissetmeyen, işitmeyen, düşünmeyen kaya ve odun parçalarından ibaret. Bize kurban kesenlerin, etrafımızda tavaf edip secdeye varanların, bize hayranlık ve şükranlarını sunanların varlığından bile habersizmişiz.

Doğru söze ne denir. Biz ilaheyiz onlarsa insan. Demek ki çok daha üstünüz onlardan, kader ve akıbetlerine hâkimiz. Yediklerini ve içtiklerini, çiftleştikçe süren zürriyetlerini, kervanlarına yol gösteren yıldızların ışığı ile Kâbe'nin kutsallığını bize borçlular. Hacerü'l-Esved'in parlaklığını da. Onu yıldızların arasından devşirip ben getirdim buraya, onlar kirletti. Şimdi aramızda duruyor, eşitiz. Ne var ki "Allah'a eş koşmayın" diyormuş Muhammed. "O Bir'dir, Doğu da O'nundur Batı da. Evvel O'dur, Ahir O'dur, Zâhir O'dur, Bâtın O'dur, Bilen O'dur" diyormuş. Kendisinin de Allah'ın elçisi olduğunu söylüyormuş. Bir ara şeytana uyup yüce varlıklar sayılabileceğimizi ima etmeye kalkışmış, ama vazgeçmiş sonradan. Demek ki bu kavgada şeytan bizden yana. Kureyş ve tüm Arabistan da. Şimdilik üç beş kişi olsalar da Muhammed'in dinine girenlerin ettikleri yeminden dönmediklerini duydum. Varsın dönmesinler. Benim adıma yemin edenler de dönmez doğru bildikleri yoldan. Hem onlar daha kalabalık, daha güçlü, çok daha varlıklı.

Ne diyordum? Evet, Muhammed'in bizi kötülemesine hiç şaşırmadım. Yıllar önce gelip körpe bir kuzu kurban etti bana, kula renkli, şirin mi şirin bir kuzucuk. Kanına kanamadım. Ama bir daha hiç uğramadı. Oysa daha ilk görüşte ısınmıştım bu yakışıklı, uzun saçlı, uzun sakallı mahcup delikanlıya. O güne dek başkalarında görmediğim bir sevecenlik fark etmiştim bakışlarında. Durgun ve düşünceliydi. Kibardı. Kâbe'yi tavaf ederken koşmuyor, kanatlanmış uçuyordu sanki. Öylesine inançlıydı. Meğer inancı bize değil İbrahim'eymiş. Bir daha da sokulmadı yanıma, ne bir kurban sundu ne önümde secde etti. Nehle'deki tapınağıma da bir kez olsun gelmedi. Onu boşuna bekledim. Şam yolundayken çıkar gelir, kurban sunmasa da akasyaların gölgesinde dinlenir diye umdum. Günler, aylar, yıllar geçti gelmedi. Bize düşman olduğu haberi geldi sonunda, kahroldum. Kahroldum, evet. Çünkü taş olan ille de taş basmaz bağrına, bazen böyle, terk edildiğini anlayınca, kendi gözyaşında boğulur.

Yalnızca isimlerden ibaret değilsek de onlar ayrılmaz parçamız bizim, varlığımızın, gerçek olduğumuzun belirtisi. Ve şu ölümlüler nezdinde ölümsüzlüğümüzün simgesi. İsimler önemlidir, küçümsemeye gelmez. Bir kabile için bayrak neyse bizler için de isim odur. Onur ve güç kaynağımız, en değerli hazinemizdir. Ya bu güzel dilimiz, en çok da şairler ile Muhammed'in tadını çıkardıkları Hicaz lehçesi olmayaydı? Aksini düşünmek bile istemem. Nasıl da yoksul, çaresiz, dağlar taşlar gibi dilsiz kalırdık.

İşte Kâbe'nin çevresine dizilip durmuşuz. Şeklimiz şemailimizle ve isimlerimizle sanki insanlara karşı saf tutmuşuz. İçeride, dört duvar arasında olanlarımız da var, ama daha çok dışarıdayız. Ve bir yılın günleri kadar kalabalığız. İşte Lat ve Manat, sevgili kız kardeşlerim. Biri kadere hükmeder öteki kedere. Başlarına ne bela gelirse ikizime ya da bana hayranlık ve saygıda kusur ettiklerindendir. İşte Hubal, sevgili kocamız, sultanımız efendimiz. Gerçi sağ eli kopuktur, ama çolak sayılmaz. Altından bir takma eli var, hem kılıç tutar hem ince belimi. Erkekliği bana da yeter, kadın gövdeli ve tüylü, yırtıcı kuş tırnaklı Lat'a da. Ok atar, hava basar. Yere bakar yürek yakar. Ve Manat, bizim gibi onunla evlendirilmediği için kıskançlıktan çatlar. Ne de olsa Kuday'da bir kaya parçasıydı buraya gelip giydirilmeden, eline o makas verilmeden önce. Gabgabında kurban kanı değil insan saçı vardı. Şimdi mevki sahibi oldu, hayatından pek memnun. Ve artık başkalarının kaderiyle meşgul. Ya başlarına bir çorap örer ya elinde makas, hayat iplerini keser. İşte Ashal, Ahsam, Avf, Bal, Datanvat, Fals, Galsad, Marhab, Muntabık, Nesr, Nuhm! Daha sayayım mı? Kuzah, Rıam, Ruda, Sabad, Sad, Taym, Ukaysır, Ved, Yağus ve Yeûk, saymakla bitmez. Hangi ülkede, hangi kavimde bulabilirsiniz bunca putu? Her biri kendi ismiyle vardır ve kendi vasfındadır. Kimi gök gözlüdür kimi kömür gözlü. Kimi ağaca benzer kimi kayaya. Kimi de Âdemoğlu'na. Yağmur yağdıran da onlardır güneşin ilk ışıklarıyla ateş yağdıran da. Savaşçıdırlar. Kindar ve gaddardırlar. Kan sever kurban isterler. En çok da Muntabık'ı severim. Hem adından hem vasfından ötürü. Bir bakır küp gibidir. Karnı yarıktır ve kapaklıdır. Ona en çok Sulaf kabilesi hayrandır. Konuştuğunda da tam konuşur. Neresinden mi? Dili olmadığına göre tabii ki karnından. Muhammed'in günün birinde zuhur edeceğini, umutsuzlara umut, yoksullara sadaka, kitapsızlara kitap ve Allahsızlara tek bir Allah vereceğini de ilk o söylemişti. Şimdi sonumuzun da Muhammed'in elinden olacağını ilk o söylüyor, ama ben inanmak istemiyorum. Çünkü koruyanımız çok, üstelik yalnızca Muhammed'in kabilesinden değil, bahtiyar ve bahtsız tüm Arabistan'dan. İçlerinde biri var ki, herkesten ümidimi keserim de, ondan asla. Gün gelir herkes bizden yüz çevirebilir, bir tek o çevirmez. O da kim? diye merak ettiğinizi görür gibiyim. Söyleyeyim: Ebu Leheb. Yani "Alev'in Babası". Aslında o ayet indikten sonra bu lakabı Müslümanlar yakıştırdı Muhammed'in amcasına, yoksa asıl adı Abdüluzza'dır ve adından da anlayacağınız gibi has adamımdır.

Ayette şöyle deniliyormuş:

"Ebu Leheb'in iki eli kurusun. Kendisi de kurusun. Ona ne malı fayda verir ne kazandığı. O bir alevli ateşe girecek. Karısı da, boynunda hurma lifinden bir ip, odun taşıyacak."

Bunu duyan karısı Ümmü Cemil havan tokmağını kaptığı gibi dayanmış kapıya. Muhammed, Ebubekir'le dertleşmekteymiş. "Arkadaşın nerede?" diye sormuş Ebubekir'e. Öfke böyle bir şeydir işte, onunla kalkan zararla oturur. Karşısında duran Muhammed'i görmemiş haspa. Gözünü kin bürümeyecek, sevmesen de beğenmesen de kin tutmayacaksın. Bir dahaki sefere Muhammed'in ağzını elindeki taş tokmakla parçalayacağını söyleyip uzaklaşmış oradan. Ve öfkesini yatıştırmak için bir şiir söylemeyi de ihmal etmemiş. Ümmü Cemil'i bilmem, ama kocası iyidir, hoştur. O'nun işlerini daha sonra anlatırım size, şimdi akşam oldu, gün karardı. Güne hükmüm geçer, ama geceye geçmez. Günle gecenin sahibi, bizi evlatlıktan reddetmiş de olsa Allahü-teala'dır.

Yıldız yağmuru

Rahmi Bey seferberliğin ilanında dünyanın gidişatından habersiz değildi belki, ama Devlet-i Âliye-i Osmaniye'nin böyle ansızın yedi düvele karşı savaşa sürüklenebileceğine de pek ihtimal vermiyordu. Ordu Balkan Savaşları'ndan yorgun çıkmış, Rumeli'de kaybedilen toprakların acısı henüz dinmemişti. Hatta Trablusgarp, ondan önce 93 Harbi, peş peşe gelen bütün yenilgiler, bozgunlar yıldırmıştı ulusu, yalnızca gayrimüslimlerin değil Osmanlı tebaası Arapların da bağımsızlık iştahını kabartmıştı. Yıldırım yemiş yaşlı bir çınar gibi çatırdıyordu koskoca imparatorluk, üç kıtayı kucaklayan dalları budanmaya, Tuna'dan Fırat'a uzanan kökleri sökülmeye başlamıştı; Darülfünun yıllarından beri sarsıntının farkındaydı Rahmi Bey, bu nedenle İttihat ve Terakki'nin yeni bir serüvene atılacağını doğrusu hiç beklemiyordu. Ve gününü gün ediyordu İstanbul'da. Kimi zaman bazı siyasi toplantılara katıldığı da oluyordu, ama hiçbir cemiyetin azası değildi.

Her yerde, her an patlamaya hazır bir barut fıçısına dönmüştü ortalık. Babıâli sıkıştıkça hırçınlaşıyor, siyasi cinayetler birbirini izliyor, İttihatçılar tahterevalliye binmiş gibi iktidara bir çıkıyor bir iniyorlardı. Telgrafhaneler durmadan işliyor, bir zamanlar kuşların konduğu teller imparatorluğun dört bucağından gelen şifreli haberleri nazırların masalarına iletiyorlardı. Kâtipler de, Üsküdar'a gider iken, uyku mahmuru değillerdi artık, ikinci bir emre kadar uyumaları yasaklanmıştı. Dağ gibi yığılmıştı sorunlar, herkes bir çözüm arayışındaydı ve düşman Namık Kemal'in deyişiyle bir kez daha "dayamıştı vatanın bağrına hançerini". Rahmi Bey şiirden fazla hoşlanmaz, Kuran okumayı yeğlerdi. Gerçi Kuran Allah kelamıydı, Muhammed şairlere lanet okumuştu, ama yine de şiirsel bir büyü vardı ayetlerin edasında, insanı alıp uzağa, dallarının altından ırmaklar akan Tuba ağacının gölgesine doğru sürükleyişlerinde. Şiir deyince aklına vatan şairi Namık Kemal değil, Mehmed Âkif geliyordu zaten. Onun dünyaya bakışına, ümmet-i Muhammed'e arka çıkışına, imparatorluğu kurtarmak için İslam'a dayalı bir çözüm arayışına tümüyle katılıyordu.

Her yerde milliyetçilik rüzgârları esiyor, Osmanlı boyunduruğunda yaşamış halklar bağımsızlık için fırsat kolluyorlardı. Boyunduruğun Gediz kıyısında çamura yatan mandalara vurulduğunu çocukluk günlerinden biliyordu Rahmi Bey, insanlara, hele Müslümanlara Osmanlı'nın aynı şeyi reva görebileceği aklının ucundan bile geçmezdi. Ama savaşta bizzat tanık oldu buna, gitti gördü ve döndü. Gördüklerini kimseye anlatmayıp içine gömdü. Yakın geçmişin hiç kuşku yok en talihsiz kuşağıydı onun kuşağı, sonradan haklarında hamasi vatan edebiyatının beylik deyimiyle "tarihin altın sayfalarına destan yazdıkları", ya şehit ya gazi oldukları söyleneceklerin arasındaydı. Ve Birinci Kanal Savaşı'nın ertesinde katıldığı Medine savunmasının ardından yurda döndüğünde "hacı"lığı "gazi"liğe yeğleyecekti. Savaş inancını sarsmamış, tam tersine pekiştirmiş, ne var ki Peygamber'in ümmetiyle giriştiği kanlı çatışma kafasında birtakım sorulara da yol açmıştı.

Bu sorulara kendince bir cevap aramıştır elbet, ama Tih Sahrası'nda gördüklerini, Hicaz çöllerinde yaşadıklarını, hiç kimseye –sana bile– anlatmadığı kesin. Anlatsaydı ne değişirdi. Olan olmuş, Mütareke'den sonra işgalci Yunan, Anadolu topraklarından kovulmuş, Misak-ı Milli sınırları içinde Cumhuriyet kurulmuştu. Rahmi Bey hem dini bütün bir Müslüman hem de yeni rejimin saygın avukatlarındandı artık. Kâbus geçmişte kalmıştı. Zaten çok küçüktün, okulda dedenin gaziliğiyle övünsen de, onun kahramanlıklarını hayal gücünle besleyip ballandıra ballandıra anlatsan da, Çanakkale şehitlerine ölçülü uyaklı manzumeler düzsen de, o sanki hacılığı daha çok benimsemişti. Öyle kendi köşesinde kalmayı, suya sabuna dokunmadan beş vakit namaz kılmayı. Ne önemli davalar alıyordu ne de kapağı İzmir'e ya da İstanbul'a atıp daha kârlı işler yapmayı düşünüyordu. Bunların hiçbirinde gözü yoktu. Kitaplarıyla baş başaydı her zaman. Onun, çoğunu savaş dönüşü Hicaz'dan edindiği kitapları okumadın. İstemediğinden değil, eski yazıyla basılmış olduklarından. Aralarında Arapça elyazmalar da vardı. Şimdi uzak bir kentteki uzak bir evin çatı katında üste üste gelişigüzel yığılmış tozlanmaktalar. Kim bilir ne bilgiler var içlerinde, ne dünyalar, ne sözler. Allah'ın sözlerinin tükenmediğini söylerdi hep. Yeryüzünün tüm ağaçları kalem olsa, yedi deniz mürekkep olsa yine de yazmaya yetmezdi onları. Bunun bir ayet-i kerime olduğunu bilmiyordun. Dedenin savaştan nefret ettiğini bilmediğin gibi. Kuran'ın fitne çıkaranlar hariç insan öldürmeyi yasakladığını, bir insanı öldürmekle bütün insanlığı öldürmenin aynı kapıya çıktığını söylediğini bilmediğin gibi. Belki deden o ayeti de okuyordu namaz kılarken, ama sen yalnızca duanın sesine kapılıyor anlamını merak bile etmiyordun. Evet, önce ses vardı, içine, kalbinin derinliğine işleyen o ses Arapçanın da ötesinde bir başka dil, sonsuz bir ülkeydi. Dedenin savaş anılarını yazdığı defteri ölümünden sonra buldun. Sararıp solmuş, saman kâğıdından sayfalarına yer yer yayılan mürekkep lekeleri bazı sayfaları okunmaz hale getirmişti. Zaten eski yazıydı metin, titreyen, yorgun bir elden çıktığı ilk bakışta belli oluyordu. Senin sökemeyeceğin kadar da okunaksızdı. Bir uzman arkadaşına başvurup yeni yazıya çevirmesini isterken dedenin gözü gibi sakladığı savaş anılarını nasıl olup da torununun okuyamadığını düşünüyordun. Ne kadar da hızlı değişmişti her şey. Cumhuriyet devrimlerine karşı değildi deden, Latin alfabesinin sağladığı olanaklardan en verimli biçimde yararlananların arasında sen de varsın. Bu satırları yazarken Arap harflerine özlem duymuyorsun elbet, onların biçimleri, bükülüp kıvrılışlarıyla sürekli haşır neşir olsan da. Yine de dedenin evrak-ı metrukesine ait bir belgeyi doğrudan okumayı, okuyabilmeyi isterdin.

Defterin yaprakları arasında birkaç fotoğraf da vardı. Birinde Cemal Paşa'nın karargâh subayları, ön sıra oturur arka sıra ayakta olmak üzere dizilmişler. Deden arka sırada en soldaydı. Göğsü ile başı görünüyordu yalnızca. Kalpaklı ve bıyıklıydı. Ön sırada oturanların göğüsleri madalyalıydı. Kiminin ayağında beyaz dolak kimininkinde meşin çizme vardı. Fotoğrafa bakarken deden de dahil artık hiçbirinin yaşamadığını düşünmüştün. Bir başka fotoğrafta da Medine tren istasyonunun önünde bir hecinin üzerindeydi. Hicaz Demiryolu'nun son durağı Medine istasyonu taş mimarisi, süslü ön cephesiyle Sirkeci Garı'nı andırıyordu biraz. Çevreye oldukça aykırıydı. Rahmi Bey de öyle, zabit üniformasıyla iki dirhem bir çekirdek gülümsüyordu hecinin üzerinde. Kuşkusuz ilk kez deveye biniyordu. Yuvarlak yüzüne yayılan çocuksu gülümsemenin nedeni bu olmalıydı. Bir zaman onlar da yaşamış, Osmanlı'yı kurtarmak için hecin üzerinde savaşmışlar diye düşündüğünü anımsıyorsun. Manisa'daydı. Ölümünden sonra dedenin yazıhanesini derleyip toparladığında. O günden sonra bir daha dönmedin çocukluğunun kentine. Dönüşleri sevmediğin için değil, Rahmi Bey'in memleketine yolun düşmediğinden.

Seferberliğin ilanında kısa bir süre Bahriye Nezareti'nde ihtiyat zabiti olarak görev yaptı Rahmi Bey, sonra Halife Hazretleri İtilaf Devletleri'ne karşı tüm Müslümanları Cihad-ı Mukaddes'e çağırınca cepheye gitmek istedi. Çok iyi Arapça bildiği için, Dördüncü Ordu komutanlığına atanan Cemal Paşa'nın hizmetine verildi. Seferi Kuvvet İngiliz'i tepelemek, daha doğrusu Mısır'da tutmak amacıyla Büyük Britanya İmparatorluğu'nun şahdamarı Süveyş Kanalı'nı zorlarken Mehmetçik tüm cephelerde, Galiçya'dan Kafkasya'ya, Çanakkale'den Irak ve Mısır'a uzanan çok geniş bir coğrafyada savaşıyordu. Ve Hacırahmanlı köyü Tih Sahrası'na ne kadar da uzaktı.

Kuzeyden gelmişlerdi. Karadeniz kıyıları ile sisli Kaçkar yaylalarından, dorukları karlı İsfendiyar Dağları'ndan. Çay toplayan, kemençe çalıp ağlardan hamsi devşiren elleri mavzer tutuyordu şimdi, süngü takıp selam veriyordu. Doğudan gelmişlerdi, dadaşlar diyarından. Erzurum, Van, Bitlis, Siirt ve Hakkâri'den. Ocaklarında tezek yakılan, hayvanlarla kucak kucağa yattıkları kerpiç evlerden bir gece zorla alınıp getirilenler de vardı aralarında, aşiret reisleri de. Kendi dillerinde konuşup anlaşıyor, içtimada Türkçe tekmil veriyorlardı. Güneyliydiler, Toroslar'dan, Antalya, Adana ve Osmaniye'den. Memur, Yörük, konargöçerdiler. Irgat, maraba, belki toprak sahibiydiler. Poturlarından ve allı yeşilli cepkenlerinden soyunup bir örnek giyinmiştiler. Püsküllü fes yoktu başlarında, ayaklarında potin, bellerinde kasatura, bakışlarında şaşkınlık vardı. Biraz kederliydiler. Silahlarıyla değil inançlarıyla hakkından geleceklerdi gâvurun. Seferi Kuvvet'e Konya'dan katılan Mevlevi taburuyla tam bir karşıtlık içindeydiler. Neyzenler ile mutribanı Kaderi birliği, onları da Deliorman muhacirleri izliyordu. Hecinsüvar birliklerine hayretle bakıyor, başlarında devasa külahları, kudüm, çalpara ve neylerin eşliğinde semaya durup fır dönüyorlardı. Onlar döndükçe gökyüzünde ay ile güneş, yeryüzünde kum tepeleri ile dağlar da dönüyordu. Bembeyaz tennurelerinin Arap gönüllülerin kefiyelerine karıştığı da oluyordu, fes giymiş seyirci kalabalığına da. Batıdan gelenler geride bıraktıkları bağ ve zeytinlikleri, tütün tarlalarını arar gibiydiler. Toprak rengi üniformayı giyince bir gariplik çökmüştü üzerlerine, belli ki sılada kalan yakınlarını, yavukluları ile çoluk çocuklarını özlemekteydiler. Dolak ve çarıklarıyla tuhaf bir görünüm içindeydiler. Hacırahmanlı'dan Rahmi Bey'in ise özleyecek kimi kimsesi yoktu, ama önünde göz alabildiğine uzanan, samyelinde yer değiştiren kum tepeleriyle çöl, ardında boşa harcanmamış bir gençlik vardı.

Ve at binmiş tırıs giden ay yıldızlı kalpaklıların arasındaydı.

Harbi Umumi'yle kopan kıyametten bir yıl kadar sonra Seferi Kuvvet, Bîrüssebi'den hareketle Tih Sahrası'na girerek İsmailiye yönünde güneşin battığı yere doğru ilerlemeye başladı. En önde Cemal Paşa padişahın hediyesi kıratın üzerindeydi. Ayağında pırıl pırıl, diz boyu meşin çizmeler, göğsünde üstün hizmet madalyası vardı. Siyah, gür sakalının gölgesi uzuyordu günbatımında, boynuna asılı dürbünü ve dik duruşuyla ordu kumandanından çok bronz bir heykele benziyordu. Yüz adım kadar ilerisinde, dizlerinde mavzer filintalarıyla iki atlı paşanın koruma görevini üstlenmişlerdi. Arkasından ordu erkânı harp reisi, onun arkasından da iki yaver ile karargâh subayları ve flamalarıyla süvari takımı geliyordu.

Bu yürüyüş nizamı ıssız çölde gece boyunca devam etti. İaşe yüklü develer, top bataryaları ile tombazları çeken manda ve öküzler, köprücü, kuyucu, istihkâm bölükleri, telli telgraf müfrezeleri, sıhhiye ile seyyar hastane ve piyadeler sanki aynı azim, aynı ümit içindeydiler. Oysa hayvanlar da insanlar gibi levazım zabitlerinin insafına kalmışlardı. Hep birlikte yatıp kalkıyor, yola revan olup konakladıklarında beraber yorgunluk gideriyorlardı. Hayvanlar ot ve dikenden, insanlar hurma ve peksimetten ibaret yemeklerini aynı iştah, aynı tevekkülle yiyorlardı. Askerin içecek suyu, ayazda örtünecek kaputu vardı, ama başını sokacak mahruti çadırı yoktu. Eliyle bir çukur kazıp orada yatıyordu. Ve uykuya dalmadan önce gökyüzünden üzerine yıldız yağıyordu.

Rahmi Bey yüzyıllar önce bu çölde, bu yıldızların altında, dalga dalga kum tepeleriyle bu ıssızlığın ortasında Hazreti Musa'nın da tıpkı kendileri gibi bir umudun peşine düştüğünü, kavmini esaretten kurtarmak uğruna ölümü göze aldığını düşünüyordu. Musa Mısır'dan çıkarmıştı İsrailoğulları'nı, Sekizinci Ordu ise İngiliz'i Mısır'dan kovacak, Firavun'un sarayını başına yıkacaktı. Geceleyin yıldızların altında yatarken Musa düşüyordu aklına. Onu Kuran'da anlatıldığı gibi hayal ediyordu. Güçlü kuvvetli bir delikanlıydı. Kavgaya tutuşan iki kişiden dost bildiği yardım isteyince bir Kıpti'yi öldürmüş, ama Allah onu bağışlamış, kendine elçi seçmişti. Cana kıyan bir peygamber... Rahmi Bey'in aklı bir türlü almıyordu bunu. Allah'ın verdiği canı kulun almaya hakkı var mıydı? Galiba vardı. Yoksa ne diye geçiyorlardı çölü, ne işleri vardı bu kervan geçmez kuş uçmaz diyarlarda. Allah burada, bu sonsuzluğun, insanın içine işleyen, kemiklerini sızlatan bu gece ayazında seslenmişti Musa'ya. Ailesiyle bu çölü geçerken bir ateş görmüştü. Belki bir haber alır, belki bir kor bulup getirir ailemi ısıtırım diyerek ateşin peşine düşmüş, ne var ki izleri silen kum fırtınasında yolunu yitirmişti. Kavmini doğru yola yöneltmeden önce kendi yolunu şaşırmış bir peygamber. Rahmi Bey'in kafası bunu da almıyordu, ama Musa'nın öyküsünde kendisinin bilmediği, anlayamadığı birtakım kıssalar olabileceğini düşünüyordu. Bir gün onlardan hisse çıkarmak için dikkatle inceleyecekti Kuran'ı. Ölmez de sağ kalırsa değişik tefsirleri karşılaştırıp bir sonuca varacaktı.

Musa'nın Tur Dağı'nın eteklerinde o ateşi görmesi de boşuna değildi. Bazen, geceleyin ya da sabaha karşı yıldız yağmuru dinince, ortalık ağarmadan ateşler görünürdü böyle. Dumansız alevden yaratılan cinler mi yakardı bu ateşleri yoksa çölde yolunu yitirenler mi? Kim bilir belki de soğuktan yılmış Bedevilerdi ateş yakıp ısınan. Rahmi Bey de uykuya dalmadan önce ateşler görüyor, oraya bir keşif kolu gönderme gereğini bile duymuyordu. Gönderseydi Allah keşif koluna da seslenir miydi? "Ne işiniz var burada, haydi dön geri, marş marş!" diyerek kan dökülmesini engeller miydi? İsa'nın Tanrısı olsaydı belki, ama O Musa ve Muhammed'in Tanrısıydı.

Rahmi Bey uykuya dalmadan önce Kuran'ın Musa'yla ilgili ayetleri –hani ne derler bir sinema şeridi gibi mi?– peş peşe geçiyordu aklından. O zaman ne renkli sinema vardı ne sinemaskop filmler. "Otuz altı kısım tekmili birden"ler de yoktu, sinema sessizdi. Görüntüler yetiyordu bir öykü anlatmaya. Ve Rahmi Bey Tih Sahrası'nda sabaha karşı Musa'nın siyah beyaz, dilsiz öyküsünü kuruyordu. Allah'ın nidasını duymuyordu belki, herkes derin uykudayken çıt çıkmazdı karargâhtan, zaten Allah kullarına değil yalnızca peygamberlerine, o da Cebrail aracılığıyla konuşurdu. Ama nedense, Musa'ya doğrudan seslenmiş, o da Allah'ı görmek isteyince düşüp bayılmıştı. Sahi nereden bulmuştu bu cesareti? Allah hiç kimseye, peygamberlerine bile kendini göstermezdi. O'nun cemalini görmek Muhammed'e nasip olmuştu yalnızca, Miraç'ta Sidretü'l Münteha'nın da sınırını aşıp yedinci göğü geçtiği zaman... Bu da tartışmalı bir konuydu ya, bilginler aralarında tartışadursunlardı bakalım, şimdi çölde buyruk Cemal Paşa'nın iki dudağı arasındaydı ve dileyen paşanın cemalini de görebilirdi celalini de. Rahmi Bey, çok şükür, şimdilik cemalini görenler arasındaydı.

Rahmi Bey uykuyla uyanıklık arası bir durumda,

gözlerini kapatıp yorgun bedenini kumun serinliğine bıraktığında yılan suretinde bir asanın kıvrıla büküle, alacakaranlıkta ışıl ışıl kendisine doğru geldiğini görüp dehşete düşüyordu. Ve Musa dikiliyordu karşısına. Ellerini göğsüne sokuyor, çıkardığında beyaza kesiyorlardı. İki eli de kefen gibi bembeyaz oluyordu Musa'nın. Derken Allah Tur Dağı'nı bir gölge gibi İsrailoğullarının tepesine çekip onları korkuttuktan sonra dağın sağ yamacındaki toprakların üzerine kudrethelvası ile bıldırcın yağdırıyordu. Yıldız yağmuruyla başlayan çöl gecesi sabaha karşı bıldırcın yağmuruna bırakıyordu yerini. Ve Rahmi Bey tatlı bir uykuya dalıyor, uykusunda gökten yıldız ya da bıldırcın değil rahmet yağıyormuş gibi gülümsüyordu.

Çöl geceleyin soğuk, gündüz yakıcıydı. Kum tepeleri ile seraplardan ibaret değildi yalnızca. Dağlar, granit kayalar, boy ve biçimleriyle insana benzeyen taşlar da vardı. Sonra günbatımında derin vadilere gölgesi düşen kırmızı, külrengi, mor yamaçlar. Ve sessizlik. Gece ya da gündüz derin bir sessizliğe gömülüyordu doğa. Ne bir kanat hışırtısı ne bir sinek vızıltısı duyuluyordu. Rahmi Bey sessizliği bozmak için bir şarkı mırıldanıyordu içinden. İstanbul'u, Ada sahillerinde beklenen sevgiliyi dile getiren, insanı memleket özlemiyle alıp götüren bir şarkı. Sonra Ege türkülerine, zeybeklere gidiyordu aklı. Çakıcı Efe, İzmir'in konaklarını çatır çatır yakıyordu. Oysa şarkı söylemeyi beceremezdi. Derken, karargâh zabitleri hep bir ağızdan "Dağ başını duman almış"a başlıyorlardı. Anlaşılan onlar da korkuyordu çölün mutlak sessizliğinden. Ne tuhaf, akıbetlerinden değil de sessizlikten ürperiyorlardı. "Dağ başını duman almış / Gümüş dere durmaz akar / Güneş ufuktan şimdi doğar / Yürüyelim arkadaşlar". Ve yürüyorlardı. Bir seraptı gümüş dere, orada, tam karşılarında ansızın beliren mavi göle doğru akıyordu. Yaklaştıklarında akarsuyun sesi çınlıyordu kulaklarında. Serabın dağılıp kaybolması için mataralarındaki kaynar sudan yudum yudum içmeleri gerekiyordu.

Develerin de serap gördükleri oluyordu bazen. O zaman hızlanıyor, ince uzun bacaklarıyla koşmaya, koşarken de genizlerinden boğuk sesler çıkarmaya başlıyorlardı. Uzun boyunlarının bitiminde, kum denizini yaran bir geminin pruvasını andıran tüylü başları daha hızlı gidip geliyordu. Cebel-i Tih'in ufuk çizgisindeydiler. Çok uzak, çok belirsiz, sanki ulaşılmaz bir menzildiler. Giderek yaklaştılar sonradan. Beyaz, gri, günbatımında kırmızı ve mor bulutlara karıştılar. Hamsin rüzgârı yürüyüş boyunca Seferi Kuvvet'in üzerine yığdı onları, bir süre, aşağıda asker yukarıda bulutlar yürüdü, ne var ki bir damla bile yağmur düşmedi. Yine de tek tük çalılara takılıyordu ayakları. Develer önlerine çıkan, bembeyaz çiçek açmış katırtırnaklarını çiğnemeden yutuyorlardı. Şafakta çiğ bir ışık düşüyordu üzerlerine. Sonra, çok geçmeden, güneş gökyüzünü ortalayınca, kapağı kaldırılan bir fırından üfler gibi hamsin kavurmaya başlıyordu her yeri.

Dağlara baktıkça, kum tepelerinin ötesinde ipek kumaş gibi kıvrılan araziyi, mavi yeşil damarlarıyla parlayan pembe granitlerin heybetli duruşunu gördükçe, Allah'ın kudretini düşünüyordu Rahmi Bey. Yeryüzü biçimlenirken yağmur ve rüzgâr ve güneş ve ayaz bu granit deryasını yıllar, yüzyıllar boyunca un ufak edip bir kum deryasına dönüştürmüştü. Belki de Kuran'da vaat edilen kıyametin bir provası gerçekleşmişti önceden, taşlar aşağıya yuvarlanırken dağlar da birbiriyle çarpışmış, bulutlar gibi savrulmuşlardı. Şimdi üst üste yığılmış, iç içe geçmiş, kapkara sırtları ve külrengi başlarıyla korkunç yaratıkları andırıyorlardı. Neyse ki geceleyin silinip gidiyorlardı manzaradan. Ve boşluğu, o sonsuz ve derin boşluğu bir anda yıldızlar dolduruyordu. Sıcağa rağmen üniformaları kirlenmiyordu. Terlemiyorlardı çünkü. Neredeyse teri unutmuşlardı. Yağmuru, yeşili, denizi, ağaçları unuttukları gibi. Bazen alçaldığı da oluyordu göğün, ama genelde çok yukarda masmavi ve pırıl pırıldı. Gece kaput yetmezse battaniyelerine sarılıp uyuyorlardı, gün boyu kuru sıcağı emmiş kumdan beşiklerinde.

Sekizinci Ordu, ihtiyat zabiti Rahmi Bey'le birlikte, güneş ortalığı kavurmaya başladığında konaklayıp bazen yola gece devam ederek, hızlı bir tempoda ve yürüyüş nizamını hiç bozmadan on yedi günde geçti Tih Sahrası'nı. On sekizinci gün kum tepelerinin ardından Süveyş Kanalı göründü. Aynı ordunun birkaç yıl sonra, İkinci Kanal Seferi'nin de yenilgiyle sonuçlanmasının ardından perperişan geri çekileceğini, bozgundan kurtulanların esir, kurtulamayanların şehit düşeceklerini, Sina'nın Mehmetçiğe mezar olacağını o güzel yürüyüş nizamı içinde hiç kimse tahmin edemezdi.

Kanal boyuna vardıklarında gördüğü manzarayı hayatı boyunca unutamayacaktı Rahmi Bey. Geceydi. Yorgunluktan bitkin haldeydi. Tam uykuya dalmak üzereyken karanlığı çapraz tarayan ışıldaklar gördü. Aynı anda gündüz gibi aydınlandı her yer, mevzilerin az ilerisi ışığa boğuldu. Karşıda İsmailiye kenti ile Tosum ve Serapyum kasabaları uykudaydılar. Karanlıkta tek tük ateşler yanıyordu. Aşağıda, kumların arasından akan gümüş bir ırmak gibi Süveyş Kanalı parıldıyordu. Tüm ışıklarını yakmış bir transatlantik suları köpürterek yavaşça geçti. Rahmi Bey bulunduğu yerden yolcuları göremiyordu, ama gecenin bu geç saatinde şampanyaların patlatıldığını, vals ya da polkalar çalan orkestranın eşliğinde birbirlerine sarılmış dans eden çiftlerin mutluluğunu, savaşa aldırmadan dönen, dönerken de nice serveti girdabına sürükleyen ruletin hızını, havada uçuşan kırmızı, yeşil, beyaz balonlara özenircesine kadeh tokuşturanları hayal edebiliyordu. Okyanuslar aşan, insanları ümit ve hayalleriyle birlikte bir kıtadan ötekine taşıyan, her biri neredeyse bir kent büyüklüğündeki bu gemileri çok görmüştü İstanbul'da, ama bir kez olsun yerini yurdunu bırakıp da, İzmir'den Yeni Dünya'ya uğurladığı hemşerileri gibi uzağın çağrısına kapılmamıştı. Belki serüven düşkünü ya da yoksul olmadığından, belki de yabancı bir ülkede, kâfir demeye dili varmıyordu, ama gayrimüslimlerin arasında yaşamayı, onların yediğini içtiğini paylaşmayı, onlarla hemhal olmayı göze alamadığından. Onlarla aynı mezarlığa gömülmek istemediğinden. İnsanın karnı nerede doyuyorsa vatanı orasıdır diye düşünüyordu kimileri. Kimileri için vatan, üzerinde al sancak dalgalanan, şehit kanlarıyla sulanmış topraktı. Rahmi Bey'e sorarsanız vatan her şeyden önce ezan sesiydi, sonra yemyeşil bağları, tütün ve zeytinlikleriyle Gediz Ovası.

Kruvazörler kanal boyunca demirlemiştiler. Uzun ince topları, direklerinde salınan mavi kırmızı flamaları ve esas duruşta askerler gibi yan yana dizilmiş bacalarıyla çelikten birer abideydiler. Rahmi Bey onların da içindekileri düşündü bir an. Ateş hattındaydılar. Kanal-

188

da gözden yitmekte olan transatlantiğin yolcuları umurlarında değildi belki, ama onların güvenliği için buradaydılar. Ve kumandanları, Osmanlı Seferi Kuvveti'nin ileri harekâtını keşif uçakları sayesinde haber almalarına rağmen kanalı kapatma gereğini duymamışlardı. Demek ki ciddiye almıyorlardı Türkleri. İngiliz burada da kibrini göstermiş, Cemal Paşa'nın topçu ateşiyle bir gemiyi batırıp kanal trafiğini durdurabileceğini umursamamıştı. Demirledikleri yerde Buckingham Sarayı'nın nöbetçileri gibi öyle dimdik ve mağrur dursunlardı bakalım. Nasıl olsa şafakta ilk saldırıyla birlikte boylarının ölçüsünü alacaklardı. Sulak yerde yetişen bostan sırığı boylarının ölçüsünü. Rahmi Bey'in İngilizleri pek sevmediği belliydi. Onları düşman değil gâvur gözüyle gördüğü de.

Ertesi sabah baskından önce askerin sigara içmesi ve konuşması yasaklandı. Kasatura, matara gibi madeni eşyanın ses çıkarmayacak biçimde sıkıca bağlanması, zamansız ateşi ve serseri kurşunları önlemek için tüfeklere mermi konmayıp mekanizmaların açık bırakılarak, yalnızca süngü takılması emredildi. Parola "Sancak-ı Şerif"ti. İlk saldırı kolunda bulunmadığından Rahmi Bey'in paroladan biraz geç haberi oldu, ama bazıları gibi "Neden al bayrak değil de Sancak-ı Şerif?" diye kendine sormadı. Onun için bundan doğal bir şey olamazdı. Çünkü Başkumandan Vekili Enver Paşa'nın değil, halifenin çağrısına uyarak buraya geldiğine, İngilizleri Mısır'dan söküp atmakla İslam'ın kurtulacağına inanıyordu.

Ne var ki her şey planlandığı gibi gelişmedi. Saldırıdan az önce başlayan kum fırtınası araziyi değiştirmiş, hazırlık yerine sevk edilen istihkâm taburu yolda kaybolmuştu. Tabur komutanı neden sonra, pusula yardımıyla Trablusgarp mücahitleriyle birleşip tombazları arabadan indirterek saldırı kollarına dağıtabildi. Kanalın karşı kıyısına geçip orada bir köprü başı tutarak demiryolu boyunca mevzilenmek amacıyla girişilen saldırı, düşmanın şiddetli makineli tüfek atışı altında başarılı olamadı. Kısa sürede tombazların çoğu delinip batmış, içindekiler suya gömülmüştü. Karşıya geçebilen birkaç tombaz da etkili bir ileri harekât için yeterli değildi. Ortalık ağarmaya başladığında düşman geçit yerindeki gücünü takviye etmiş, güneşin ilk ışıklarıyla birlikte Tosum ve Serapyum yönlerinden de top ateşi başlamıştı.

Çarpışmalar gün boyu sürdü, kanaldaki kruvazörler kum tepelerinin ardında mevzilenmiş Türk bataryalarını vurmakta gecikmediler. İçlerinden yalnızca biri isabet alarak muharebeyi terk etmek zorunda kaldı, diğerleri ateşe devam ederken bir İngiliz torpidosu kanal boyunca takılıp kalmış kullanılmaz haldeki tombazları, içlerindeki yaralı askerlerle birlikte imha etti. Akşama dek ateş üstünlüğü sağlamadığından durumu soğukkanlılıkla değerlendiren Cemal Paşa, müttefik Almanya'nın ve Erkânıharp Reisi Von Frankenberg'in ısrarı üzerine, daha fazla kayıp vermeden çatışmayı kesip geri çekilmeye karar verdi.

Rahmi Bey olan bitenleri karargâhtan izliyor, Arapça bilgisinin İngiliz askeriyle göğüs göğüse çarpışmada pek bir işe yaramadığını görerek üzülüyordu. Ateş hattına girmeden savaşa uzaktan tanık olmuştu. Şehit düşenler karargâh nezdinde zayiattan ibaretti, ölen hayvanlarsa telef olmuş sayılıyorlardı. Şehitleri rahmetle anıyordu herkes, ama onların kimlikleri hakkında faz-

la bilgi yoktu. Geride kalan ailelerinin, varsa çoluk ço-
cuklarının akıbetiyle de pek kimse ilgilenmiyordu. Ka-
yıtlardan künyeleri bulunuyor, adlarının karşısına "şe-
hit" ya da "kayıp" diye yazılıyordu. Peki, Anadolu'nun
bağrından kopup gelmiş bu delikanlılar ne uğruna dök-
müşlerdi kanlarını? Vatan uğruna mı, halife için mi
yoksa? Onlara mezar olan çöl, gerçek vatanları mıydı?
Bu soruları soran yoktu pek, askeri sığır sürüsü gibi üst
üste yığıp yük vagonlarıyla cepheye sevk edenler, gemi-
lerin güvertesinde aç susuz bırakanlar, kaçmaya yelte-
nenleri kurşuna dizenler haritaların üzerine eğilip sa-
vaş planları yapıyor, geceleyin kristal avizelerin altında
kadeh tokuşturuyorlardı. Göğüslerinde madalyaları,
kaz adımlarıyla denetliyorlardı kıtaları. Askerin gözün-
de saygın komutanlar olduklarını sanıyor, kendileriyle
"göğsü kalabalıklar" diye alay eden halka rağmen, halk
için savaştıklarına inanıyorlardı. Rahmi Bey onlardan
değildi, ama karargâhta onlarla beraberdi. Bu nedenle
amacına ulaşamayan Birinci Kanal Harekâtı'nın kayıp-
larını gözden geçirirken fazla üzülmedi, çok uğraştıysa
da şehitleri tek tek bireyler olarak gözünün önüne ge-
tirmekte zorlandı, paşaların onlar için Namık Ke-
mal'den mülhem "mevt son rütbesidir askerin" deyişiy-
le avundu. Ama mülazım Halet'in şehit olduğu haberi
geldiğinde derinden sarsıldı.

Halet'le İstanbul'da tanışmışlar, trende dost olmuş-
lar, Şam'da birlikte izne çıkıp kentin altını üstüne ge-
tirmişlerdi. Akıllı, yakışıklı, cıvıl cıvıl bir genç subaydı
Halet, Galatasaray Lisesi'ni bitirdikten sonra Fran-
sa'da süvari eğitimi almıştı. Fransızcası mükemmeldi.
Şam'ı gezerlerken Rahmi Bey Arapçası, Halet Fransız-
casıyla tüm dikkatleri üzerlerinde toplamışlardı. Aynı

insanın iki yüzü gibiydiler. Halet aldığı Batılı eğitimle, Rahmi derin Kuran bilgisi ve hukuk alanındaki çalışmalarıyla Osmanlı kültürünün bütününü temsil ediyorlardı. Onları yakınlaştıran belki de bu bileşim, birbirini tamamlayan aydın kimlikleriydi. Savaştan pek hoşlandıkları da söylenemezdi. Halet ilk hayal kırıklığını Kafkas Cephesi'nde yaşamıştı. Komutanı, bir suçlunun divanıharpte yargılanmadan kurşuna dizilmesini emredince karşı çıkmış, "cellat değil zabit" olduğunu söylemişti. Bu olayı Şam'da bir rakı sofrasında dinlemişti ondan Rahmi Bey ve o günden sonra Halet'e yalnızca arkadaşlık değil, saygı da duymaya başlamıştı. Cemal Paşa'nın benzer kararlarına da tanık olacaktı sonradan, ama sonradan. Halet'in şehit düştüğü haberi geldiğinde öz kardeşini kaybetmiş kadar üzüldü Rahmi Bey, kahroldu. Ne diyeceğini bilemedi. Halet için yapılan törende onun çölde bir kahramanlık destanı yazdığını söyleyenleri de hiç umursamadı. Silah arkadaşlarından biri konuşmasını Namık Kemal'in "Altı da bir üstü de birdir yerin / Arş yiğitler vatan imdadına!" dizeleriyle bitirirken Fatiha okuyordu. "Halet'in kanı yerde kalmayacak!" diye haykıranlardan da olmadı. Onun için dua etti yalnızca, Allah'tan günahlarını bağışlamasını diledi. Yirmili yaşlarda bir delikanlının ne günahı olabilirdi ki! Hem Allah esirgeyen ve bağışlayan değil miydi, tüm şehitler gibi Halet'i de cennetine kabul etmiş olmalıydı çoktan.

Halet karargâhtaki Alman subayları gibi mavi gözlü ve sarışındı, ama onlar kadar kendini beğenmiş değildi. Bıyıkları da yoktu. Rumelili bir aileden geliyordu. Babası Plevne gazilerindendi. Meleksi bir yüzü, insanı ilk görüşte etkileyen süngü kadar keskin bakışları vardı.

Rahmi Bey onun bir gece, devesinin boynuna sarılıp ağladığına tanık olmuştu. Aslında sevdiği kadın için ağladığını anlamıştı hemen. İçini ancak devesine dökebileceğini biliyordu. Halet genç yaşta ince hastalıktan ölen nişanlısına âşıktı hâlâ. Gözü içki âlemlerinde bile başkasını görmüyordu. Askerle de çok iyiydi arası, onların hal hatırını sorar, sesi güzel olanlardan gurbet türküleri söylemelerini isterdi. Bütün gerçek kahramanlar gibi kahramanlık türkülerinden pek hoşlanmazdı. Her akşam hecininin suyunu verdikten sonra elinde misvak hayvanın dişlerini fırçaladığı söyleniyordu. Doğru ya da yanlış, ama insanlar kadar hayvanları da sevdiği, yaratanı yaratılandan ötürü kutsadığı gerçekti. Allah'a ulaşmanın birçok yolu vardı elbet, Rahmi Bey Halet'in şahadet yoluna girmeden önce Allah'a ulaşmak için sevgi ve merhamet yolunu seçtiğini düşünüyor, bu yüzden de onu yere seren kurşundan nefret ediyordu.

O Halet gibi vatan aşkına değil İslam'ı korumak için tepmişti bunca yolu, Arapların arasında da kendini yabancı hissetmiyordu. Mekke Emiri Şerif Hüseyin'in isyan edeceği haberlerine de çoğu erkânıharp subayı gibi, kulak tıkıyordu. Hem Arabistan çöllerine gelmesi için kimse zorlamamıştı onu, bu görevi kendisi istemişti. Kara tren Hicaz Demiryolu'nda bacasından beyaz dumanlar çıkartarak ilerlerken, vatan bellediği Anadolu toprağı akıp gidiyordu dışarıda. Camdan karlı dağlar, ırmaklar, kağnılar, kalabalık istasyonlar geçiyordu. Ve bitmek bilmiyordu yolculuk. Neden sonra, bozkırı geçip Toroslar'ı da aştıktan sonra, İskenderun'dan Suriye'ye girdiklerinde manzara değişmiş, ayağı çarıklı köylülerin yerini başlarında kefiye, bellerinde hançer Araplar almaya başlamıştı. Buranın halkı Türk değildi, ama sapına dek Müslüman'dı. Burada da minarelerin şerefelerinden ezan okunuyor, cuma namazlarında vaaz, cenaze kalkmadan önce sala veriliyordu. Bütün bunlar Rahmi Bey'in gözünde gâvura karşı Osmanlı tebaası Müslümanları savunmak için yeterliydi. Arapların çok değil birkaç ay sonra İngiliz altınının iğvasına ve özgürlük hayallerine kapılarak isyan çıkartıp Devlet-i Âliye-i Osmaniye'yi arkadan vuracaklarını bilemezdi.

Oysa öngörülebilirdi bu isyan. Rahmi Bey biraz olsun siyasetten anlasaydı, Cemal Paşa onu adli müşavir olarak görevlendirdiğinde divanıharbin idama mahkûm ettikleri arasında bu cezayı hak etmeyenlerin çoğunlukta olduğunu görmekle yetinmez, Şam'da gerçekleştirilen infazların siyasi sonuçlarını da tahmin edebilirdi. Savaşın ilk aylarında Şam Fransız Konsolosluğu'nun arşivine el konulmuş, yapılan inceleme sonucunda El-La Merkeziye Cemiyeti'nin Fransa'yla gizli ilişkileri açığa çıkmıştı. Bu cemiyetin azası bazı Suriyelileri, divanıharp reisinin ve üyelerinin uyarılarına rağmen idama mahkûm ettirmişti Cemal Paşa. Apar topar asılan mahkûmların arasında ayan üyeleri, milletvekilleri, bürokrat ve kurmay subaylar, hatta gazeteciler de vardı. Rahmi Bey, bir hukukçu olarak onların tümünün, böyle alelacele, halka gözdağı verme amacıyla ipe gönderilmesinin doğru olmadığını düşünüyor, ne var ki elinden bir şey gelmiyordu. Savaş koşullarında tüm yetkiler ordu komutanının elindeydi. Komutanınsa hukuk bilgisi ve vicdanı askerlik bilgisi kadar gelişmiş değildi.

O geceyi anımsadıkça savaşın neden kaybedildiğini, Arapların yalnızca İngilizler kışkırttığı için değil zalim Osmanlı'ya karşı bağımsızlık mücadelesi vermek için de isyan ettiklerini anlayacaktı Rahmi Bey. O geceyi yaşamı boyunca unutamayacak, ipte sallanan insanların görüntüsü bir kâbus gibi üzerine çökecek, ölene dek belleğinden silinmeyecekti. İnfazların yapıldığı Hükümet Meydanı'na geldiğinde gecenin geç vaktiydi. Şafağı bile beklemeden idamların başlamış olduğunu gördü. Mahkûmların sayısı kalabalık olduğundan çelladın elini çabuk tutması gerektiğini biliyordu, ama bu kadar sabırsız davranacağını tahmin etmemişti. O Hükümet Meydanı'na geldiğinde, alanı aydınlatmak için konulmuş lüks lambalarının ışığında yan yana dizilmiş yüksek sehpalarda sallananlar vardı. Boyunlarından sarkan levhada yazılı suçlarının altına Kuran'dan bir ayet de eklenmişti. Rahmi Bey dehşet içinde "... ve yes'avne fil ardı fesâden en yukattelû ev yusallebû ev tukattaa eydîhim ve erculuhum..." (Yeryüzünde fesat çıkaranların cezası öldürülmek veya asılmak veya elleri ve ayakları kesilmektir) cümlesini okudu. İsyana benzer bir duygu kabardı içinde, ama kendini tuttu. Kuran'a inanıyor, ne var ki Peygamber'e inen vahiyden yüzlerce yıl sonra şeriat hükümlerinin Allah kelamına göre uygulanmasını her zaman doğru bulmuyordu. Hukukun üstünlüğü Allah'ın üstünlüğünden farklı olmalıydı, suçlular, savaş ortamında da olsa, hukuk kuralları çerçevesinde yargılanmalı, mümkünse idam edilmemeliydiler. Allah'ın verdiği canı, ecel geldiğinde, yine Allah'ın kendisi almalıydı. Dönüş, kim ne yaparsa yapsın, hangi suçu işlerse işlesin, O'naydı. Hükmeden de O'ydu, öldürüp dirilten de.

İnfazların güvenliğinden Şam garnizonunu oluşturan Mevlevi taburu sorumluydu. Uzun külahlı, eski tüfekli askerler dimdik, gözlerini kırpmadan sessizce cellatı izliyor, ipte sallananların sayısı çoğaldıkça sessizlik de çoğalıyordu. Son mahkûm, ötekiler gibi, tevekkül içinde ölmedi. "Esselamüaleyküm ya meşneka!" diyerek aksadeleri içinde beyaz hayaletler gibi sallanan dava arkadaşlarını selamladı önce, sonra iki askerin arasında elleri arkadan bağlı olarak idam sehpasına doğru yürüdü. Cellat ilmiği boynuna geçirince bir şarkı tutturdu. Rahmi Bey sözlerinden Arap milliyetçilerinin bağımsızlık şarkısı olduğunu ve silah zoru ya da gözdağı vermekle onları bu davadan vazgeçiremeyeceklerini anladı. Ne var ki, isyanın koca Osmanlı'yı yıkarak Kutsal Topraklar'ı İngiliz egemenliğine verebileceğini bir an bile düşünmedi. Ve nedense buraya gelişinin ertesinde Cemal Paşa'yı karşılamak için evine bayrak asan bir Arap'ın söyledikleri geldi aklına. Ona kuşkuyla bakarak "Ben sallanacağıma bayrak sallansın" demişti.

Şam istasyonunda mızıka "Ey gaziler yine yol göründü serime"yi çalarken kendilerini karşılayan kalabalığın alkışları ve "Gazanız mübarek olsun!" haykırışları arasında kente girmişlerdi. Her yerde ay yıldızlı bayraklar asılıydı. İnfazlardan sonra Cemal Paşa'nın Mehmetçikleriyle birlikte çölü geçip Süveyş Kanalı'na dayanmışlardı. İngiliz gâvurunu tepeleyip Sancak-ı Şerifi Kahire'nin burcuna dikmekti amaçları. Ne var ki evdeki hesap çarşıya uymamış, Kanal'a giderken karargâhtaki pirinçten de olmamak için gerisin geriye, Hazreti İsa'nın çarmıha gerildiği Zeytindağı'na dönüp, orada Alman İmparatoriçesi Augusta Victoria Kasrı'na sığınmışlardı. Dördüncü Ordu'nun genel karargâhı, Hicaz dahil beş cephenin birden yönetildiği bu görkemli binadaydı. Ve ömrünün ilk gazasından başına bir gazlı bez bile sarmadan sıyrılan Rahmi Bey'in dışında hiç kimse ordu kumandanına cephelerin neden bunca bol, cephaneninse bunca kıt olduğunu sorma cesaretini gösterememişti. Bu soru Rahmi Bey'in divanıharbe verilmesi için yeterliydi, ama Cemal Paşa neşeli bir gününde olduğundan onu Medine'ye, Fahreddin Paşa'nın karargâhına sürmekle yetindi.

Bedr'in arslanları

Şimendifer, Hicaz Demiryolu hattının çöldeki son istasyonu El Muazzam'da durduğunda Rahmi Bey yorgunluktan bitkin düşmüş, derin uykudaydı. Tekerleklerin gıcırtısıyla yerinden sıçrayarak etrafına şaşkın bakındı, sonra başı yanında oturan zabitin omzuna düştü yeniden. Gözlerini kapatıp kaldığı yerden devam etti. Düşünde ateş hattındaydı. Düşman hücuma kalkmıştı. Eğri kılıçları güneşte parıldayan beyaz maşlah giymiş Arap süvariler de vardı içlerinde. Koyu esmer tenli, uzun sakallı, kartal bakışlıydılar. Onları hiç böylesine gözü dönmüş, bu kadar öfkeli görmemişti. Çıplak ayakları üzengide, aç gözleri ganimetteydi. Tüfeklerini çapraz asmışlardı omuzlarına. Kısa pantolonlu İngiliz piyadesi, başı türbanlı, ince uzun Hint askerleriyle birlikte süngü takmış arkadan geliyordu. Makineli tüfekler savunma mevzilerini tararken sahra topları da kum tepelerinden mermi yağdırmaya başladılar. Derken tayyareler belirdi ufukta, çelik kanatlarıyla yaklaşıp dalışa geçtiler. Sonra, motor homurtuları arasında siperlere saldırdılar. Bir anda cehenneme döndü ortalık. Bazı mermiler patlamadan develerin meraklı bakışları altında kuma gömülüyor, toz dumandan göz gözü görmüyordu. Bedeviler miydi "Allah! Allah!" diye bağıran yoksa Mehmetçik mi? Belki de "Yandım Allah!" sesleriydi develerin böğürtülerine karışan. Sonra her şey birdenbire sustu. Atların da devinimi yavaşladı, uçaklarla insanların da. Siyah beyaz oldu görüntüler, göğüs göğüse çarpışanlar birbirine karıştı. Kimin kurşun kimin yumruk attığı, tabanca sıkan zabitler ile süngü takan erlerin hareketleri seçilmez oldu. Derin bir sessizlik kapladı çölü. Uzakta çıplak dağlar, gökyüzünde güneş, siperde asker, kumda börtü böcek ve karıncalar, evet onlar bile susuyordu. Karıncaların konuştuğu nerede görülmüş ki! Ama bakarsın dile gelip onlar da konuşur bir gün. Bu kutsal topraklarda her şey olabilir. Musa bir asa vuruşuyla toprak eder deryayı, İsa ölüleri diriltir. Muhammed ortasından ikiye böler ayı, tencereye tükürüp yemeği çoğaltır. Yalnızca yemeği mi? Sürüleri de çoğaltır Allah'ın elçisi, kıtlıktan kırılan davarın kuru memelerine süt yürür. Hazreti Süleyman nasıl kuş dilini öğrendiyse bakarsın karıncalar da insan diliyle dertleşir bir gün.

Rahmi Bey uzun süredir yoldaydı. Şimendiferin gıcırtısına alıştığı gibi odun yakan lokomotifin tıslamalarını da kanıksamıştı. Kuşkusuz bu nedenle ses duymuyordu düşünde; karıncaların konuşup konuşmadıklarına da henüz karar verememişti ki, istasyonda zınk diye duran vagonun ikinci sarsıntısıyla bu kez iyice uyandı.

– Kusura bakma, dedi yol arkadaşına, seni de yordum!

Zabit sesini çıkarmadan başını öne eğdi. Apoletlerini silkeleyip kendine çekidüzen verdikten sonra:

– Şuraya bak, diye söylendi, koyacak başka ad bulamamışlar mı bu izbeye!

Rahmi Bey dışarıya bakınca iki pencereli tahta bir

baraka ile telgraf odasından ibaret istasyonu gördü. Çocuksu bir gülümseme belirdi yüzünde. Medine'ye yaklaşmışlardı demek. Kutsal Topraklar'da yolculuk sona eriyor, Hazreti Muhammed kabrinde onları bekliyordu. Tanımlaması güç bir heyecan duydu, düşündeki siyah beyaz, sessiz savaş görüntüleri gerçeğe bıraktı yerini. Silahlı nöbetçiler demiryolu boyunca dizilmiştiler. İstasyonun hemen arkasından kayalık tepeler görünüyordu. Tren o tepelere doğru hareket ettiğinde yorgunluğunu unuttu. Çatışmaya girmeden, karargâh raporlarından tanıdığı, en küçük ayrıntılarını bile kâğıt üzerinden bildiği savaşı da unuttu. Artık yalnızca Medine vardı aklında. Zor günlerinde Peygamber'i bağrına basan kent onu da iyi karşılayacak mıydı bakalım? Yoksa Osmanlı paşalarından esirgediği konukseverliğini, dini bütün bir Türk zabitinden, bu uçsuz bucaksız çölün ortasındaki vatan topraklarını kurtarmaya gelen bir Müslüman'dan da esirgeyecek miydi? Aslında vatan denilemezdi buraya. Rahmi Bey için vatan geride bıraktığı köyü ile Gediz Ovası'ndan, derin uçurumlarıyla Sipil Dağı'ndan ve önünde müttefik Alman zırhlıları ile yabancı yük gemileri demirlemiş olsa da Darü'l-Hilafe'den ibaretti. İstanbul'un başka adları da vardı elbet, Doğu Roma'nın başkentine İslam'ın hemen damgasını vurmadığını o da biliyordu. Müslüman Araplar gibi gâvurlar da boşuna Kostaniye ya da Konstantinopolis demiyorlardı kayserin kentine. Bizantion diyenler de vardı, Çarigrad da. Kim ne derse desin, İstanbul'a en yakışan ad, Darü'l-Hilafe'ydi. Çünkü Osmanlı, palabıyıklı ve küpeli Yavuz Sultan Selim, Mısır Seferi'nden döndükten sonra, bu gözü pek ve gaddar padişah sayesinde Sancak-ı Şerifi Eyyub el Ensari'den devralıp payitahtın burcuna dikmişti. O zamandan beri hilafet Osmanoğullarındaydı artık, ne var ki onlar tahta çıktıklarında Eyüp Camii'ne gidip bir başka Osman'ın, Halife Osman bin Affan'ın kılıcını kuşanıyorlardı. Gel de çık işin içinden! Şu Araplar ile Türklerin yaptığına akıl sır ermezdi vesselam.

Üç gündür Medine yolunda, yanında oturan kendini beğenmiş zabitle konuşacak fazla konu bulamadığından, sürekli bunları düşünüyordu Rahmi Bey. İstanbul ile Muhammed'in yattığı kent arasında, benzerlik olmasa da –çünkü hiçbir benzerlik yoktu biri üç deniz diğeri çöllerle çevrili iki kent arasında– Eyyub el Ensari'den kaynaklanan bir yakınlık kuruyordu. Ve Muhammed Mustafa Sallallahü Aleyhi ve Sellem Efendimizin Medine'ye teşriflerinde kendisini konuk etmek arzusuyla birbirleriyle yarışan halkın gönlünü kırmamak için başvurduğu çare geliyordu aklına. Peygamber, devesi Kasva'ya bırakmıştı işi, çünkü gerçekte deveyi kendi değil Allah güdüyordu. Ağır ağır yürüyüp, nereye gideceğini önceden biliyormuş gibi Malik bin Neccar'ın boş arsasına çökmüştü deve, sonra kalkıp Medine'nin dar ve tozlu sokaklarından geçerek Halid bin Zeyd Ebu Eyyub el Ensari'nin evinin eşiğinde karar kılmış, Peygamber de orada yedi ay konuk olmuştu. İslam'ın ilk mescidinin o boş arsaya yapılmasını buyurmuş, inşaatta bizzat kendisi de güneşin altında taş taşımıştı. Onun ölümünden sonra, bir hadis-i şeriflerinde haber verdiği gibi, İslam orduları Kostantiniye'yi kuşattıklarında surların önünde ilk şehit düşen El Ensari olmuştu. Peygamber'in sancaktarını Haliç kıyısına gömmüştü Müslümanlar. Öyleyse, bir bakıma İstanbul'un da hakkıydı hilafet, yalnızca Medine'nin değil. Osmanlı hilafeti

Araplardan almakla Peygamber'in ümmetine haksızlık etmiş olmuyordu.

Rahmi Bey Medine'ye varıp Peygamber'in son uykusunu uyuduğu Kutsal Topraklar'a ayak basmadan önce, ne tuhaf, İstanbul'u hayal ediyordu. Ve gözünde tütüyordu Eyüp. Şimdi Darülfünun günlerinde yaptığı gibi ders çıkışı bir yaylıya atlayıp Eyüpsultan'da alsa soluğu, caminin avlusunda güvercinleri ürkütmeden sebilden aptes aldıktan sonra Medineli evliyanın türbesine yüz sürüp ruhuna bir Fatiha okusa. Hazreti Muhammed'in bir cam kutuda saklanan sakalından bir tele –hâlâ misk ü amber kokan o kutsal tele– dokunsa. Serviler rüzgârda hışırdar, mezar taşları birbirine sokulmuş dertleşirken Haliç boyunca yürüse. İç içe geçmiş, sanki birbirleriyle kaynaşıp halleşmiş kaymakçılar ile kebapçıların, düdükten davula, tahta beşikten hacıyatmaza her türlü oyuncak satan dükkânların önünden geçerek yoluna devam etse. Sağında yer yer yıkılmış, içlerinden otlar fışkıran eski Bizans surları, Blahernai Sarayı'na doğru çıkan merdivenli sokaklar, kafes pencereli ahşap evler, solunda Haliç'in pırıl pırıl, saydam suyu ona her adımda İstanbul'da olduğunu, bu gün görmüş çok eski kentin toprağında nice sırlar, şehitler sakladığını anımsatsa. Ve yürüdükçe suda sureti çıkan kubbeler ile minareleri, seferberlikte görev aldığı Bahriye Nezareti'nin bembeyaz, süslü duvarları ile pencerelerini görse. İki kıyı arasında uçarmış gibi gidip gelen kayıkların devinimine kapılsa bir süre, küreklerin suda bıraktığı izlere dalıp gitse. Ve Galata'nın sefahat yuvalarından gelmeye başlayan çalgı seslerine aldırmadan Galata Köprüsü'ne varıp, en yakın kahvenin peykesine çökse. Demli bir çay söylese denize karşı, sonra nargilesini yakıp martılara, yandan çarklı Şirket-i Hayriye vapurları ile Üsküdar'ın ışıklarına dalıp gitse. Günbatımında bir yangın yeridir Üsküdar. Camlar kıpkırmızı parıldar, kıyıdaki küçük cami bodur minaresi, kurşun kubbesiyle bir gölgeye dönüşür. Martı çığlıkları vapur düdüklerine karışırken atlı tramvaylar geçer köprüden. Ve Yeni Cami'de okunan akşam ezanı bütün sesleri bastırır.

Rahmi Bey'in hayalinde İstanbul görüntüleri peş peşe geçerken tren de hızlanmış, kazanında son odunlarını yakan lokomotifin oflayıp puflamaları arasında Medine'ye iyice yaklaşmıştı. El Muazzam'dan sonra ne kadar yol aldıklarını anımsamıyordu Rahmi Bey, aklı dışarıda hiç değişmeden, öyle tekdüze akıp giden manzarada değil İstanbul'daydı. Orada geçirmişti en güzel günlerini, gençliğine doyamadan ilk askeri eğitimini orada, Selimiye Kışlası'nda görmüş, bir sabah erkenden kendini Cemal Paşa'nın karargâh zabitleriyle birlikte Haydarpaşa Garı'nın dik basamaklarını çıkarken bulmuştu. Ve vatan görevi denilen sonu belirsiz bu tehlikeli yolculuk oradan başlamıştı. Kim bilir belki Medine'de bir şarapnel mermisi ya da çölün ortasında bir Bedevi hançeriyle sona erecekti. İstanbul'u bir daha görebilecek miydi? Ya köyünü, üzüm bağları ile tütün tarlalarını, yaz güneşinde gölge vermez zeytinlikleri? Bir zeytin ağacı gibi duyumsuyordu kendini, yurdundan binlerce kilometre uzakta buruk, acılı, özlem ve yalnızlıktan kağşayıp sertleşmiş, güneşin altında kuruyup kalmış bir zeytin gövdesi gibi. Yaprakları gölge vermez, ama toprağın derinine gider kökleri. Su bulmak için mi, Sipil Dağı gibi yeryüzüne mıhlanıp saf tutmak için mi yoksa? "İnsan ağaca benzeseydi yerinden kıpırdamaz, halife de çağırsa kalkıp buralara, bu susuz çöllere kadar gelmezdi" diye düşündü, insan kök salan bir ağaç değil ki yerinde dursun. Ayakları var onun. Yürür gider, dere tepe düz gider, arkasını dönüp bir de bakar ki... Bu Hicaz yolculuğu, kimi zaman, masal gibi geliyordu Rahmi Bey'e. Ve nedense en sevdiği şair Mehmed Âkif'i düşünüyordu. Düşünecek zamanı çoktu, çünkü yol uzun, hava sıcaktı. Bir de her tarafı dökülen bu tahta vagon, içi zabit dolu, erzak ve cephane yüklü, özlem yüklü bu korkunç vagon, akıbetleri meçhul cephe ve karargâh arkadaşları, yanında, karşısında, önünde, arkasında oturan bu müstakbel şehitler, gaziler, galiba daha çok da şehitler, iskorbüt ve susuzluktan ölmeye aday bu canlar, bütün bu yük, mermi, tüfek, kasatura, insan ve felaketten ibaret bu ölüm treni Rahmi Bey'e düşünme fırsatı veriyordu. Herhangi bir yerde değil, Bandırma-İzmir hattında dura kalka ilerleyen marşandizde, Manisa'ya bir an önce varma telaşıyla Hacırahmanlı'ya uğramayan Ege Ekspresi'nde de değil, Hicaz şimendiferindeydi. Ve unutmak istiyordu dünyayı. Düşündükçe, düşünüp taşındıkça, olan bitenleri kafasında ölçüp biçmeye başladıkça, hem unutmak hem anlamak, anlayabilmek istiyordu dünyayı. Dünya ateşten bir top olmuş yuvarlanıyor, nereye değse, nereden geçse yakıp yıkıyordu.

Evet, Âkif de geçmişti bu yoldan. Belki onun vagonu daha konforlu, daha tenhaydı, yol arkadaşlarıysa daha konuşkan. Ne de olsa Teşkilat-ı Mahsusa adına yapıyordu bu yolculuğu, ama kuşkusuz Rahmi Bey gibi o da savaşın gerekli olup olmadığını sorguluyor, hilafeti mi yoksa vatanı mı kurtarmalı sorusuna bir yanıt arıyordu.

Yazdığı şiirlere bakılacak olursa etle tırnak gibi birbirinden ayrılamazdı bu iki unsur, ama öyle düşünmeyenler, başka görüşte olanlar, çözümü farklı siyasetlerde arayanlar da vardı. Gidip yakından gördüğü Almanya'nın müttefikimiz olmasını da, bu ülkenin teknolojisine ve temizliğine hayran kalmasına rağmen, galiba pek kaldıramamıştı. Yine de "Nüfusunuz iki kat arttı; ilminiz on kat / Uçurdunuz yürüyen fenne taktınız da kanat" diye seslenecekti Almanlara. Yürüyen fenden kasıt Krupp'un zırhlı araçlarıydı elbet, uçansa, semada alıcı kuşlar gibi çığlık çığlığa dolaşan tayyareler. Ve elbette şimendifer, dev bir karafatma, bir demir beygir gibi koşan lokomotif ile demir raylar üzerinde uçup giden vagonlar.

Savaştan sonra Osmanlı'nın liderliğinde büyük İslam birliğinin kurulacağına inancı tamdı şairin. Ne var ki yenilgiden sonra, Anadolu işgal edildiğinde "İstiklal Marşı"nı yazarken "Medeniyet dediğin tek dişi kalmış canavar!" diye haykıracaktı; Rahmi Bey onun Çanakkale Zaferi'nin haberini de El Muazzam istasyonunda aldığını, vagonda bir köşeye çekilip o müthiş "Çanakkale Şehitleri"ni hemen oracıkta, bir solukta, evet kendisinin de çıktığı bu bitmez tükenmez yolculuğun son durağında yazdığını biliyordu. Yanında çalım satan zabitle değil üstat Mehmed Âkifle bu vagonda olmayı ne kadar isterdi.

Âkifin Medine yolculuğuyla ilgili söylentiler Kudüs'teki Dördüncü Ordu Karargâhı'na dek gelmiş, orada da tartışılmıştı. Özellikle ünlü şairin Kör Kadı denilen Vehhabi şeyhiyle karşılaşması dillerden düşmüyordu. Âkif, Peygamber Efendimizin kentine gelir gelmez, bütün Türkler gibi Ravza-i Mutahhara'da almıştı soluğu, Muhammed'in kabrini ziyaretten amacı Allah'ın elçisinden herhangi bir şefaat dilemek değildi belki, ama

Vehhabiler tarafından böyle algılanmış ve hiç de iyi karşılanmamıştı. Ellerinden gelse, hilafet makamında bulunan Osmanlı padişahına güçleri yetse, ziyarete bile kapatacaklardı Ravza-i Mutahhara'yı. Kör Kadı şikâyetini uygun bir biçimde şaire söylemiş, ne var ki Âkife eşlik eden Sürre-i Hümayun kesedarı Şeyh Salih Şerifin maaşını artırma önerisi karşısında yumuşayarak "Elhamdülillah hepimiz Müslüman'ız" demişti. Doğru, Araplar da Müslüman'dı Türkler de. Düvel-i Muazzama'ya karşı yürütülen bu kutsal savaşta, kâfirlerle yapılan her savaşta olduğu gibi, Türkler İslam'ın kılıcını kuşanmıştılar, Araplarsa kör inancı. Bu inanç, belki Kör Kadı gibi "kör" olduğundan sarsılmış, Arap paraya tamah etmeye başlamıştı. Peygamber'in ümmetine İngiliz altınının Osmanlı altınından daha tatlı geldiği, bağımsız devlet kurma vaatleriyle aldatıldıkları, pek yakında isyan edecekleri söyleniyordu. Kurnaz İngiliz, Müslüman'ı Müslüman'a kırdıracaktı demek. Âkif, bu olasılık nedeniyle gelmişti buralara dek, daha doğrusu Teşkilat-ı Mahsusa tarafından Arapları devlete sadık kalmaları için ikna etmeye gönderilmişti. "Arap'la Türk'ü ayırdık mı şöyle bir kere / Ne çarpınır kolu artık, ne çırpınır kanadı / Halifenin de kalır sâde bir sevimli adı" gibisinden safdil manzumeler de yazıyordu, ama dinleyen kim! Endişe yüreklere çöreklenmişti bir kere, herkes birbirinden şüpheleniyordu. Bir isyan bekleniyordu evet, peki o zaman Osmanlı kime karşı savunacaktı Kutsal Topraklar ile Kutsal Emanetler'i, Hacerü'l-Esved ile Mescid-i Nebi'yi ve adları bile kulağa hoş gelen Mekke-i Mükerreme ile Medine-i Münevvere'yi? Araplara karşı mı? Gerçekte onların değil miydi buralar, bu granit kayalar ile uçsuz bucaksız çöller, her biri birbirinden sabırlı, mağrur develer, üç peygamber ağırlamış bu dağlar, vahiy inen nurlu mağaralar? Yalnızca urban denilen çöl Bedevilerini değil, kentlerde yaşayan Arap tebaayı da aşağılıyordu Osmanlı yönetimi. İttihatçı subayların gözünde tümü çapulcuydu; bu keçi çobanları, bu çulsuzlar koskoca Devlet-i Âliye-i Osmaniye'yle nasıl baş edebilirlerdi ki! Besle kargayı oysun gözünü misali şimdi de İngiliz'le bir olup Osmanlı'yı arkadan vurma planları yapıyorlardı. Oysa Rahmi Bey biliyordu ki, payitahttan binlerce kilometre uzaktaki bu topraklarda jandarma ve şimendiferden başka Türk'ün fazla bir izi yoktu. Bir de İslam vardı elbet, ama Muhammed'in dini Allah ve peygamberine inanan herkese aitti, Kuran "apaçık ayetlerle" Arapça inmiş de olsa.

Rahmi Bey'in asıl görevi İkinci Kanal Seferi'ne katılmak üzere ellerindeki Bedevi kuvvetleriyle Medine'de bekleyen Şerif Hüseyin'in oğulları Faysal ve Ali beylerin gerçek niyetlerini öğrenmek, bir bakıma onları kazanmak, hiç olmazsa karşı tarafa geçmelerini önlemekti. Hele Cemal Paşa'nın kesip astıklarından sonra pek kolay olmayacaktı bölgeyi yatıştırmak. Yola çıkmadan birkaç gün önce, Harbiye Nezareti'nin şifre kaleminde görevli bir arkadaşından Âkifin "Necid Çöllerinden Medine'ye" adlı şiiri gelmişti. Neyse ki yalnızca emir ve raporlar gidip gelmiyordu Kudüs ile İstanbul arasında, bazen haberler şaka, dostluk ve şiir yüklü de olabiliyordu.

Şu ben ki... Her birinin ayrı ayrı kardeşiyim
Ezelde kaynaşan ervâha ayrılık var mı?
Cihan yıkılsa bu vahdet yerinden oynar mı?
Olunca minberimiz, arşımız, Huda'mız bir;
Benim de beklediğim nûr onun da gayesidir

diye yazıyordu Âkif. Yine coşmuş, Türk-Arap dostluğunu övmeye başlamıştı. Oysa cihan sarsılıyordu işte, o vahdet değil yerinden oynamak, İslam'ın üzerine yıkılabilirdi çok geçmeden. Hudası bir Türk-Arap vahdeti yerinden oynamak bir yana, çatır çatır yok olup gideceğe benziyordu. Âkif'in deyişiyle "O güzel sine, o çöl şimdi ne korkunç oluyor / Bir cehennem ki uzanmış, dili çıkmış soluyor!" diye geçiriyordu içinden Rahmi Bey ve El Muazzam'dan sonra pencereden akıp giden ıssız manzara ona susuzluktan her an saldırmaya hazır bir kuduz köpek gibi görünüyordu. Saldırmak için pusuda bekleyen köpekler miydi gerçekten, yoksa söylemeye dili varmıyordu ama, keçi çobanı mürtet Bedeviler mi? Her an bir tepenin ardından çıkabilirlerdi. Onları İngiliz istihbaratından Lawrence adlı hergelenin kıçının üstüne oturmaya vakit bile bulamadan sabırla, keyifle, şehvetle eğittiğini biliyordu.

Derken taşlık bir bölgeye girdiler, karşıdan güneşte yanan çıplak tepeler göründü. Muhit istasyonunu da geçtikten sonra iyice yaklaştı tepeler, tek tük hurma ağaçları ile düz ova başladı. Tren Medine'ye girerken Rahmi Bey'in kafasında dönüp duran düşünceler, parça bölük anımsadığı Âkif'in şiirleri de dahil, bir anda silindi. Biri bodur, üçü ince, uzun ve süslü minarelerin ortasındaki yeşil kubbesiyle Mescid-i Nebi görünmüştü. Yalnızca ona, kubbenin altında yatan Muhammed'e yöneldi düşüncesi, yorgun bedeninde bir gevşeme, tatlı bir huzur duydu. Medine istasyonunun kumtaşından yapılmış duvarları ile direkli sütunlarını fark etmedi bile. Hurma ağaçlarından gelen serinliği de. Kutsal kente ayak basar basmaz Peygamber'in kabrini ziyaret etmek olmalıydı ilk işi. Ama yine evdeki hesap çarşıya uymadı.

Medine komutanı Fahreddin Paşa iri cüsseli, şişman, sarı bıyıklarına ak düşmüş bir kumandan, insanı ilk bakışta etkileyen, inatçılığıyla ünlü bir Osmanlı paşasıydı. Rahmi Bey onun Peygamber'e aşırı düşkünlüğünü biliyordu. Daha ayağının tozuyla, eşyalarını kışlaya bırakmadan, Ravza-ı Mutahhara'ya gitmek için izin istedi. Paşa bıyıklarını okşayıp düşündü bir an, sonra sözcükleri ağzında tespih çeker gibi tane tane yuvarlayarak:

– Aceleniz ne Rahmi Bey, dedi. Önce Kudüs'te ne var ne yok bir anlatın bakalım. Sonra bir fırsatını bulur Peygamber Efendimizi birlikte ziyaret ederiz.

Bir Osmanlı paşasına pek de yakışmayan, hurma çekirdeğinden yapılmış doksan dokuzluk tespihi vardı elinde. Allah'ın doksan dokuz adını da biliyor, her tanede birini zikrederek moral mi tazeliyordu acaba, yoksa koskoca Osmanlı Devleti'ni yöneten üç laik İttihatçı'ya karşı tavır koymak için mi böyle davranıyordu?

Fahreddin Paşa'nın birlikte kabir ziyareti önerisi hiçbir zaman gerçekleşmeyecekti. Ertesi gün, 10 haziranda isyan haberi geldi, Mekke bir ay bile dayanamadan 9 temmuz 1916'da düştü. Medine kuşatıldı, ama teslim olmadı, Türkler, Rahmi Bey de içlerinde, dini bütün çöl kaplanı Fahreddin Paşa'nın kumandasında Peygamber'in kentini kahramanca savundular. Öyle ki karşı saldırıya geçtikleri bile oldu. Lawrence ve Şerif Hüseyin'in oğulları Ali ile Faysal'ın emrindeki Bedeviler, aralarındaki urban denilen yağmacılarla Hicaz Demiryolu'nu defalarca kundakladılar, istasyonları ateşe verdiler, ne var ki uzun süre Medine'nin dışarıyla bağlantısını kesemediler. İsyandan hemen sonra asilerin ordugâhına düzenlenen harekâtta Rahmi Bey de vardı. "Bu kez kelle koltukta savaşacağız" diye düşünüyordu. Ali Kuyusu denilen yerde kanlı bir çatışmaya girmişler, düşmanı püskürtmeyi başarmışlardı. Araplar düşmandı artık. Gerçi devlete sadık kabileler de vardı, ama isyan tüm Arabistan'a yayılmış, bir yandan İngiliz'le de savaşan Osmanlı iki ateş arasında kalmıştı. Tıpkı Rahmi Bey gibi. Mehmed Âkif gibi. "Medeniyet dediğin tek dişi kalmış canavar"ın ordularını yenmek pek kolay olmasa da yermek kolaydı, hatta tüm Müslümanlar için şarttı. Peki ya Arapları? Onların durumu anlaşılır gibi değildi. Kandırıldıkları, devleti arkadan hançerledikleri söyleniyordu, ama Rahmi Bey'in içinde giderek bir kuşku büyüyor, isyanın siyasal nedenlerini de anlamaya çabalıyordu. Cemal Paşa'nın idam ettirdikleri aklından çıkmıyordu bir türlü. "Ben sallanacağıma bayrak sallansın!" sözü de. Ateş hattında Arap süvarilerin hep bir ağızdan "Ben sallanacağıma bayrak sallansın!" diye bağırdıklarını duyar gibi oluyor, isteksiz savaşıyordu. Daha görevine başlamadan patlak veren bu isyana da lanet okuyordu tabii. İsyanla savaşıyordu sanki, Müslümanlarla değil.

Çok güç koşullarda savunma yapıyorlardı. Sıcak bir yana, demiryoluna yapılan sürekli sabotajlar yüzünden iaşe sıkıntısı baş göstermişti. Hurmadan başka yiyecek kalmamış, keşif ve çatışmalarda şehit olmayan erat iskorbüt hastalığından kırılmaya başlamış, su stokları azalmıştı. Dört bir yandan kuşatılmıştılar. Gerçi asilerin Medine'ye saldırıp kenti ele geçirecek güçleri yoktu, ama kuşatmayı sürdürerek Türkleri ve kapana kıstırılmış fareler gibi kentte bekleyen halkı yıldıracak sabırları vardı. Ve silahları, altınları, başlarında Lawrence gibi çok kurnaz, çok akıllı, emrindeki Bedevilerin sevgisini kazanmış, çok dayanıklı ve yakışıklı, genç bir kumandan. Bir casus. Evet, Türklerin gözünde tehlikeli bir istihbarat subayı, bir casustu Lawrence, Araplar içinse bir kahraman.

Sur dışında, kente birkaç kilometre uzaktaki Cehennem Dağı'nda bir mevziiyi savunurken yaralandı Rahmi Bey. Keşif müfrezesiyle yine Ali Kuyusu denilen mevkie gelmişlerdi ki, üzerlerine dağın kayalık yamacından çapraz ateş açıldı. Açıktaydılar. Siper almadan hemen karşılık verdiler, zaten çatışma çok uzun sürmedi. Her iki taraf da yorgundu çünkü, susuzluktan dilleri damaklarına yapışmıştı. Gerçi mataralarında su vardı, ama sıcaktan kaynadığı için içilmez durumdaydı. Ali Kuyusu'nu mutlaka tutmak istemelerinin nedeni de buydu. Kuyunun suyu çamurluydu biraz, içinden börtü böcek hiç eksik olmazdı, ne var ki serindi. Burada su ne kadar serin olabilirse tabii, yani imamın aptes suyu kadar ılık. Rahmi Bey böyle düşünmekle günaha girdiği kanısında değildi, savaşırken düşünceleri tek bir şey üzerinde yoğunlaşıyordu zaten; hayatta kalmak. Asilere de bu amaçla karşılık veriyordu, onları püskürtüp zafer kazanmak için değil. Her neyse, savaştan, öldürüp ölmekten olmasa da sudan biraz anlardı. Turgutlu'nun karpuz kaldıranından, değişik adları, birbirinden güzel tatlarıyla insana yaşama sevinci ve şükran duygusu veren o canım İstanbul sularından, Manisa'nın Ağlayan Kaya'sı, Hacırahmanlı'nın Ceylan Pınarı'ndan. Ali Kuyusu'nun suyu da, bu yoklukta, adı üstünde bu Cehennem Dağı'nın cehenneminde, süzüp de kırbaya doldurdun mu şekerden tatlı Nil suyu kadar olmasa bile, içilebiliyordu. Ama kana kana değil, yudum

yudum, boş mideye zarar vermeden. Allah'ın Medinesi'nde Taşdelen içecek halleri yoktu ya.

Rahmi Bey onu da içemedi. Bir şarapnel mermisi sol omzunu parçaladığında sarsıldı, asilerin siper aldığı kayalardan biriyle kucaklaştığını sandı önce, sonra tepesinde gökyüzü fır dönerken güneş karardı. Kendine geldiğinde sedyedeydi, su diye inlediğinin farkındaydı o kadar ve sıhhiye eri birbirine sımsıkı yapışmış dudaklarında ıslak bez gezdirmekle yetiniyor, bir damla su vermiyordu. "Kelle koltukta savaşıyoruz" diye düşündü yeniden. Ve nedense aklı çamurlu suyunu bile içemediği Ali Kuyusu'na gitti. Bu kelle konusu, kellesini koltuğuna alıp cephe cephe dolaşan askerin hayali, zihnini kemirmeye başlamıştı. Omzunda korkunç bir sızı duyuyordu, ama çok şükür kafası yerindeydi. Kolları ile bacakları da. Oysa Medine'de Muhammed'in meclisine gelip dert yanan kesik baş, adı üstünde gövdesiz bir insana aitti. Birden anımsadı. Darülfünun çıkışı Beyazıt Meydanı'nda mısır satan kör kadından satın almıştı o kitabı. Güvercinlere atsınlar, atıp da sevaba girsinler diye mısır taneleri satan kadının sandığında eski kitaplar da olurdu. Taş baskısı hikâyeler, kahramanlık destanları, birkaç *Kerem ile Aslı, Ferhat ile Şirin,* ve *Hazret-i Ali'nin Cenkleri.* Savaş ile aşk hep bir aradaydı nasılsa, yapışık ikizler gibi.

Muhammed'in meclisine bir kesik baş geliyor. Yuvarlanarak secde ediyor Resulullah'ın önünde. Nasıl mı, bayağı, namazda secdeye varır gibi, alnını toprağa değdirip bir dua mırıldanarak. Sonra yaşlı gözlerle "Ya Resulullah" diyor, "gördüğün gibi, beni bir dev yedi, ancak kellemi kurtarabildim. Karımla çocuğumu da kuyuya attı. Hiç olmazsa onları çıkar, ben böyle kalmaya razıyım."

Muhammed kesik başın yanına Ali'yi veriyor, gidip çocukla kadını kurtarması için. Medine'den yola revan olup bu mevkie geliyorlar, buraya, Cehennem Dağı'nın yamacındaki bu kuyunun başına. Kesik baş önden, Ali belinde bin beş yüz kulaçlık kement sarılı olduğu halde arkadan, kuyuya iniyorlar. Kesik baş aşağıya ulaşıyor, ama Ali'nin kemendi yetmiyor. Bunun üzerine ipin ucunu bırakıp düşmeye başlıyor.

Rahmi Bey acıdan kıvranarak, susuzluktan bayılmak üzereyken, bu inişi, Ali'nin hızla kuyunun dibine doğru düşüşünü anlatan dizeleri anımsadı birden:

Yedi gün ü dün Ali iner idi
Ki başı ki ayağı döner idi
Ali namaz vaktini bilir idi
Göz ile namazın kılar idi.

Kendini kaybetmeden önce Rahmi Bey'in aklından belki bir daha hiç namaz kılamayacağı geçti. Ali ve kesik başla birlikte kuyuya düşmeye başladı. Dibe vardıklarında Ali'nin devi bir narayla uyandırarak savaşa davet edeceğini, sonra da Zülfikârı başına çalıp kesik başın çocuğuyla karısını kurtaracağını, sonunda hepsinin Müslüman olarak kelimei şahadet getireceklerini biliyordu. Bilmediği tek şey "Eşhedü en la ilahe illallah ve eşhedü enne Muhammeden Resulullah" derken kesik başın gözlerinden süzülen yaşların beyaz sakalını ıslattığıydı.

Öykünün tam da burasında ağlamaya başlardı deden. Üzüntüden değil, heyecandan. Belki de yaşlılıktan. Ya da kederden, nereden bilebilirsin ki! Sonra büyükannenin özenle ütülediği beyaz gömleğinin omzundan sarkan boş koluna bakardı. Sol kolu yoktu, Arabistan çöllerinde bırakmıştı onu, evet Hicaz yadigârıydı bu sakatlık. Neden-se buraya dek dedenin hem hacı hem gazi olduğunu söyledin de, Hicaz'da bir kolunu Arap'a kaptırdığını yazmaktan çekindin. Savaş anılarını çiziktirdiği defterde, kesik baş ile Ali'nin öyküsünü anlatırken, Cehennem Dağı'nda sedyenin üzerine yatmış eksik bir yanı var mı diye orasını burasını yokladığında kolları ile bacaklarının yerinde olduğunu fark edip sevindiğini yazmıştı. Ama Medine'de hastaneye götürüldüğünde, yalnızca omzunun değil sol kolunun da parçalanmış olduğunu gördü doktorlar ve hemen ameliyata aldılar. Ertesi gün sol kolu yoktu, neyse hayattaydı ya, başı da yerli yerinde; ama kelle koltukta savaşamazdı artık, namaz kılarken de kıyamda iki elini kulaklarının arkasına götürüp "Allahü ekber" diyemezdi, daha doğrusu derdi de, sağ eliyle yapmak zorundaydı bu hareketi, onu hep böyle gördüğün için senin açından bir sorun yoktu, dedenin sakatlığı sanki bir ayrıcalığıydı onun, Hicaz'da savaştığının kanıtıydı. Kanayan bir yara mıydı peki? Herhalde. Yara izi bile yoktu ki kabuk tutmuş olsun, hani ne derler, kol gitmiş yen içinde kalmıştı, değil açıp göstermesini istemek, bakmaya, yoklamaya bile cesaret edemezdin. O da göstermezdi zaten, belki utancından, belki seni korkutmamak için.

Şimdi düşündüğünde tuhaf şeyler geliyor aklına, tek koluyla mı sarılmıştı büyükannene, aptes alıp namaz kılmayı nasıl becerebilmişti, o eski Remington marka daktilosunun tuşlarına tek parmak vurarak mı hazırlamıştı dava dilekçelerini, savaş anılarını yazarken sol kolunu masaya dayama ihtiyacını hiç mi duymamıştı, teyzelerin, sonra da annen doğduğunda nasıl kucaklamıştı onları, İstanbul'a öğrenime yollarken arkalarından bir maşrapa suyu sağ eliyle döküp, olmayan sol elini şaşkınlıktan cebine koyar gibi mi yapmıştı? Sahi deden sol kolsuz nasıl yaşamıştı bunca yıl? Kolunun varmış gibi sızladığını söylerdi. Gövdenin bir parçasını vatan uğruna Medine çöllerinde bırakırsan sızlar elbet, hatta bir gün kesik baş gibi gelip senden hesap da sorar, ne işin vardı oralarda diye. "Arabistan vatanın mıydı senin, asi diye öldürdüğün Bedeviler din kardeşlerin değil miydi?" der. Sen de "Bir kolum gitmiş çok mu? Kaç kişi canını feda etti vatan uğruna" diyecekken susar kalır, onların da silah arkadaşlarını esir aldıklarında altın aramak için karınlarını deştiklerini bile söyleyemezsin. Yakıp yıktığınız çadırları, söndürdüğünüz ocakları, hurma ağaçlarına astıklarınızı anlatamayacağın gibi, çünkü savaş böyledir, sen görmedin, ama deden gördü bunları, üşenmeden oturup yazdı. Sana burada, şu sıra ülkende yükselen milliyetçiliğe inat, bu vahşeti aktarmak düşüyor o kadar.

Radyolu odaya akşam inerdi. Akşam yavaşça, sıcak yaz boyunca uzayıp giden günlerin bitiminde can çekişmeye başlayan aydınlıktan sıyrılıp perde perde inerdi. Bağdaş kurup oturduğu pöstekinin üzerinden uzanıp radyoyu açardı deden. Tam ajans vaktinde. Radyo elifi elifine o saatte açılır, haberler dinlendikten sonra, ertesi akşam yine aynı saate dek kapatılırdı. Bu kocaman, içinde ampuller yanan aletin nasıl olup da konuştuğuna akıl erdiremezdin bir türlü. Arkasında biri gizleniyordu belki, belki ses yan odada konuşan birinin sesiydi, kutunun içinden değil yan odadan geliyordu ya da Allah'ın sayısız mucizelerinden biriydi bu ağzı dili olmayan tahta kutunun konuşması. Menderes hükümetinin Kore'ye asker gönderdiği yıllardı, hayal meyal anımsıyorsun. Yine hamasi bir vatan söylemi almış başını gidiyordu. Seni pek ilgilendirmeyen bir yığın söz. NATO, Amerika, Başvekil Adnan Menderes, Mehmetçik, şehitlerimiz... Yalnızca bu son iki sözcüğe aşinaydın, onları dedenin ağzından defalarca duymuştun çünkü, ama Kore'nin nerede olduğundan haberin bile yoktu. Oraya asker gönderildiğini, deden nasıl kolunu Arabistan çöllerinde bıraktıysa Mehmetçik'e bu kez de Muson ormanlarının mezar olacağını bilemezdin. Marşlar çalınırdı, "Tuna Nehri akmam diyor"la başlayıp "Ey gaziler"le devam eden marşlar. Ve annelerin, hayatta başka amaçları yokmuş gibi, çocuklarını savaşa göndermek için doğurdukları söylenirdi. Şimdi bile ezberinde, çünkü sen de askerdeyken söyledin aynı zırvaları: "Annem beni yetiştirdi, bu ocağa yolladı / Al sancağı teslim etti, Allah'a ısmarladı / Boş oturma çalış dedi, hizmet eyle vatana / Sütüm sana helal olmaz, saldırmazsan düşmana."

Savaş haberlerini hiç kaçırmazdı deden, çocukluğu Bulgar ve Sırp vahşetinin öykülerini dinlemekle geçmiş büyükannenin "Sonumuzu sen hayır eyle yarabbi!" diyerek iç çekişine duyulur duyulmaz bir "Amin!"le karşılık verirdi o kadar. Sonra dalar giderdi. Kanal Seferi'ni mi düşünürdü yoksa Cehennem Dağı'nda başına gelenleri mi? Halet mi gelirdi aklına, "Plevne'den çıkmam diyen şanı büyük Osman Paşa" gibi Medine'den çıkmam diyerek askeri çöllerde kırdıran Fahreddin Paşa'nın pomatlı, sarı bıyıkları mı yoksa? Bunu hiçbir zaman bilemeyeceksin. Çünkü bir gün olsun yakındığını ya da övündüğünü duymadın. İç geçirirdi arada bir, kimseye rahatsızlık vermeden "Lâhavle velâ kuvvete illâ billah" diye mırıldandığı da olurdu, ne demekse. Bu Arapça cümle de dedenin söylediği gibi kalsın, Türkçe karşılığını bulmaya kalkışma artık. Hem her işini sağ koluyla görmeye öyle çabuk alışmıştı ki. Büyükannen "Ben dedeni sakat diye beğenmediydim" diye anlatırdı. "Başka taliplerim de vardı. Ama anlı şanlı bir gaziydi. Hacıydı, üstelik âlimdi. Peygamber Efendimizin buyurdukları gibi ilmi, Çin'de bile olsa gidip bulmaya hazırdı. Mısır'ı fethedemeden döndüğüne bakma, Ravza-ı Mutahhara'yı ziyaret etmişti ya!"

Ciddi miydi, yoksa hafiften dalgasını mı geçerdi dedenle, pek anlamazdın. "Sonra kendi kendime dedim ki, sol omzu savaşta parçalandığına göre günah meleği de yoktur. En iyisi ben bu adamla evleneyim." İşte o zaman hep birlikte gülmeye başlardınız. Ne güzel günlerdi, savaştan, ölümden, kederden uzak. Kopan kollardan, yanan canlardan, kesik başlardan uzak o radyolu odada. Ölüm Kore'de, Cezayir'de, hatta yeniden Süveyş'te kol geziyor, ama size artık ulaşmıyordu.

Akşam Sipil Dağı'ndan sessizce iner, ışıklar yanardı. Deden komut verir gibi "Nurhayat şavkı yak artık!" derdi. Emir vermeye alışmamış kocasına sevecenlikle bakardı büyükannen. Cephe dönüşü onu istemeye cüret eden tek kollu bir ihtiyat zabitini mi düşünürdü o onda, yoksa gerdek gecesi sağ eliyle peçesini kaldıran o çekingen, dindar, bilgili genç adamı mı? Aralarında hâlâ sevgi ve saygı, derin bir bağlılık vardı. Kızlarının üçü de yetişkindiler, ama tek torunları sendin. Bu nedenle deden yanından ayırmazdı seni, camiye götürürken de sevaba giresin diye değil İslam'ı öğrenmen için götürürdü, şimdi bunu daha iyi anlıyorsun, ümidi sendeydi çünkü, torunu büyüyüp adam olunca, hatta "büyüyünce ne olacaksın?" diye soranlara verdiği cevaptaki gibi "her adam olduğunda" okuyacaktı kitaplarını, yarım kalan Kuran mealini belki de o tamamlayacaktı. Hiç olmazsa evrak-ı metrukesi arasından çıkacak savaş günlüğünü bulup saklayacak, kendi okuyamasa bile birini bulup okutacaktı. Deden seni, bir yanılsama olduğunu bilse de kendi ölümsüzlüğünün, öteki dünyaya inandığı için bu dünyadaki geçici varlığının tek uzantısı olarak görüyor, kuşkusuz bu nedenle üzerine titriyordu.

* * *

Hastanede kaldığı süre içinde neredeyse hiç uyumadı Rahmi Bey. Oysa geceler serin oluyordu. Günbatımından hemen sonra, daha ayaz çıkmadan yavaşça kararıyordu hava, kışlaya derin bir sessizlik çöküyordu. Belki bu sessizlik yüzünden kaçıyordu uykusu, çünkü o zaman yaralıların inleyişleri, karanlıkta haykırışları daha çok duyuluyordu. Kiminin bacağı kopmuştu kiminin kolu. Kendini bilmez bir zıpırın deyimiyle "kısaltılmıştılar". Başında kanlı sargı bezleri olanlar da vardı, yatalaklar, yerinden hiç kalkamayanlar da. İki gözünü hatta iki eliyle iki bacağını birden yitirenler, sağır ve kötürümler. Yirmi yaşında ya var ya yoktular. Ve hayat önlerindeydi. Bundan böyle nasıl yaşayacaklarını, kim bilir nerede, ne zaman bitireceklerini bilmedikleri, kâbusa dönüşen bir hayat.

Gelecekten korkusu yoktu Rahmi Bey'in, İstanbul'a döndüğünde bekleyeni de. Ama yaralıların çoğu nişanlı ya da evliydiler. Sevdiklerini bırakmışlardı köylerinde, sılaya kavuşacakları günü sabırsızlıkla bekliyorlardı. Beklerken de endişeyle dönüp duruyorlardı yataklarında. Sevdikleri onları böyle sakat görünce bağırlarına basacaklar mıydı bakalım? Yoksa bir zaman sonra, kahramanlıklarını, gazi olduklarını unutup bir köşede yalnızlığa mı terk edeceklerdi? Peki neyle geçinecek, nasıl iş tutacaklardı? Malul gazi maaşları yetecek miydi karınlarını doyurmaya? Yoksa artık görmeyen gözlerini, tutmayan ellerini, omuzdan sarkan bir et parçasından ibaret kollarını sergileyip dilenecekler miydi? Dilenmeseler de koltuk değnekleriyle kahveye kadar gidebilecekler miydi? Rahmi Bey'in aklından bu tür düşünceler geçmiyordu neyse ki, tuzu kuruydu onun, Hacırahmanlı'da toprakları vardı. Hem tahsilliydi, hukuk okumuştu. Yargıç ya da avukat olabilirdi ilerde, mesleğini tek kolla da yapabilirdi.

Rahmi Bey'in aklından geçenler başkaydı. Bu coğrafyada, geçmişte bu topraklarda olup bitenleri düşünüyordu. Sol omzu sızladıkça Bedir Savaşı geliyordu aklına. İslam adına ilk şehitlerin verildiği, akrabalar, kardeşler arasında ilk kez kan döküldüğü ve bütün bunların ayet-i kerimelerle desteklendiği o korkunç savaş. Aslında Müslüman ordusu hepi topu üç yüz kişiden ibaretti, müşrikler ise bin kadardılar Bir ara elinden düşmeyen Ahmed Cevdet'in *Kısas-ı Enbiya*'sından anımsıyordu. Şimdiki gibi büyük ordular ağır silahlarıyla savaşmamışlardı o zaman, milyonlar telef olmamıştı. Yine de Bedir'in ayrıntıları bir efsane gibi kuşaktan kuşağa anlatılarak bugüne dek gelmişti. Evet, sayıları çok azdı Müslümanların, binek hayvanları da öyle. Üç atları, yetmiş develeri vardı. Nöbetle biniyorlardı develere, Muhammed, Ali ve Zeyd de tek bir deveyle yetinmek durumundaydılar. Müşrikleri kışkırtan Ebu Cehl'di, öte yandan Mekke kervanına saldırı planları düzenleyen de Muhammed'in ta kendisi.

Rahmi Bey geceleyin, hastane koğuşuna çöken karanlıkla birlikte bir kuyu başında hayal ediyordu Peygamber'i. Zafer için Allah'a yalvarıp yakarıyor, sonra da hurma yapraklarından hazırlanmış gölgeliğe girip derin bir uykuya dalıyordu. Uykusunda Cebrail'den alıyordu zafer müjdesini. O da at binip kılıç kuşanmış, Allah'ın diğer melekleriyle saf tutmuştu. Cebrail bile savaştığına göre Allah'ın elçisinin savaşması doğaldı. Rahmi Bey yine de zırh giyip kılıç kuşanmayı yakıştıramıyordu Peygamber'e. İçinden bir ses, kuşkusuz şeytanın ta kendisi, bu işte bir yanlışlık olması gerektiğini kulağına fısıldıyordu. Sahabe'nin tanıklığına bakılırsa o örnek insan, o yakışıklı, yumuşak Muhammed, ayakları şişene dek rükûda duran, secdeye vardığında ağlayan, gece herkes uykudayken teheccüd namazına kalkan Peygamber müşrik de olsalar en yakın akrabalarını nasıl öldürebilirdi? Neden olmasın? İlk Müslümanlar Allah adına savaşmışlardı, oysa şimdi kendi aralarında boğazlıyorlardı birbirlerini. Nasıl Ebu Cehl Kureyş'i Muhammed'e karşı kışkırtmışsa Lawrence casusu da Arapları Osmanlı'ya karşı kışkırtıyordu.

Rahmi Bey'in hayalinde Peygamber'in saçıyla sakalına, ak düşmüştü, ama hâlâ dinç, hâlâ güçlü kuvvetliydi. Mağrur bir kumandan edasıyla teftiş ediyordu askerlerini. Onlara şehit düşerlerse cennet, gazi olurlarsa ganimet vaat ediyordu. Ve Müslümanlar ile müşrikler kıran kırana savaşırken, havada kelleler uçar kol ve bacaklar kesilirken yılmıyor, korkmuyor, umudunu kaybetmiyordu. Cebrail'i görmüş, Allah'ın melekleriyle Müslümanların yanında saf tutacağı, onları muzaffer kılacağı kendisine önceden bildirilmişti. "Ben kâfirlerin kalplerine korku salacağım, onların boyunlarını vurun, parmaklarını doğrayın!" demişti Allah. Demek ki öldürmeye izin vardı, kesip doğramaya, kan dökmeye de. Rahmi Bey "Onları siz öldürmediniz Allah öldürdü" diye mırıldansa da Kuran'daki bu ve benzeri ayetleri sorgulamak geçiyordu içinden, sonra pişman olup tövbe ediyordu. En iyisini, en doğrusunu kul değil, peygamber de değil, Allah bilebilirdi ancak. O her şeyi gören, işiten, kalplerdekini dahi bilen değil miydi? Öldür dediyse öldürecek, doğra dediyse doğrayacaksın. Kendileri de böyle yapmış, halife cihad-ı mukaddes ilan edince buralara dek gelmiş, öldürüp ölmüşler, kolları ile bacaklarını Hicaz çöllerine gömmüşlerdi. Rahmi Bey bu düşünceleri zihninden kovmaya çalışırken daha beterleri çullanıyordu üzerine.

Bedir Savaşı'nın en korkunç, en kanlı sahneleri bir zamanlar okumaya doyamadığı eski İslam kaynaklarından çıkıp teker teker, sanki bütün bunlar daha dün olup bitmiş, aradan yüzyıllar geçmemiş gibi canlanıyordu hayalinde. Kureyş saflarından Şeybe, Utbe ve onun oğlu Velid öne çıkıp Müslümanlara meydan okuyor, Hamza, Ali ve Ubeyde'yle teke tek kapışıyorlardı. Ali Zülfikâr'ı Velid'in kafasına ilk çalışta kellesini uçuruyordu, Hamza da Utbe'nin. Ubeyde ise, ilerlemiş yaşına rağmen Şeybe'ye saldırıyor, ne var ki baldırından yediği kılıç darbesiyle yere yıkılıyor, Ali ile Hamza Şeybe'nin işini bitirdikten sonra silah arkadaşlarını Peygamber'in yanına götürüyorlar, Ubeyde cennet vaadiyle gülümseyerek Muhammed'in kucağında can veriyordu. Mekke'nin gözü pek savaşçılarından Mübid, Ebu Cehil'in kışkırtmasıyla muhacirlerden Ebu Decen'e saldırıp yere yıkıyor, Decen kalkanıyla kendini koruyarak ayağa kalkmayı başarıyor, geri geri giden hasmının bir çukura düştüğünü görünce üzerine çullanıp onu boğazlıyor, kanla dolu çukurda bir süre soluklandıktan sonra başka kelleler kesmek üzere ileriye atılıyordu. Susuzluktan dili damağına yapışan Esved'e gelince, bir yudum su uğruna önce sağ bacağından sonra canından oluyordu. Esved Müslümanların koruduğu kuyuya kadar yalınkılıç ilerlemiş, Hamza'nın vurduğu bir kılıç darbesiyle bacağını kaybetmiş, sürünerek suya dek ulaşıp içtikten sonra peşinden yetişen Hamza'nın ikinci darbesiyle cehennemi boylamıştı. Orada su değil irin içecekti artık, hem de sonsuza dek.

Bedir kahramanlarından Muaz'ın öyküsünü düşündükçe sol omzunun daha derinden sızladığını hissediyordu Rahmi Bey ve acıdan yüzü buruşuyor, gözleri kayıyordu. Yenilgiye uğrayan Kureyşliler kaçarken Avf'ın kardeşi Muaz, Ebu Cehl'i yere düşürmüş, babasını korumakla görevli İkrime de Muaz'ı omzundan yaralamıştı. Muaz savaşa devam ederken yaralı kolunun kopmak üzere olduğunu görünce onu ayağının altına koyarak kendini yukarıya doğru çekip kolunu koparmış, Ebu Cehl'in hakkından geldikten sonra öldürülene dek savaşmıştı. Daha ne olsun, yiğitlik yaşta değil, başta da değil, inançta değil miydi? Mademki savaş, hoş bir şey olmasa da, farz kılınmış, "Sizinle savaşanlarla Allah yolunda savaşın, onları bulduğunuz yerde öldürün" denilmişti.

Kol gitmişti artık, Rahmi Bey bedeninde bir eksiklik hissediyordu elbette, ama uzvunun yokluğuna çabuk alışacağını sanıyordu. Oysa hiç de öyle olmadı. Sol kolu varmış gibi davranıyor, en çok da aptes alırken zorlanıyor, iki eliyle yüzünü yıkayıp ağız ve kulaklarının içini çalkaladığı günleri özlemle anıyordu. Ve bir kez daha Allah'ın insanoğluna neden iki bacak, iki kol, hatta iki kulak ve iki göz verdiğinin farkına varıyordu. Tuhaf sorular takılıyordu aklına. Duyma, işitme, görme, dokunma uzuvları neden iki taneydi de koklamaya yarayan burun tekti. Hem yalnızca koklamak için değildi ki burun, soluk almak, ciğerleri havayla doldurup kanı temizlemek, kısacası yaşamak için de gerekliydi. Ya burnu kesilseydi, o şarapnel parçası sol kolunu değil de burnunu alıp götürseydi yaşayabilir miydi acaba? Bir zamanlar elleri kesilen hırsızlar ile gözlerine mil çekilen prensleri, burnu koparılan kralları anımsıyordu. Onlar yaşadığına göre kendisi de yaşardı elbet, ama nereden nefes alırdı, ağzından mı kıçından mı yoksa? Yerkürede bir dönem, insan yaratılıp halk olmadan önce kıçından nefes alan yaratıklar da var mıydı acaba? Onlar da insanlar, hayvanlar, her türlü canlı mahlukat gibi yaşayıp ölmüşler miydi evrende? Türleri ne zaman ve nasıl, neden tükenmişti? Allah bilir diye geçiriyordu içinden, en doğrusunu, en hayırlısını yine Allah bilir. Muhammed de böyle yanıtlamıyor muydu kendisine sorulan soruları? Ama vahiy indiğinde, Allah onun ağzından "Sana sorarlar. De ki..." diye konuşmaya başladığında evrenin sırları da tek tek çözülmeye başlıyordu.

Musa kendisine peygamberlik verilmeden önce bir adam öldürüp katil olmuştu. Ya Muhammed? O da zırh giymiş, kılıç kuşanıp ok atmış, kan dökmüştü. Güçlenince tektanrı inancını zorla dayatmıştı kâfirlere. Onu yerinden yurdundan edenlere karşı güç kullanmış, kervanlarını basıp mallarını yağmalamıştı. Âkif'in "Bedr'in arslanları" dediği inançlı Müslümanlar mıydı gerçekten, yoksa yağmacılar mı? Galiba her ikisi de. Ganimet haklarıydı. Ama Muhammed'in azılı düşmanı Ebu Cehl'in gözünde, ellerinden ölümü kabul etmenin bile onursuzluk sayılacağı sıradan çiftçiler, hatta koyun çobanlarıydı. Son nefesini vermeden önce Mesud oğlu Abdullah'a "Ey koyun çobanı" diye seslenmişti, "görmeyeli epey yol almışsın. Hadi vur bakalım. Vur da canını al efendinin!" Sonra miğferini çıkarıp başını uzatmış, Abdullah da zaten can çekişen Ebu Cehl'in ensesine kılıcını indirmişti. Mekkeli müşrikler içinde en büyük başlı olanıydı; ufak tefek, çelimsiz Abdullah'ın Ebu Cehl'in kocaman kellesini yüklenip Peygamber'e sunması başlı başına bir olaydı belki, ama herhalde övünç nedeni olamazdı.

Ne büyüksün ki kanın kurtarıyor Tevhid'i
Bedr'in arslanları ancak, bu kadar şanlı idi

Âkif, Medine yolunda bu dizeleri yazdığında savaş olanca şiddetiyle sürüyordu tüm cephelerde, ama Hicaz sakindi. Müslüman Müslüman'a silah çekmemişti daha. Şair'in övdüğü asker Çanakkale'de düşmana geçit vermeyerek payitahtı, dolayısıyla hilafeti kurtarmıştı. Peki ya Bedr'de savaşanlar? Onların Tevhid'i kurtarmak için değil Mekke'ye dönen kervanı yağmalamak, ganimetten pay almak amacıyla bu işe giriştiklerini, içlerinden bazılarının sırf şehit olup cennete gidebilmek için öldüklerini biliyordu Rahmi Bey, ama bu gerçeği kendine bile itiraf etmeye dili varmıyordu. Hazrec kabilesinden Hümam'ın oğlu Ümeyr örneğin, Bedr'de ölenlerin dosdoğru cennete gittiklerini duyar duymaz yemekte olduğu bir avuç hurmayı yere atmış, coşkulu şiirler söyleyerek düşman saflarına dalmış, kesici silahla şehit edilen ilk Müslüman olma mertebesine erişmişti. Avf da, kolayca şehit düşebilmek için zırhını çıkarıp saldırmıştı düşmana. Ve ecel şerbetini bir akrabasının elinden içmişti. Kıran kırana bir savaş olmuştu vesselam ve sonunda Muhammed'in teyzelerinden Abdulmuttalib kızı Atike'nin gördüğü rüya doğru çıkmış, dünya Mekkeli müşriklere zindan olmuştu. Zafer Müslümanlarındı. Tutsaklar için ödenecek fidye ile ganimet de.

"O zamandan bu yana ganimet için yapmayacakları şey yok bu Arapların" diye düşünüyordu Rahmi Bey. "Boşuna dememişler 'Ne Şam'ın şekeri ne Arap'ın yüzü' diye." Sonra kolunu, hiç değilse Peygamber'in ümmetine kurban verdiğini düşünüp teselli buluyor, hatta düşmana, yani Araplara merhamet duygularıyla karışık gizli bir sevgi bile besliyordu. Pek iyi savaşçı oldukları söylenemezdi. Kuşkusuz bu nedenle acıyordu onlara ve neden Muhammed'in "Tanışmak istediğim tek şair Antere"dir derken neyi kastettiğini anlıyordu.

Bir Habeş cariyeden doğma bu savaşçı şairin "Ağribetü'l-Arab" yani "Arap Kargası" denilen bir zenci olduğunu, masallardaki gibi "bir dudağı yerde ötekisi gökte" dolaştığını, yalnızca düşmanlarına değil baştan çıkarmak istediği genç kadınların kocalarına da aman vermediğini biliyordu. Kargısıyla onların boyunlarında açtığı yaradan fışkıran kanı, en sağlam zırhı bile parçalayarak kemiğe dayanan kılıcın çıkardığı sesi, kesilen kelleler ile deşilen gövdeleri betimlemekte üzerine yoktu. Hasımlarında açtığı yaralar "kova ağzı" kadar genişti ve cesetlerinde kuruyan kan "kırmızı çivitotu" rengindeydi, kana gelen aç kurtlarsa karanlık gecede kapkaraydılar. Ölümden korkmadığını söylüyordu cengâver şair, ne de olsa onu öldürecek olanların babalarını yırtıcı hayvanlar ile akbabalara lokma yapmış, "boğumları sert, güzelce doğrultulmuş ve düzeltilmiş mızrağı sokmakta" onlardan önce davranmıştı. Sevgilisi yumuşak döşeklerde uyurken "kalın bacaklı, kalın kemikli, adaleli, iki yanı şişkin ve kolan yeri semiz" atının eğeriydi onun yatağı. O da, İmruü'l-Kays gibi atı ile devesine âşıktı. Bir de özgürlüğüne. Rahmi Bey Muhammed'in bu şaire cengâverliğinden dolayı değil "Karnım belime yapışmış da olsa minnetten azade bir lokma buluncaya dek aç yatar aç kalkarım" dediği için hayranlık duyduğunu biliyordu, ama nedense hep şiddet görüntüleri canlanıyordu gözünde. Ve Peygamber'in hayalini bu görüntülerden uzak tutmak için boşuna çabalıyordu. Bedir'de olan bitenler kolunu kaybettiği çarpışmayla orantılı olarak bir türlü çıkmıyordu aklından. Kimi zaman yaralıların inleyişleri boğuk çığlıklara, yüreğe korku salan feryatlara, yakarıp yalvarmalara dönüşüyor, Tanrı'ya olan inancı sarsılıyordu. Hiçbiri hak etmemişti bunca acıyı, peş peşe gelen bütün bu felaketleri. Bu can pazarından yükselen canhıraş haykırışları.

Aklı Bedir'e gidiyordu yine, çünkü Bedir İslam'ın ilk savaşı, Tevhid'i kurtarmak şöyle dursun onu dayatmanın ilk aşamasıydı. Bundan böyle Allah'ın elçisine boyun eğip biat etmeyenlere hayat hakkı tanınmayacaktı. Peki ya inanç özgürlüğü ya kuşku duyanlar, O'na eş koşmasalar da Allah'ın birliğini inkâr edenler ya da bunu umursamayanlar, onların akıbeti ne olacaktı? Asıl bu sorulara bir yanıt bulmak gerekiyordu, evrenin ve yaratılışın sırlarına değil. O sırlar nasıl olsa hiçbir zaman çözülmeyecek, zaman geçip bilim ilerledikçe sırların sınırları da genişleyecekti. Sabah ezanı okunurken, gece boyunca zihnini yoran düşüncelerden bir an için kurtulup rahatladığını hissediyordu Rahmi Bey. Uykuya dalmadan önce Muhammed'i yalnızlığı ve o engin sabrıyla, sarsılmaz inancı ve inadıyla Mekke'de hayal ediyordu. Peygamber'in Hicret'ten önceki hayatı ona sanki daha ılımlı, çok daha sakin ve çekici geliyordu. Ya Medine? Dışarıda gün ağarır sabah olurken minarelerinden Allah'ın büyüklüğünü haykıran, aylardır Peygamber'in ümmetine, onun soyundan gelen asilere karşı savundukları bu kent? Medine'de bir kumandan, bir yasa koyucu, bir siyaset adamı olup çıkmıştı Peygamber, yalnızlığını, yetimliğini, kabilesinden dışlandığı, dağ taş demeden mecnun gibi dolaştığı günleri unutmuş, kendine yeni bir hayat kurup yeni işler ve eşler edinmişti.

Çekirge yağmuru

Rahmi Bey'in nekahet dönemi uzun sürmedi. Gençti, dayanıklıydı, savaştan fazla yıpranmamıştı bedeni, dolayısıyla çabuk iyileşti. Ve hastaneden çıkar çıkmaz ilk işi, bu kez Fahreddin Paşa'nın iznine de gerek duymadan, Ravza-i Mutahhara'yı ziyaret etmek oldu. Nasılsa çürüğe çıkmıştı artık. Ama kuşatma sürdüğünden memlekete dönmesi mümkün görünmüyordu.

Hava her zamanki gibi boğucuydu. Medine'nin dar sokaklarında yürürken nefes alamıyordu. Taş evler, kafesli pencereler üzerine yıkılacakmış gibi duruyorlardı. Sol kolunun yokluğuna alışamamıştı henüz. Adım atarken iki kolunu da sallamak istiyor, sonra birinin eksikliğini fark edince içi eziliyordu. Sakat zabiti görenler ona acıyarak bakıyorlardı. Bir deri bir kemik kalmış, çarşı ve sokaklarda ayak sürüyen, evlerin eşiklerinde uyuklayan Medine'nin Arap halkı aslında bu Osmanlı zabitini fazla yadırgamıyordu. Onların da arasında sakatlar, topallayarak çarşı pazar dolaşanlar, yarı çıplak dilenenler vardı. Arada bir ipek giysileri içinde eşraftan birilerine de rastlıyordu, ama gördüğü diz boyu yoksulluktu. Donsuz çocuklar, sıtmadan beti benzi atmış ihtiyarlar, kara çarşaflı zayıf, çok zayıf kadınlar. Türkler de vardı içlerinde ve yaralı, kendi gibi sakat, yorgun askerler. Bir yığın yıkıntıdan ibaretti Medine, ama Osmanlı onu yine de İngiliz gâvuruna ve asilere karşı savunmaya kararlıydı, kentin asıl sahibinin bu asiler olduğunu unutmuş görünerek. Hilafetin başkenti İstanbul'un adları, sıfatları olur da, Peygamber'in ve İslam'ın ilk halifelerinin kenti geri kalır mı? Ateşli hummayı çağrıştıran Yesrib adı Hicret'ten sonra yerini Medine'ye bıraktığından bu yana, burçlarında rengini şehitlerin kanından alan al yıldızlı Türk bayrağının dalgalandığı Medine, sur içindeki taş evler ile toprak damlı izbelerden ve daracık sokaklar ile çarşıdaki birkaç avuç içi kadar dükkândan ibaret de olsa, onu adlarının hatırı için bile savunmaya değerdi. Medinetü'n-Nebi'yi, Darü's-Selam'ı, Karyetü'l-Ensar'ı, El Mübareke'yi, Darü'l-Ebrar ve Kubbetü'l-İslam'ı savunuyordu Osmanlı, herhangi bir kenti değil. Zaten kuşatma başlar başlamaz Fahreddin Paşa'nın ilk işi, kentin bu son adından da anlaşılacağı gibi, İslam'ın kubbesi altında saklanan Kutsal Emanetler'i, Peygamber'in Sandukası hariç, İstanbul'a göndermek olmuştu. Listeyi hazırlayıp paşanın onayına sunmak da Rahmi Bey'e düşmüştü. Neler mi yangından mal kaçırır gibi gönderilmişti İstanbul'a? Rahmi Bey'in sayımına ve defterine yazdığına göre Osman bin Affan'ın, ceylan derisine elle yazılmış Kuran'ından Peygamber'in kılıcına, gümüş çerçeveli Hilye-i Şeriflerden pırlanta incili, mercan ya da amber tespihlere, altın kaplama Mushaflardan yakut ve pırlantalarla süslü kandil askılarına varıncaya dek paha biçilmez bir hazine.

Mescid-i Nebi'nin avlusu kalabalık değildi. Dünyanın dört bir yanından yollara düşüp buraya dek gelen mücavirlerin türbenin yanında yatıp kalktıklarını, ömürlerinin kalan kısmını burada, çölün ortasındaki bu kuytu avluda, sevgili peygamberlerinin huzurunda tamamladıklarını duymuştu. Minber ile kabir arasındaki bu yer Muhammed'in dediği gibi cennetten bir köşeye pek benzemiyordu. Mücavirlerden biri yağlı, yamalı, kefene benzer beyaz giysileriyle yanına yaklaşıp para istedi. Bir başkası sırtında taşıdığı kırbadan su satmaya kalkıştı. Rahmi Bey sadaka vermeyi sever, Müslümanlığın gereği sayardı, ama bu kez hiçbirine yüz vermedi. Bir an önce yeşil kubbeli türbenin içine girip Peygamber'in huzuruna varmak, yeşil sandukasına yüz sürüp şükranlarını sunmak istiyordu. Hayattaydı, midesi tamtakır da olsa aklı ve sağ kolu yerli yerindeydi ya, daha ne isterdi.

Türbenin anahtarları kapıda bekleyen sırım gibi bir Habeş'in belindeydi. Rahim Bey'i görünce asker selamı verdi. Sonra o da para istedi. Peygamber'in aziz naaşının böyle haraç mezat, adım başına parayla satılması hiç hoşuna gitmedi Rahmi Bey'in, ama ses çıkarmadı. Habeş'in eline birkaç kuruş tutuşturunca kapı yavaşça açıldı ve kendini gümüş parmaklıkların önünde buldu. İçeride, kubbeden yere dek sarkan atlas örtünün altında Muhammed yatıyordu. Yanında Hazreti Ebubekir ile Hazreti Ömer'in de sandukaları vardı. İki rekât şükür namazı kılıp dua etti. Ve yıllar, çok yıllar önce Peygamber'in burada, Ayşe'nin kollarında öldükten sonra yatağın altına gömüldüğünü düşündü. Gömülmeden önce, Ayşe bir köşede ağlarken babası Ebubekir girmişti içeriye. "Hayatın gibi ölümün de güzel ya Resulullah!" diyerek alnından öpmüştü damadını. Sonra Ayşe'nin çoğu geceler, karanlıkta Allah'ın elçisinin yırtık giysilerinden birini dikerken kandil yakma gereği duymadığını, çünkü uykuya dalmış Peygamber'in yüzündeki nurun ipliği iğneye geçirmeye yettiğini söylediğini anımsadı. Öyle çok şey dinlemişti ki Peygamber hakkında, onun olağanüstü hayatını tüm ayrıntılarına varıncaya dek öylesine yakından biliyordu ki, kendini sanki sahabeden biriymiş gibi duyumsadı. İçi bir tuhaf oldu o anda, bir erkek kardeşini daha dün kaybetmiş gibi yüreği sızladı. Mekkeli üç eski arkadaş, Peygamber ve iki halifesi, yan yana ebedi uykularındaydılar şimdi. Nedense onların cennette değil de az ileride, mücavirlerin arasına karışarak avludaki sütunlardan birine sırtlarını dayayıp sohbete daldıklarını hayal etti. Sonra geldiği gibi, aynı bozuk ve tozlu yollardan geçerek karargâha geri döndü.

Rahmi Bey'i o gece, her zamanki gibi uyku tutmadı. Kolu sızlıyordu. Oysa artık yoktu o kol, omuzdan kesilmiş yerine hiçbir şey, ucu çengelli bir sopa, bir tahta parçası bile konulmamıştı. Acıması, bir yakınını kaybetmiş gibi böyle durduğu yerde sızlaması için bir neden yoktu, kol gitmişti çünkü, geri gelmemek üzere Medine toprağında kalmıştı. Gömmüşler miydi acaba, yoksa hastanede bir yere mi kaldırmışlardı? Kim bilir belki de köpeklere vermişlerdi. Ya da küçük bir kız çocuğunu diri diri toprağa gömer gibi... Çocuğu yoktu Rahmi Bey'in, henüz yoktu. Belki bu nedenle kol acısı evlat acısı gibi geliyordu ve tuhaf şeyler geçiyordu aklından. "Peygamber de öldüğüne göre" diye düşünüyordu, "o bile toprak olup çoktan dağıldığına, gerçekte yeşil örtülü sandukanın içinde ondan tek bir iz, bir kol bile kalmadığına göre benim başıma gelenlerin ne önemi olabilir?" Sonra Zümer Suresi'nin ölümle ilgili ayetini anımsıyordu, uykusuz kaldığı uzun ve karanlık gecelerde mırıldandığı ayeti okuyordu kendi kendine, okudukça yatışacağına endişesi daha da çoğalıyordu:

"Allah, öleceklerin ölümleri anında, ölmeyeceklerin de uykuları sırasında ruhlarını alır. Ölmesine hükmettiği kimselerinkini tutar, diğerlerini bir süreye kadar salıverir." Bir süreye yani ecelleri gelene kadar.

Sonunda her canlı gibi Muhammed de tatmıştı ölümü, hakkında yazılan onun da başına gelmişti. Artık bir daha ölmeyecekti, insan bir kez ölüyordu nasılsa, orada, öbür dünyada dirilmek de vardı, üstelik ölmemek üzere dirilip hesap vermek, ama burada, bu ölümlü dünyada herkes gibi Peygamber de kendi ölümünü ölünce "Yüce Arkadaş"ı özlediği zamanlar, vahiy gelmediğinde kendini uçuruma atma düşüncesi, o kahreden yokluk, yoksunluk duygusu geride kalmıştı.

İnsan belki bir kez ölüyordu, ama gerçekte Allah dilediğinin canını uykuda alıp uyandığında iade etmiyor muydu? Kuran'a bakılırsa iade ediyordu. Ve Rahmi Bey kolunun değilse bile canının hâlâ bedeninde oluşuna, her sabah ona iade edildiğine şükrediyordu. Oysa Peygamber Allah'a kavuşmuştu çoktan, O'nun rahmetiyle sarılıp sarmalanmış, belki doğduğu Fil yılındaki gibi, ebabil kuşları Kâbe'ye saldıran kâfirleri taşa tutarken tortop olup kıvrılmış, Ayşe'nin kollarında öylece kalmıştı. Yoksa anneye dönüş müydü ölüm, başlangıca, o ilk karanlığa? Allah'a değil de ana karnına.

Annesi düşüyordu aklına. Kolunu kaybettiğinden beri nedense sık sık, özellikle de böyle yıldızsız, zifiri karanlık gecelerde annesini anımsıyordu. Bir fotoğrafı bile yoktu. Zaten ne kalmıştı o sevecen, kavruk yüzlü kadından. Kendisi belki, bir çocuk olarak Rahmi Bey'in kolsuz gövdesi. Bir fotoğrafı bile yoktu evet, ama ne tuhaf, annesini İstanbul'da, kaldığı bekâr odasının duvarındaki hayali fotoğrafta gülümserken anımsıyordu. Bir zamanlar Galata'da düşüp kalktığı kadınların her birinden bir iz vardı o gülümseyişte. Annesi belki de koynuna girdiği kadınların toplamından ibaretti. İçinden çıktığı kadını bir türlü çıkaramıyordu hayalinden. Yuvarlak, kavruk bir yüzü, gülümseyince parlayan altın dişleri vardı. Gözleri hafif çekik, zeytin karasıydı. Denizli'den gelip Hacırahmanlı'ya yerleşen Yörüklerdendi. Bir zaman olmuş o da yaşamış, doğduktan sonra, çok değil on beş yıl sonra Rahmi Bey'i doğurmuştu. Gerçek miydi peki? Elbette gerçekti, ama hiç yaşamamış gibi ölen Anadolu kadınlarındandı. "Bir fotoğrafı bile yok" diye düşünüyordu Rahmi Bey, "ama yokluğu var, yani ölümü." Annesinin ölümü artık geri gelmesi mümkün olmayan sol kolu kadar gerçekti ve düşündükçe, anımsadıkça acı veriyordu.

Çember giderek daralıyordu. Asiler sonunda istasyonların çoğunu ele geçirip demiryolunu devreden çıkarmayı başarmış, Medine'nin dünyayla ilişkisini kesmişlerdi. Destek kuvvet ve iaşe gelmesi mümkün değildi artık. Zaten üst üste yenilgi haberleri geliyor, cepheler peş peşe bozuluyor, İngiliz esir kampları dolup taşıyor, dağılan ordular perişan askerleri ve ümidini yitirmiş, makam koltuklarına yorgun bir deve gibi çöküp kalmış paşalarıyla geri çekiliyorlardı. Bir Fahreddin Paşa kalmıştı boyun eğmeyen, Peygamber'in kabrini düşmana bırakmam diye direnen. İmparatorluk çatırdamıyordu artık, düpedüz yıkılıyordu. Çanakkale Zaferi, İtilaf Devletleri'nin İstanbul'u ele geçirmesini önlemişti belki, ama Sarıkamış felaketinden, Gazze ve Filistin cephelerindeki yenilgilerden, Galiçya bozgunundan sonra bu zaferin de fazla bir anlamı kalmamıştı. Bazıları Çanakkale savunmasını bile, Anafartalar kahramanı Mustafa Kemal Paşa'ya değil Cemal Paşa'ya atfediyor, Dördüncü Ordu'nun Mısır'da caydırıcı etkisi sayesinde düşman zırhlılarının boğazdan geçip İstanbul'u bombardıman edemediğini öne sürüyorlardı.

Rahmi Bey fazla ilgi göstermeden dinliyordu konuşulanları, Medine'nin akıbetini de pek önemsemiyordu. Bu durumda, Hicaz'ın neredeyse tümü asilerin denetimine geçmişken, Peygamber'in kenti diye Medine'yi savunmanın insan kaybından başka bir işe yaramayacağını düşünüyor, bu görüşünü karargâhtaki bazı yakın arkadaşları ve yüksek rütbeli subaylar da paylaşıyorlardı. Ne var ki Fahreddin Paşa oralı bile olmuyor, tüm uyarılara kulak tıkıyor ya da duymazdan geliyordu. Savaşın sonucunu Medine savunması belirleyecekmiş gibi davranıyordu. Nuh diyor peygamber demiyordu paşa. Daha doğrusu peygamber diyordu da, Nuh'a pek gönül indirmiyordu. Tufan lafını duymak bile istemiyordu, öylesine uzaktı gerçeklerden. Peygamber'in kentini kanının son damlasına kadar korumaya kararlıydı. Oysa savaş bitmek üzereydi artık, ortalıkta İtilaf Devletleri'yle mütareke yapılacağı söylentileri dolaşıyordu. Bir süre sonra telgraf hattı da kesildi, İstanbul'la haberleşme olanağı tamamen ortadan kalktı. Fahreddin Paşa çölde tek başına, gemisini terk etmeyen kaptan örneği bekliyor, gemi sulara gömülmeden önce Sancak-ı Şerife selam duracağı anı iple çekiyordu. Peki ya asker, Anadolu'nun dört bir yanından koparılıp getirilmiş bu aç, yorgun, susuz delikanlılar, onlar da Fahreddin Paşa kadar şevk ve azimle Medine'yi savunmak istiyorlar mıydı bakalım? Bu elbette kendilerine sorulmuyor, kentten kaçmaya çalışanlar anında kurşuna diziliyor, kalenin burçlarında kuş uçurulmuyordu. Yiyecek stokları ve cephane tükenmek üzereydi. Şerif Hüseyin'in oğulları ile Lawrence son saldırıyı ertelemekten yanaydılar, çünkü iki yıldır kuşatma altında inleyen kent nasılsa kendiliğinden teslim olacaktı.

Mütareke'den sonra da, İstanbul hükümetinin tüm baskısına, Harbiye Nezareti'nden İngiliz kablolarıyla gönderilen tüm emirlere, hatta padişahın irade-i seniyesini bizzat getiren Adliye Nazırı Haydar Molla'nın ültimatomuna rağmen Fahreddin Paşa asilerle müzakereye oturmadı. Barış antlaşmasını imzalamaktansa görevinden ayrılıp, üniformasını çıkardıktan sonra ihrama girerek Ravza-ı Mutahhara'da mücavir olmayı yeğledi. Sonunda tüm garnizon, çöl kaplanı Fahreddin Paşa ve Rahmi Bey de içlerinde, yaka paça Medine'den çıkarıldılar. Yenbu limanından Mısır'daki esir kampına, "birer cariye gibi" gönderildiler.

"Bu deyim, nur içinde yatsın, Medine kahramanı Fahreddin Paşa'nındı, yoksa cariyelerden çok kapana kıstırılmış farelere benziyorduk" diye yazmıştı deden. Ve son sayfada bir çekirge resmi vardı. Altına, tümünü çözemesen de okudukça kanıksadığın Arapça harflerle "Medine'de Allah'ın bu nimetinden de tattım" yazılıydı. Deden savaşla ilgili anılarını anlatmamıştı sana, ama iyi ki bu notları tutmuş, kendinden sonrakilere önemli bir tanıklık bırakmıştı. Bir de, büyükannenin arada bir anlatarak dedeni çileden çıkartan, sonra güldürüp ağlatan şu anısını.

Kuşatma tüm kasvetiyle sürüyor. Askerde direnecek ne güç kalmış ne moral. Erzak da neredeyse tükenmiş.

Fahreddin Paşa boş alanlara buğday ekilmesini emrediyor. Su var ya, ekmek de yaparsa düşmanın inadını kendi inadıyla kıracak aklı sıra. Evet, Tevrat'ta anlatıldığı gibi gökten kudrethelvası yağmayacağına göre kendi ekmeğini kendin yapıp kendin pişirecek, sonra da afiyetle yiyeceksin. Hem hiç belli olmaz, bakarsın bu kutsal topraktan da, İsrailoğullarının başına yağan man ekmeğine, kişniş tohumu gibi beyaz, tadı ballı o canım yufka ekmeğine benzer bir ekmek biter.

Paşanın emri hemen yerine getiriliyor. Her şey yolunda giderken, boy atıp sararmış ekin biçilmeyi beklerken, yağmur bulutları beliriyor ufukta. Askerin keyfine diyecek yok. Yağmur da geliyor işte, Allah gökten rahmet yağdırdıkça su sıkıntısı da kalmayacak, ekmek yokluğu da. Derken hızla yaklaşıyor bulut ve rahmet yerine gökten çekirge yağmaya başlıyor. Neye uğradıklarını şaşırıyorlar. Bir anda ekine saldıran, her yere dalan, topların, makineli tüfekler ile mavzerlerin namlularından içeri girip kaybolan, kendilerini yerden yere, duvardan duvara vuran çekirgelerle dolup taşıyor her yer. Arap askerler işi gücü bırakıp, ellerinde bir çuval ve süpürge, çekirge toplamaya başlıyorlar. Rahmi Bey "Ne yapacaksınız bunları?" diye sorduğunda "Pişirip yiyeceğiz" karşılığını alıyor. Ve o gece kışlada, karargâh arkadaşlarıyla birlikte, çaresizlikten, açlıktan ölmemek için, hayatlarında ilk kez çekirge yiyorlar. Erler de öyle yapıyor. Çekirge ziyafeti tüm zarafetiyle sürerken bir er yaklaşıyor yanına. "Bu nasıl yenir, bana da göster" diyor. Rahmi Bey "Oğlum bilmeyecek ne var bunda, işte böyle kanadından tutup ağzına atar, çıtır çıtır yersin" diye çekirgenin nasıl yenmesi gerektiğini öğretiyor saf Anadolu delikanlısına. Er, Rahmi Bey'in ikram ettiği kızarmış çekirgeyi ağzına atarken,

açık ağzından sıçrayan bir başka çekirge yere düşüyor.
"Hay Allah!" diye mırıldanıyor bizimki, "meğer bu da
canlıymış!"

Manat

Evet, gizliden sevdim Muhammed'i, bir gün gelir önümde secde eder diye bekledim. Değil secde etmek semtime bile uğramadı. Ne kurban kesti ne adımı andı. Tavaf da etmedi çevremde, hiç olmazsa bunu yapabilirdi. Bir Kureyşliden başka ne beklenir; evinde bebek büyütür gibi saklasın küçük heykelimi, sevip okşasın, yolculuklarında yanında götürsün. Tapsın bana ve herkes gibi şükretsin. Hiçbirini yapmadı. Sonra, vahiy gelince, Allah Babamızla içli dışlı olmaya, konuşup dertleşmeye başlayınca da hepten yüz çevirdi. Yalnızca benden değil hepimizden. Tapılmaya layık olmadığımızı söylüyordu artık, uluorta konuşup bizi Allah'a eş koşmaması için Kureyş'i ikna etmeye çabalıyordu. Dedim ya bir başkaydı, duruşu, bakışı, yürüyüşüyle bir tuhaf. Kendisinin de farkına varmadığı bir giz taşıyordu sanki içinde, gün gelip vakt eriştiğinde devranı değiştirecek bir güce sahip gibiydi. Kıyamet gününden de dem vuruyordu, cennet ile cehennemden de. Derken eski hikâyelere, kendinden önce gelip geçmiş peygamberlere taktı. Çevresine topladığı bir avuç taraftarla meydan okumaya kalktı bize. Yalnızca bize mi? Mekke'nin ulularına da kafa tuttu, ilgisini üzerimizden eksik etmeyen Ebu Süfyan'a, kendi kıçına sürdüğü boyayı, kullandığı kokuyu bizden esirgemeyen

Ebu Cehl'e, hatta kendi amcalarına bile. Uzza'nın has adamı Ebu Leheb'e az mı hakaret etti, tehdit yağdırdı. Dalgındı hep, içedönük, sessiz, düşünceli. Kendi akranları içinde benzersizdi. Belki bu yüzden sevdim onu, yanımda yakınımda olsun istedim. Ben de onun hayatında, düşlerinde, dualarında olayım. Nasip değilmiş. Kervanlar geldi, kervanlar geçti. Develer yayıldı kuyu başlarına, panayırlarda mal alınıp mal satıldı, doğumlar ölümleri savaşlar barışları izledi. Hacılar gelip gittiler, göçmen kuşlar ile leylekler de. Güneş kaç kez doğdu kum tepelerinden, dağların ardından kaç kez battı, ay kaç kez aydınlattı gökyüzünü, Mekke ve Yesrib, Taif ve Tebük'ün üzerinde kaç şimşek çaktı anımsamıyorum. Muhammed'in güzel yüzünü, ateşli gözlerini, kalın dudaklarıyla beyaz dişlerini anımsıyorum ama. Özellikle de inci gibi ışıldayan bakımlı, düzgün dişlerini. Onlardan birini Uhud'da bırakacağını bilemezdim. Hatice'den sonra birçok kadın alacağını da.

Önce Huveylid kızı Hatice'yle evlendiği haberi geldi. Kıskanmadım desem yalan olur. Sonra alıştım yokluğuna, zaten bir kez görmüştüm. Onu, evlenip çoluk çocuğa karıştıktan sonra da sevmeye, özlemeye devam ettim. Gizli sevda işte, ölümden beter. Ne var ki bir ilaheye yakışmaz ölüm, hele Allah'ın kızıysa hiç yakışmaz. Biz ilaheler bir erkeğe âşık olmaya görelim dünyamız kararır. Sevdiğinle ne murada erebilirsin ne gerdeğe girebilirsin. Mum gibi erirsin durduğun yerde. Durduğun yer Kâbe bile olsa fark etmez. Ne gücün ne güzelliğin yeter içindeki ateşi söndürmeye, taştan gövdeni saran, alıp götüren özlemi dindirmeye. Biz ilahelerin aşkı ölümlülerinkine benzemez.

Hatice'nin ölüm haberi geldiğinde sevinmedim desem

yalan olur. Karısına bağlılığını biliyordum çünkü, onu nasıl sevip saydığını, yanından hiç ayırmadığını, inancını da ilk onunla paylaştığını. Hatice'yi kutsarcasına sevişini yetimliğine vermiştim. Derken yaşlı ve dul Sevde'yle evlendiğini duydum. Olabilir. Habeşistan'a ilk göçen Müslümanlardandı çünkü, kocası Sekran'ın Necaşi'nin ülkesinde Hıristiyan olup oralarda öldüğünü de biliyordum. Zem'a kızı Sevde Mekke'ye geri dönmüş evinde oturuyordu. Oynaşta değil aştaydı gözü, Muhammed'i yatakta idare edemezdi, ama evini, çoluk çocuğunu idare edebilirdi. Buna rağmen yaşlı gelinin erkek kardeşi Abd bin Zem'a'nın bu evliliğe karşı çıkmasına ne demeli? Evet, bizzat tanık oldum. Delikanlı ziyaretime gelmişti, tam kurban kesip tavaf etmek üzereyken ablasının Muhammed'e vardığı haberini alınca neye uğradığını şaşırdı. Saçını başını yolmaya başladı önümde. Onu teselli bile edemedim. Hac ziyaretini yarıda kesip Mekke'ye döndü, ama ne kadar dil döktüyse de ablasını bu evlilikten vazgeçiremedi.

Sevde ona demiş ki, "Biliyorum Muhammed benden daha iyisine layık. Ondan fazla bir beklentim de yok. Yeter ki ahrette yanımda olsun, Allah'ın elçisinin eşi olmak benim için en büyük lütuf." Sonra da, boyun eğip beklemiş o kocaman, şişman gövdesiyle. Sevde'yi bir kez uzaktan görmüştüm. Çok iri ve şişmandı, durmadan terliyor, devenin üzerinde zor oturabiliyordu. Ağırlığından kolayca çökertebilirdi hayvanı. Onun "müminlerin annesi" onuruna erişebilmek için Muhammed'le evlendiğini biliyorum, ne var ki yine de kıskanmaktan kendimi alamıyorum. Derken bir de ne duyayım. Muhammed bu kez de Ayşe'yi babasından istememiş mi? Babası da razı olmuş hemen. Yok, hemen değil, kızını Mutim'in oğlu Cübeyr'e söz verdiği için bir şey dememiş önce, beşik kertmesine Beni Teym kabilesi sadıktır, lakabı Sıddık olan Ebubekir ne yapsın, önce Cübeyr'in babasından izin istemiş, sonra Muhammed'le nikâhlamış kızını.

Ah Ayşe, canım Ayşe! Küçümen hınzır Ayşe! Onun hakkında hep iyi şeyler duydum, Medine'ye göçtükten sonra dokuz yaşında zifaf olduğunu da turnalar söyledi bana. Gerçi Hicaz göklerinde turna olmaz ama, Muhammed bir ara bizim için de iyi konuşmuş, kız kardeşlerim Uzza, Lat ve beni turna kuşlarına benzetmişti. Turnalar Allah ile kul arasında aracı olurlar mı bilmem, gerektiğinde uzaktan haber getirirler onu bilirim. Bir de canımın nasıl yandığını. Sonra Ayşe'nin kocasına söylediklerine ben de güldüm tabii, ama sonraları, kıskançlığım geçip Muhammed'e duyduğum sevgi yerini öfkeye bıraktığında. Ne mi demiş Ayşe Muhammed'e? "Ya Resulullah! Yolun bir vadiye düşse, orada iki otlak görsen, hangisine sürersin deveni? Başka develerin daha önceden otladığına mı, yoksa karşında yemyeşil yayılan, hiç dokunulmamış olanına mı?" diye sormuş. Şuna bak sen, hem zeki hem ağzı laf yapmayı biliyor. Muhammed ilk karısı Hatice'yi hayırla, özlemle andıkça kıskançlıktan içi içini yiyor, "Ya Resulullah!" diyormuş, "o ağzında diş kalmayan Kureyşli kadını düşünüp durma artık. Bak Allah sana daha iyisini verdi." Muhammed de iç çekip Hatice'nin çocuklarının annesi olduğunu, zor günlerinde ona kol kanat gerdiğini, tüm servetini Allah yolunda harcadığını söylüyormuş. Doğru ya da yanlış bilemem, ben turnaların yalancısı olsam da kesinlikle bildiğim bir şey var. Küçük Ayşe az çorap örmedi Muhammed'in başına. Peygamber'in eşleri arasındaki kamplaşmaya, neredeyse boşanmayla sonuçlanacak "ilâ"ya o yol açtı, yani bal olayı ile "ifk"e de. İlkinde Muhammed'in tüm eşlerini boşamasına ramak kaldı, ikincisinde Ayşe'yi babasının evine göndermesine. Anlatmaya hangisinden başlayayım bilmem ki. Baldan başlasam bir türlü, ifkten yani "iftira"dan başlasam başka türlü. Tatlı yiyelim, tatlı konuşalım en iyisi. Öyleyse baldan başlayayım.

Efendim malumu âliniz olduğu üzere Muhammed Medine'ye hicret edip taraftarlarını çoğalttıktan, Müslümanlara baş olduktan sonra pek çok evlilik yaptı. Eyyub el Ensari'nin evinin alt katında bir süre konuk kaldığını duymuştum, sonra Mescid-i Nebi'nin yanına kendi evini kurduğu, eşleri çoğaldıkça bu evin avlusuna onlar için de odalar tahsis ettiği haberi geldi. Tümüne aynı mesafede durduğu, eşit davrandığı, yine de en çok Ayşe'yi sevdiği, yalnız onun yanındayken vahiy geldiği söyleniyordu. Vahiy başka durumlarda da geliyormuş elbet, ama sırayla gördüğü eşlerinin, hatta azatlı kölesi ve evlatlığı Zeyd'in eski eşi Cahş kızı Zeyneb'in yanındayken bile, ki Zeyneb'i delicesine sevdiğini, bu sırrını yıllarca kalbine gömdüğünü kimseler bilmez, hatta şüphe bile etmezken ben biliyordum, evet onun yanındayken dahi gönlüne nazil olmayan ayetler, kimi zaman Ayşe'nin dairesindeyken iniyormuş. Her neyse, bal olayının ayrıntıları buraya, Kâbe'de sıkıntıdan patlayan bendenizin kulağına kadar gelince gülüp geçmiş, hatta ne yalan söyleyeyim, kıskançlık damarım kabardığından birazcık da sevinmiştim. Oysa Ömer, evine telaşla girip bir felaket haberi getirdiğini söyleyen Ensar'dan komşusuna "Ne var ne oldu? Gassaniler Medine'yi mi kuşattı yoksa?" diye sorduğunda komşu "Ya Ömer, daha vahim bir durum var, Resulullah eşlerini boşamış" diye karşılık vermiş. Aslında, sonradan anlaşıldığına göre, eşlerini boşamamış Muhammed, ama onlardan bir ay uzak durmaya yemin etmiş. Çünkü, Ömer'in deyimiyle "Mekke'de kocalarına karşı iyi huylu olan Kureyşli kadınlar, Medine'ye geldiklerinde bu kentin kadınlarından kötü huy kaptıklarından kocalarına başkaldırmaya" kalkmışlar. Hatta bununla da yetinmeyerek Allah'ın elçisini kandırmışlar. Şöyle ki: Muhammed ikindi namazından sonra âdeti olduğu üzere eşlerinden o gün sırası gelen Hafsa'yı ziyaret etmiş. Ne var ki biraz fazla kalmış yanında, bu Ayşe'yi kıskançlıktan delirtmiş. Nöbet süresinin uzamasına Muhammed'in pek sevdiği bal şerbetinin neden olduğunu öğrenen Ayşe çocukça bir tuzak kurmaya karar vermiş. Sevde'ye ve Safiye'ye Muhammed yanlarına geldiğinde acaba megafir mi yedin, çünkü ağzın pek kötü kokuyor, demelerini tembih etmiş. Kendisi de, sırası gelince, aynı soruyu sormuş eşine. Muhammed Hafsa'nın ona bal şerbeti sunduğunu söyleyince, üç kadından da "Demek ki arı balını urfut ağacından toplamış" yanıtını almış. Cemaatin karşısına çıktığı için soğan sarmısak yemek şöyle dursun her öğünden sonra dişlerini misvakla ovan, her gün güzel kokular sürünen Muhammed'in, benim saf, iyi huylu ve yumuşak, kadınsever sevgilimin o an neler hissettiğini düşünebiliyor musunuz? Bir daha bal yememek üzere yemin etmiş hemen. Neyse ki Allah'ın, en sevdiği kulunun dünyada en çok sevdiği şeyden yoksun kalmasına gönlü elvermemiş de, Tahrim Suresi'nin ilk ayetleri nazil olmuş: "Ey Peygamber, eşlerinin rızasını gözeterek, Allah'ın helal kıldığı şeyi niçin kendine haram ediyorsun?" Tabii, bununla yetinmemiş babamız, Cebrail'in ağzından şu tehdidi de savurmuş: "Ey Peygamber'in eşleri! Eğer o sizi boşarsa,

Rabbi ona, sizden daha iyi, kendini Allah'a veren, inanan, boyun eğen, tövbe eden, kulluk eden, oruç tutan, dul ve bakire başka eşler de verir."

Bunun üzerine eşlerini boşamamış Muhammed, ama onlara küserek hurma kütüğünden yapılma bir merdivenle çıkılan meşrübesine kapanmış, orada yapayalnız, yemeden içmeden, bir hasırın üzerinde geçirmiş günlerini. Sonra da inzivanın bitmesine bir gün kala Ayşe'nin odasına damlamış. Ayşe bu, ağzı çuval değil ki dikesin. "Hayrola" demiş eşine, "bir gün daha sabredemedin mi?"

İftiraya gelince, yalnızca Medine'yi değil Mekke'yi de sarsan, Muhammed ve yakın çevresi başta olmak üzere tüm Müslümanları yaralayan, neyse ki sonu tatlıya bağlanan bu olay herkes gibi benim de kulağıma geldi. Senin kulağın var mı ki gelsin demeyin. Belki kulağım yok, ama Peygamber'in kentinde casuslarım, orada olan biteni buradan gören kâhinlerim var.

Her sefere çıkışta kurayla seçtiği eşlerinden birini yanında götürüyor Muhammed. Hicret'in altıncı yılında yapılan Beni Mustalik seferinde de kura Ayşe'ye çıkıyor. Dönüşte Medine yakınlarında konaklıyorlar. Peygamber'in eşinin hizmetinden sorumlu görevliler Ayşe'nin içinde örtülü olarak seyahat ettiği mahfeyi devenin üzerinden indiriyorlar. Ayşe de hacetini görmek üzere oradan uzaklaşıyor. İşini bitirip döndüğünde gerdanlığını düşürdüğünü fark ederek geri dönüp ziynetini aramaya başlıyor. Bu arada mahfe deveye yükleniyor ve ordu yoluna devam ediyor. Malum, Ayşe çok küçük daha, belki akıllı ve güzel, ama biraz çelimsiz. Onun mahfede olmadığını ne deve fark ediyor ne de hizmetçiler. Ayşe'ye gelince, gerdanlığını buluyor, ama gece vakti o ıssızlığın

244

ortasında tek başına kalıyor zavallım. Allah'tan ordunun gerideki gözcülerinden Safvan, kamp yerinde unutulanları toplamak amacıyla oradan geçerken yetişiyor da, devesini ıhtırıp yedeğine alıyor kızcağızı, evinin kapısına dek getirip bırakıyor.

Bunun üzerine Münafıklar boş durmuyorlar elbet, Ayşe ile Safvan'ın yol boyu mercimeği fırına verdikleri dedikodusunu yayıyorlar. Ayşe odasına kapanıp ağlayadursun, tüm Medine Muhammed'in aldatıldığı söylentisiyle çalkalanıyor. Ve ne yapacağını şaşırıyor Allah'ın elçisi. Damadı Ali'nin tavsiyesine uyup babasının evine mi göndersin sevgili eşini, yoksa yüreğine taş basıp olayı örtbas mı etsin? Peki ya günahsızsa Ayşe, ya zina etmeyip kocasına sadık kalmışsa? Uykuları kaçıyor Muhammed'in, sorguya çektiği kişilerin anlattıklarından, hatta cariyesi Berire'nin "Ya Resulullah! Eşinin, yoğurduğu hamurun üzerinde uyuyakalmasından başka bir kusuru yoktur" demesinden de ikna olmuyor. Uzun süre ne semtine uğruyor Ayşe'nin ne yalvarıp yakarmalarına aldırıyor. Irmak gibi akıttığı gözyaşlarına da itibar etmiyor. Sonunda, böyle çaresiz, böyle kahrolmuş bir durumda içi içini yer, zihnini bir kurt kemirirken her zamanki gibi Cebrail imdadına yetişiyor. Ve Ayşe'nin suçsuz olduğunu şöyle ilan ediyor cümle âleme:

"Muhammed'in eşine o yalanı uyduranlar içinizden bir güruhtur.(...) O kimselerden her birine kazandığı günah karşılığı ceza vardır; içlerinden elebaşılık yapana ise büyük azap vardır. Onu işittiğiniz zaman, erkek kadın müminlerin, kendiliklerinden hüsnü zanda bulunup da 'Bu apaçık bir iftiradır' demeleri gerekmez miydi? Dört Şahit getirmeleri gerekmez miydi? İşte bunlar, Şahit getirmedikçe Allah katında yalancı olanlardır.

(...) Allah bilir, siz ise bilmezsiniz."

Böylece iş tatlıya bağlandı, ama iffetli Ayşe'yi zinayla suçlayanlardan iki erkek bir kadın değnek yemekten kurtulamadı. Erkekler hadi neyse de, Ayşe'nin günahsız olduğuna ben bile inandıktan sonra o kadına ne oluyor? Adı Cahş kızı Hamne imiş, erkeklerinkiyse Sabit oğlu Hassan ile Üsase oğlu Mıstah. Ayşe aklandı, Muhammed rahatladı, onlar yedikleri değnekle kaldılar. Ve Allah babamızın Nûr Suresi'nde buyurduğu gibi ahrette daha büyük cezalara çarptırıldılar. Tüm Müslüman kadınlara örtünme yasağı da ondan sonra geldi.

Hacı Baba

Leylekler hep yüksekten mi uçardı, yoksa sana mı öyle gelirdi? Manisa'da gökyüzünü açık mavi, bulutsuz, derin ve duru anımsıyorsun. Çocukluğunun hayal dünyası kadar sonsuzdu. Şaşırtıcı, uzak, apaçıktı. Yalnızca dağdı kentin üzerine kapanan, seni korkutan, mor kayaları, mağaraları, yamaçlara tünemiş tek tük ağaçlarıyla dünyanı karartan. Sıcakta yemyeşil tüten ovanın ucunda da dağlar vardı. Bağların, tütün ve pamuk tarlalarının, elma, nar, incir ağaçlarının ötesinde, günbatımında tutuşan ufuk çizgisine dizilmiştiler. Kim bilir nasıldı o dağların ardı, neye benziyordu? Başka köyler, başka kasabalar vardı belki, senin gibi başka çocuklar; belki de deniz, evet o güne dek hiç görmediğin Akdeniz çırpınıp duruyordu orada, uçsuz bucaksız ve mavi, lacivert, günbatımında şarap rengi. Bu rengi Akdeniz'e yakıştıranın binlerce yıllık hemşeriniz Homeros adında kör bir şair olduğunu öğrenecektin sonradan. Ama çok sonradan. O zaman okuduğun kitaplar bir elin parmaklarından fazla değildi. Ve yanlış anımsamıyorsan, hemen hepsi Atatürk üzerineydi. Gazi Paşa'nın Kocatepe'den "Ordular ilk hedefiniz Akdeniz'dir" dediği Adalar Denizi olmalıydı dağların ardında. Orada gemiler, büyükannenin dediğine bakılırsa kocaman ve beyazdılar.

Sen daha dünyada yokken, annenle teyzelerin de yokken, deden o gemilerden birine binip Hicaz'a gitmiş, hacı olmuştu. Hacı olmamış, savaşmıştı aslında. Bir kolunu Kutsal Topraklar'da bırakmıştı. Evet, hem hacı hem gaziydi deden, onu Hicaz'a götüren uzun bacalı, külüstür vapursa senin hacı olma hayalleri kurduğun yıllarda çoktan çürüğe çıkmıştı. Orada, dağların ardında köpüklü dalgalar hac yolunda büyük engeldi, rüzgârlar, fırtınalar da öyle. Hepsi Allah'ın emrinde, O'nun denetimindeydiler. Gemileri denizin dibine batıran da O'ydu, limana ulaştıran da. Peki dağların üzerinde geceleri gökyüzüne asılmış gibi duran, sabaha dek sana göz kırpan yıldızları da Allah mı yaratmıştı? O yaratmıştı elbette, dağları yeryüzüne mıhladığı gibi yıldızları da denizde gemilere yol göstersinler diye gökyüzüne mıhlamıştı.

Belki de Sipil Dağı'nın ağırlığından, ezici varlığından kurtulmak için böyle sık bakardın gökyüzüne. Yukarda, çok derinde siyah lekeler halinde uçan leylekleri görürdün. Onlar gerçekte hem leylek hem hacıydılar. Mekke'ye dek böyle kanat çırparlardı gökyüzünde. Oraya varınca yorgun argın Merve'ye, Sefa'ya konarlar, Kâbe'de yuva kurarlardı. Göçmen kuşların kış gelmeden sıcak ülkelere doğru uçtuklarını bilecek yaştaydın. Leyleklerin Kâbe'ye gidip hacı olduklarınıysa büyükannen söylemişti sana, kim bilir belki onlar gibi olmak, kanatlanıp Kâbe'ye uçmak isterdi yaşlı kadın, ama kümesteki tembel tavuklar gibi kanat çırpsa da uçamazdı. O kocaman gövdesi, kötürüm ayaklarıyla kalkıp da hiçbir yere gidemezdi. Bahçede dolaşıp sümbülleri sular, toprağı çapalardı iki büklüm. Ama sen Kâbe'ye gidecektin bir gün, ihrama bürünüp hacı olduğunda tüm günahlarından arınacaktın. Deden Hacı Rahmi Bey gibi süngü takıp savaşmak, şanlı bayrağımızı Mekke ve Medine'nin burçlarında dalgalandırmak için değil, Hacerü'l-Esved'i öpmeye, şeytan taşlamaya gidecektin Hicaz'a. Evet, gidecektin çünkü günahkârdın, yaramaz ve kötüydün. Yeterince namaz kılmamış, büyükannen gibi gün boyu Allah'ın adını tespih edeceğine İsmail'le sokakta oynamış, üstelik terliyken soğuk su içip üşütmüş, dedenle büyükanneni çok üzmüştün. Küfür de etmiştin göçmen çocuklarına, onlarla dalga geçmiş, alay etmiştin. Ağzına biber sürseler yine iyi, cehennemliktin vesselam. Sol omzundaki günah meleği çalışmaktan, harıl harıl günahlarını yazmaktan yorgun düşmüştü artık, yediğin naneler, karıştırdığın haltlar değil boynu, Sipil Dağı'nı bile aşmıştı. İsmail'e, o gök gözlü çıyana uymasan belki karınca yuvalarını bozmaz, çekirgeleri yakıp günaha girmezdin, ama Ekmekçi İbrahim'in oğlu her defasında aklını çeliyordu işte, seni baştan çıkarıyordu. Geceleri de şeytan suretinde giriyordu rüyana. Neyse ki gökte Mekke'ye uçan leylekler ve Allah'ın oraya ordu ordu gönderdiği melekler gibi bir gün hacı olduğunda, Kâbe'yi tavaf edip Merve ile Sefa'ya tırmanmadan var gücünle şeytanı taşladığında arınacaktın tüm günahlarından. Dünyaya yeni gelmiş bir bebek kadar temiz, pirüpak olacaktın. O şeytan var ya, gece rüyana İsmail suretinde giren o çatal dilli, ateş gözlü pis şeytan, onu tıpkı Hazreti İbrahim'in, karısı Hacer ile oğlu İsmail'in yaptıkları gibi, hayır Ekmekçi İbrahim'in oğlu çakır İsmail'in değil elbet, isim benzerliğinden başka ne olabilir ki aralarında, evet şeytanı tam yedi kez taşladığında kurtulacaktın ondan. Bir daha rüyana giremeyecek, seni ayartmayacaktı. Ama şimdi elinden geleni yapıyordu seni günaha sokmak için, sen de sanki dünden razıymışsın gibi her sözüne kanıyordun. Oyun oynamanın hakkın olduğunu söylüyordu. Seni pek sevdiğini, beğendiğini, Âdem'e secde etmemiş de olsa emrinde olduğunu tekrarlayıp duruyordu. Yeter ki kanma dedene, sen çocuktun daha, oruç tutmak da neyineydi. Hem baban oruç tutar mıydı bakalım? Ya onun babası, sen doğmadan ölen öbür deden?

Kan ter içinde uyanıyordun, telaşla hamam dediğiniz o mutfaktan bozma odaya gidip musluğa dayıyordun ağzını, kana kana içiyor, sahurdan sonra gün boyu bir daha ağzına ne bir damla su ne bir lokma ekmek koyamayacağını bilmenin endişesiyle tel dolapta ne bulursan atıştırıyordun. Ramazanda günler sıcak ve uzundu. İftar bir türlü gelmek bilmez, dakikaları birbirine ekleyip saatleri saysan da gün kavuşmazdı. Esnaf çarşıyı deden yazıhanesini kapatır, arkadaşların oyundan çoktan dönmüş olur da iftar yine de gelmez, Tarzan yalınayak başıkabak dağa tırmanıp topu bir türlü patlatmazdı. Midende toplar patlar karıncalar gezinirken, akrepler damağına yapışmış su ararken evin bir köşesinde çaresiz beklerdin. "Dua et" derdi büyükannen, "Fatiha'yı yedi kere okursan susamazsın. Bir yedi kere daha okursan acıkmazsın. Hem çocukların orucu büyüklerinkinden daha makbuldür Allah katında."

Başlardın okumaya. "Elhamdü lillâhi rabbil'âlemin. Errahmânirrahim. Mâliki yevmiddin. İyyâke na'büdü ve iyyâke nesta'in. İhdinas-sırâtal müstakim. Siratallezine en'amte aleyhim gayrilmağdûbi aleyhim ve leddâllin." Bir solukta okurdun ama bismillah demeyi unuturdun. Sonra haydi yeni baştan. Bu kez de amin demeyi unuturdun. Demeyince de duanı kabul etmezdi Allah. O zaman da ölmüşlerinin ruhları huzur bulmaz, baban mezarı başında baykuş suretine girip gelen geçenden su istemeye başlardı. Senin de susuzluktan dilin damağına yapışmış olurdu o an, yine de babana su vermek ister, onun için Allah'tan merhamet dileyeceğine iftara dek sabretmesini isterdin. Hem, yedi kez art arda okusan da fatiha hepi topu yedi ayetten ibaretti. Çarçabuk biterdi top patlamadan. Gerçi tüm duaların anası oydu, hem açar hem içinde saklardı Kuran'ı, ama besmeleyle başlayıp aminle bitirirsen makbuldü ancak. Tüm Kuran Fatiha'da, tüm Fatiha "bismillah"ta, tüm bismillah b harfindeydi, ama altında bir noktayla tekne gibi yayılan Arapça b'yi sökmen gerekiyordu duanın kabul olması için. Çünkü her şey o noktada gizliydi. Allah dilerse tüm evreni, gökteki yıldızlar ile yerdeki insanları, dağları, denizleri ve ırmakları, okyanuslar ile rüzgârları "be" altındaki o noktaya sığdırır da sen farkına bile varmazdın. Deden "Bu nice okumaktır?" diye kızıp seni azarladığında nasıl da korkar, telaşlanır, Arapça harfleri birbirine karıştırırdın. Oysa iyi bellemen için her birini bir şeye benzetip sana öyle ezberletmişti. Elif upuzuncaydı, be tekne gibi. Pe be'ye benziyordu, se de öyle. Cim'in karnı yarıktı, ha ona, hı da ona benziyordu. Dal dibek gibiydi, zel ona benziyordu. Sat kadı kafalıydı, dad ona benziyordu. Rı çengel gibiydi, ze de. Tı tavşan kafalıydı, zı da. Ayın açık ağızlıydı, gayın da. Lam orak gibiydi, kef eğri büğrü. Mim çomak gibiydi, nun çanak gibi. He de öyle, hepsi birden birleşip ayrışıyor, üzerlerindeki taş kaldırılınca oraya buraya koşuşan karıncalar gibi dört bir yana dağılıyorlardı. Peşlerinden koşsan da yakalayamıyordun hiçbirini. Onlar gerçek oyuncaklarındı, bunu şimdi daha iyi anlıyorsun. Her birini bir başka renge boyamak geliyor içinden, sarıya, kırmızıya, yeşil ve turuncuya. Gökkuşağının yedi rengi yetmez, tüp boyaları sıkmalı, sonra da küçük kapta bir güzel karmalısın. Büyükannenin kına yaktığı günlerdeki gibi. İşte o zaman böyle eğri büğrü, bu kadar siyah olmaktan kurtulurlar belki, dünyanı renklendirir, gönlünü ferahlatırlar. Arapça harflerle barışırsın yeniden. Onlara hor davranmazsın.

Aslında ramazan boyunca gördüğün kâbuslarda, gizlice içtiğin su ile yediğin ekmekte değildi şeytan, iftardan sonra üzerine çöken, küçük bedenini sarıp sarmalayan, seni o güne dek görmediğin deniz gibi dibine çeken uykuda da değildi. Şeytan Mekke'de, Kâbe'yi yedi kez tavaf ettikten sonra ışıltılı, beyaz bir nehir gibi akıp giden hacı kalabalığının ortasındaki dikilitaşların arkasındaydı, fotoğrafını bile görmüştün dedenin okuduğu gazetede, alıp dikkatle bakmıştın. "Hacılar şeytan taşladı" diye yazıyordu kocaman, kara harflerle. Yanda Kâbe'nin fotoğrafı vardı, altındaysa bugün de anımsadığın, hâlâ mırıldanmaktan, ne mırıldanması bazı geceler yalnız yatağında haykırmaktan, Allah'a sığınırcasına haykırmaktan kendini alamadığın o sözcük: "Lebbeyk!" Uzun süre kendine sakladın anlamını bilmediğin bu sözcüğü. Büyükannenin anlattığı masallarda da Alaeddin'in lambasından çıkan dev böyle bağırıyor, sonra dile benden ne dilersen deyip onu çağıranın karşısında el pençe divan duruyordu. Demek ki bir tılsım vardı "Lebbeyk"te. Hacılar da Kâbe'ye varınca "Lebbeyk! Lâhümme lebbeyk!" diye haykırıyorlardı. Sonunda dayanamayıp dedene sordun ve her zaman olduğu gibi büyü yine bozuldu. "Lebbeyk!" hayal dünyanın, gökyüzünde uçan leyleklerin gittiği Arabistan'ın,

Mekke ile Medine'nin kapısını artık açmaz oldu. Bir sır, bir tılsım olmaktan çıkıp belleğindeki Arapça sözcükler arasında yerini aldı. Ve tam da o günlerde, çok iyi anımsıyorsun Hac zamanıydı beyaz kelebekler gibi etrafta dolaşan hacılarını uğurluyordu kent, bir leylek sürüden ayrılarak alçaldı, Sipil'in yamaçlarından süzülüp evinizin bacasına yuva kurdu. Bacanın üstündeki radyo anteni zarar gördüğü için bir süre yoksun kaldınız ajans haberlerinden. Bu duruma en çok deden üzüldü tabii, çünkü fazlasıyla düşkündü ajans haberlerine, bir de ezan dinlemeye. Ne birini ne diğerini kaçırmaz, sabah ezanıyla kalkıp yatsıdan hemen sonra uyurdu. Sabah ezanıyla kalkardı evet, ilk Müslümanlar gibi siyah ipliğin beyaz iplikten ayrıldığı, renklerin geri döndüğü fecir saatinde.

Leylek, dedenin düzenini bozdu ama o, "Garip kuşun yuvasını Allah yaparmış" diyerek leyleğin yuvasını bozmadı. Bazı geceler bir tıkırtı duyunca ikinci katın merdivenlerini tırmanıp taraçaya çıkar, büyükannenin güneşte kurumaya bıraktığı salça leğenleri ile kayısı ve erik pestillerinin üzerinden atlayarak "Leylek leylek lekirdek! Hani bana çekirdek!" diye bağırırdın. O da uzun ince bacakları üzerinde doğrulur, kırmızı gagasını dağa doğru çevirip takırdamasına devam ederdi. "Beni de Mekke'ye götür Hacı Baba!" diye yalvarmak gelirdi içinden. Ufuk çizgisinde dağlar uzak, dağların ardındaki deniz de uzak, ama Mekke hepsinden çok daha uzaktı. Kim bilir nerede, hangi denizin, hangi yolun, yolların bittiği yerdeydi. Kim bilir hangi dağın ardındaydı.

Leylek günün birinde kanatlanıp bacadaki yuvasından uçtu, ama ne çekirdek getirdi sana ne de Mekke'ye götürdü. Onun dönüşünü boşuna bekledin. Aradan günler, aylar, yıllar geçti. Sen büyüdün dünya küçüldü, Ay Dünya'nın Dünya Güneş'in çevresinde birçok kez döndü, ama ne leylek geri döndü ne de çocukluğun.

Ezan

Yalnızca besmele değildi be'yle başlayan, teknenin altındaki o noktada bir ad gizliydi. İslam'ın ilk müezzini Bilal'in adı. Deden Ulucami imamının ilminden çok sesine hayrandı, ezanı her duyuşunda "Ne güzel sesi var" derdi, "sanki Bilal okuyor." Sonra aptes alıp namaza durmadan bir süre dalar giderdi. Medine'yi, orada ilk mescidin kerpiç minaresinden okunan ilk ezanı mı düşünürdü yoksa sen doğmadan önceki yıllarda radyodan tüm ülkeye yayılan Türkçe ezanlar aklına gelir de, ona mı öfkelenirdi, şimdi pekiyi anımsamıyorsun. Türkçe ibadete, Kuran ve ezanın Türkçe okunmasına, "Tanrı uludur! Tanrı uludur! Haydin namaza!" çağrısına hiçbir zaman uymadığını biliyorsun ama. Hafız Abi'yle bu konuyu konuşup tartışırlardı. İkisi de, Kuran "apaçık ve Arapça" indirildiğinden, anadilleri de olsa başka bir dilde okunmasına karşıydılar. Oysa bir ara hükümet, dedenin deyimiyle "bu naneyi de yemiş", Hafız Saadettin Kaynak Fatih Camii'nde Fatiha Suresi'ni, Hafız Kemal Süleymaniye Camii'nde Kıyamet Suresi'ni segâh makamında, Hafız Zeki de öğle namazından sonra Beyoğlu Ağa Camii'nde Fatiha ile Bakara Suresi'nden on dokuz ayeti hicaz makamında ve yine Bursalı Hafız Rıfat Eminönü Yeni Camii'de Türkçe ezanı hüzzam maka-

mında, Hafız Burhan "Âmenerrasûlü"yü kürdilihicaz-
kâr makamında, bütün bunlar yetmiyormuş gibi Hafız
Ömer gâvur İzmir'deki Hisar Camii'nde Fatiha'nın
Türkçe çevirisini suzinak makamında okumuştu. Senin
çocukluğundaysa yine dedenin deyimiyle "Artık ezan
çok şükür Bilal'in dilinde" okunuyordu. Nasıl da hoş ge-
lirdi bu ad kulağına, hatta ezandan daha hoş, çok daha
büyüleyici bulurdun Bilal adını. Ve onun kimliğini, ba-
şından geçenleri merak ederdin.

* * *

Bilal bir Habeş köleydi, tüm Habeşler gibi iriyarı,
güçlü kuvvetliydi, ama onlar gibi büsbütün siyah değil-
di. Habeş bir baba ile beyaz bir anneden doğduğu için
melezdi. Yine de kuzguna çalıyordu teni, bir dudağı yer-
de ötekisi gökte, Mekke ulularına hizmet eden diğer
Habeş kölelerden pek farklı sayılmazdı. Gözleri fıldır
fıldır, bakışları korkunçtu. Ama bu korkunç bakışların
ardında saf ve temiz bir yürek vardı, karıncayı bile in-
citmekten çekinen bir koca adam. Ve o koca adamın ko-
caman elleri ile kocaman ayakları. Göğsü, ayrıkotları
yakıldıktan sonra nadasa bırakılmış bir tarla kadar ge-
niş ve tüysüzdü. Ama onun gerçek kimliği, hatta diye-
bilirim ki en büyük özelliği, sesindeydi.

Şam ya da Yemen dönüşü cepleri biraz para gördük-
ten sonra yeni kervanı düzene kadar sıkıntıdan patlı-
yordu Mekke uluları. Günler sıcak, geceler uzundu. Ba-
zen ay ışığı aydınlatıyordu sokakları, bazen yıldızlar
gökyüzünde fısıldaşıyordu, ama kent genelde koyu bir
karanlığa gömülüyordu. Kâbe'nin içi de dışı da öylesine
karanlık oluyordu ki, hani ne derler, "kurşun sıksan

delmez geceyi" ama o zamanlarda ne kurşun vardı ne tüfek. Tüfek icat olmamış, mertlik bozulmamıştı. Mertliğin en belirgin göstergesiyse konukseverlikti. Konukseverlik ve cömertlik, bir de, işret. Yine de gece cariyelerin koynunda yatıp, gündüz putları ziyaret etmekle geçmiyordu zaman. Neyse ki laklaka vardı, bayılıyorlardı havadan sudan konuşmaya. Gerçi su kıttı, ama genizden bağıra çağıra, ağızlarından salyalar saçarak konuştukları dillerinde laf boldu.

Biri Lat'ın mücevherleri arasında taş bir zeker bulduğunu, bu münasebetsizliği yapanın ciğerini doğrayacağını söylüyor, bir başkası ona o alçağın ciğerini doğramaktansa bulduğu taş zekeri kıçına sokmasını tavsiye ediyor, onlar aralarında konuşadursun ev sahibi, Muhammed'in iki elini kulaklarının arkasında yelken gibi açıp sabaha dek "Allahü ekber" diyerek kendinden geçtiğini anlatırken kahkahayla gülüyordu. "O da bir şey mi" diyordu bir başkası. "Ben Ebubekir'e yolda giderken rastladım, avucundaki kuşla konuşuyordu. Sonra hüngür hüngür ağlamaya başladı. Neden ağladığını sorunca ahret günü kuşun yerinde olmak istediğini, çünkü ondan hesap sorulmayacağını söyledi."

Yalnızca Mekke'den değil uzakta olup bitenlerden de haberleri vardı. Hire hükümdarı Mündir'in oğlu Numan, Hüsrev'in huzurunda Arap milletini öylesine övmüştü ki, koskoca Acem hükümdarı bile donup kalmış, Numan'ı hediyeye boğup ülkesine öyle uğurlamıştı. Ne mi demişti Numan? Diğer kavimlerin gözünde beş paralık değeri olmayan Arapların gerçekte sarıbenizli Çinliler ile çirkin Türklerden daha güzel, çok daha soylu olduklarını, tüm atalarının isimlerini ezbere bildiklerini söylemiş, deve üstünde çiftleşip deve sütü içtiklerini, ne Rumlar gibi sur içindeki kentlerde ne de Acemler gibi kâşanelerde değil açık havada yırtıcı hayvanlarla birlikte yaşadıklarını, beşiklerinin çöl, tavanlarının gök, en yakın dostlarınınsa at ile deve olduğunu, bu nedenle her türlü meşakkate katlandıklarını beyan etmişti. Velid oğlu Ümera ile As oğlu Amru ise Habeş ülkesine giderlerken sarhoş olup gemide kapışmışlar, Amru'nun yanında götürdüğü güzel karısına göz koyan Ümera yol arkadaşını denize atmış, ne var ki Amru boğulmadan bir halatla gemiye tırmanmayı becermişti. Ne mi olmuştu sonra? Necaşi'nin huzurunda barışmışlardı, ama huylu huyundan vazgeçmeyeceğine göre Ümera bu sefer de Habeş hükümdarının haremindeki kadınlardan birini baştan çıkarmaya yeltenmiş, büyücüler de onu soyup kıçına üfleyerek bir güzel şişirmişler, sonra da ormanda filler ile maymunların arasına salmışlardı. Ve bir daha kimse haber alamamıştı kendisinden. Derken... derken laf dönüp dolaşıp Muhammed'e geliyordu yine. Hatice'den sonra gül üstüne gül koklamam diyen Ebu Talib'in yeğeni de abayı can yoldaşının kızı Ayşe'ye yakmıştı. Bebekleriyle oynayan Ayşe nikâhlandığı, ama altı yaşında olduğu için kendisiyle henüz gerdeğe girmediği Muhammed'in terlikleriyle oynamaya başlamıştı.

– Anladıysam Arap olayım, diyordu içlerinden biri. Şu Muhammed'in işine bak. Yaşlı ve dul, üstelik iri ve şişman Sevde'yi al önce, sonra onu boşamaya kalkıp Sıddık'ın altısındaki kızını nikâhla.

– Sen zaten Arap'ın hasısın, diye yapıştırıyorlardı cevabı. Bunda anlamayacak ne var. Biz Muhammed'i çocukluğundan biliriz. Duyarlı ve mahcuptur. Sevde'ye kol kanat germekle sevaba girmiş, Ayşe'yi can yoldaşının hatırına nikâhlamıştır.

Bazıları hemen itiraz ediyordu bu cevaba, Muhammed'in işlerine akıl sır ermeyeceğini, ondan uzak durmak, hem tatlı hem korkutan sözlerine kapılmamak gerektiğini söylüyorlardı. Sonra uzakta olan bitenlerden dem vuruyorlardı yine. Diyar-ı Rum'da karışıklıklar çıkmış Acem ülkesinde deprem olunca taş üstünde taş kalmamış, dün gece Kâbe'nin üzerinden bir yıldız kaymıştı. Bunun hayra alamet olmadığını söylüyordu falcılar, ama nasıl olsa gökte yıldız çoktu. Keşke her biri ekmek olsaydı da yemeğe doyamasalardı.

Laklakayla da geçmiyordu zaman, laf lafı açarken sabah oluyor, ya ortalığı güneş kavuruyor ya sel davar çadır demeden önüne ne çıkarsa alıp götürüyordu. Geceleyin kocaman kayaları çatlatıyordu ayaz, karga ve baykuş çığlıkları yüreklere korku salıyordu. Ölülerin mezarlarından çıkıp ortalıkta dolaştığı saatlerde cinler de boş durmuyor, önlerine çıkanı anında çarpıyorlardı. Issız çölde ateş yakan da onlardı, Kâbe'nin çevresinde köşe kapmaca oynayan da. Bu nedenle evlerde oturuluyor, işret sofralarında sabahlanıyordu.

Birkaç hanifin dışında tüm Mekke uluları, Kureyş'in ileri gelenleri de dahil, Muhammed gibi içlerinde sonsuzluk duygusu taşımadıklarından, ölümden sonraki hayata inanmadıklarından varoluşu pek fazla sorgulamıyorlardı. Evrenin şaşmaz biçimde işleyişine, gündoğumları ile günbatımlarına, çok ender yağan, yağdı mı da kocaman kayaları önü sıra yuvarlayan yağmura, çıplak tepelerin ardında çakan şimşeklere, gökkuşağı ile aya, aysız gecelerde elle tutulacak kadar yakınlaşan yıldızlara da kayıtsızdılar. Gökyüzü falcıların işiydi, yeryüzü çobanların. Çölde fazla mahlukat yoktu gerçi, ama develer ile katırları, yılanlar ile çıyanları, arada bir avladıkları atmacalar ile aslanları Allah'ın yarattığına inanmıyorlardı. Çobanların güttüğü davarları da. Ne hurma ağaçları umurlarındaydı ne kum fırtınaları. Uzza, Lat ve Manat'ın, kırmızı gözlü yüce Hubel'in korumasındaydılar. Bu dünyadan kâm almak için yaşadıklarına inanıyorlardı, Allah'a ibadet etmek için değil. Gerçi Allah yaratıcı ve her şeye hâkim bir güç olarak vardı, ama çok uzakta, erişilmez bir yerdeydi. Kızları Uzza, Lat ve Manat'a bırakmıştı yeryüzündeki düzeni, devranın çarkından, insanların akıbetlerinden, işlerinden ve işretlerinden onlar sorumluydular.

Genelde içlerinden birinin evinde toplanıp işret sofraları kuruyor, uzun saçlı, elleri ve yüzleri boyalı dansözlerin kalça kıvırışlarıyla hızlanan teflerin, çalparaların, kaz tıslamasına benzer sesler çıkaran zurnaların eşliğinde vakit öldürüyorlardı. Birbirlerini öldürdükleri de oluyordu bazen, sonu gelmeyen kan davaları böyle başlıyor kan gövdeyi götürüyordu. En zengin, en gösterişli şölenler Kalifa oğlu Ümeyye'nin evinde yapılıyordu. Orada kuzular gümüş tepsilerde nar gibi kızarmış, ortalarından yarılıp çatlamış oluyordu her zaman, hurma şarabıysa altın kupalarda sunuluyordu. Mekke uluları içinde en cömerdi Ümeyye'ydi anlayacağınız, en sapkını, en acımasızı da. Herkes kafayı bulduktan, yiyip içtikten, nefsini cariyelerle körelttikten sonra yine laklakaya geliyordu sıra. Eski günlerden, eski kervanlardan, eskinin olağanüstü savaşlarından da söz edildiği oluyordu, şiirler okunduğu da. Belagat sanatında kim ustaysa, kim iddialıysa ortaya çıkıp kafiye düşürüyor, sonra bu sözler, eğer çoğunluk tarafından benimsenirse, ertesi gün de akıllarda kalırsa, mısır ketenine ya-

zılıp Kâbe'nin duvarına asılıyordu. Derken, şiirler de
okunup tüketildikten sonra, sofrada sızmayıp ayık ka-
lanlara şarkı söylüyordu Bilal.

Sesi öylesine içten, o denli güzeldi ki, duyanlar o an-
da büyülenmiş gibi sus pus oluyor, şarkı bitene dek
ağızlarından ne tek bir söz çıkıyor ne de kursaklarına
tek bir lokma düşüyordu. Uyuklayanlar da yüreklerin-
de bir çırpıntı, bir ısınma duyup şarkıya kulak kabart-
maktan kendilerini alamıyorlardı. Sözlerini anlama-
dıkları bu şarkı, Bilal'in sesinde neredeyse bir ayine, ef-
sunlu bir güzelliğe dönüşüyor, en katı yürekleri bile yu-
muşatıyordu. Yumuşatmak da ne kelime, delip geçiyor-
du düpedüz. Çünkü Bilal'in sesi hem yumuşak ve derin
hem de yeri geldiğinde, keskin ve deliciydi. Habeş ülke-
sinin özlemi, köleliğin acısıyla olgunlaşmıştı bu ses,
sanki tüm pisliklerden, kötü etkilerden temizlenmiş,
durulup saydamlaşmış, yunmuş arınmıştı. Kuşkusuz
bu nedenle en çok Ebu Cehl seviyordu Bilal'i. Yediği on-
ca yemeğe, içtiği onca şaraba rağmen diğerleri gibi sız-
madan şarkı vaktini bekliyor, beklerken de sürmeli göz-
lerinin içi parlıyordu. Ebu Cehl, adından da anlaşılaca-
ğı gibi, yalnızca "cehaletin babası" değil Mekke'nin yüz-
karasıydı. Kadın gibi süsleniyordu çünkü; erkeklerden,
özellikle de oğlan çocuklarından hoşlanıyordu. Hatta
çok hoşlanıyordu. "Yüzkarası" dediysem düşmanlarının
gözünde elbet, yoksa "cahiliyetin babası" Arapların ca-
hiliye döneminde pek de yaygın olmayan "olağandışı
cinsel eğilimlerini" gizlemeyecek kadar cesurdu. Ve na-
sıl demeli, daha görür görmez, sesini duymadan vurul-
muştu Bilal'e. Bir deve ya da eşeğe palan vurur gibi de-
ğil, Habeş köle önce heybetiyle vurmuştu Ebu Cehl'i,
sonra sesiyle.

Bilal'in görevi efendisinin ayak işlerine koşmaktan çok putların temizliğini yapmak, özellikle de Uzza, Lat ve Manat'ın bakımıyla ilgilenmekten ibaretti. Ve nefret ediyordu onlardan. Bilal'e öyle geliyordu ki bu taştan kadınlar onun ülkesindeki resimlerden, kiliselerin duvarlarını süsleyen Meryem Ana tasvirlerinden çok daha tehlikelidir. Onlarda insanı saptıran, baştan çıkaran bir güç, bir çekim vardır. Ve Kutsal Bakire de dahil hiçbiri Tanrı'ya götüremez. İsa da elbette, Tanrı'nın oğlu değil, çiğ süt emmiş, gaddar insanoğlunun bir kurbanıdır. Sevgisi her gün içinde büyüyen, putlara inat belli bir şekli şemaili olmayan, yalnızca ümit veren, esirgeyen ve bağışlayan, onu ayakta tutan yüce varlığın bir oğlu olabileceğine aklı ermiyordu Bilal'in. O, içinden yüzlerine tükürmek de gelse bakımlarından sorumlu olduğu putların, Kutsal Bakire ile Çocuk İsa'nın da ötesinde, onlardan çok daha güçlü, görünmez ve hayal gücünü aşan bir varlığın, bir büyük sırrın, belki de bilinmezin peşindeydi. Bu arayış köle oluşundan mı kaynaklanıyordu yoksa putlara karşı beslediği öfkeden mi, bilinmez. Ama kendi inancını, kendi tanrısını bulduğunda yalnızca ona tapmakta kararlıydı. Bu nedenle Muhammed'e ilk inananlardan oldu. Allah'a eş koşulamayacağına, kıyamet gününde hesap sorulacağına, asıl önemlisi de Allah'ın "lem yelid ve lem yuled" yani doğurulmayıp doğuramayacağına yürekten inandı. Tüm varlığıyla Muhammed'e vahiy indiren güce teslim oldu. Bir'den ne çıkar? Yine Bir. Olsa olsa, yalnızca Bir. Bilal "ehad" sözcüğünü dilinden düşürmez oldu. "O Bir'dir" diyordu, "Muhammed de Allah'ın elçisi. Allah ise Bir'dir ve O'ndan başka tapacak yoktur." Sayıları pek az da olsa, yalnızca Bilal değil bütün Müslümanlar inanıyorlardı buna, ama Bilal'in inancı sanki daha derin, daha mutlak, galiba biraz da saplantılıydı. Muhammed'in ağzından da bal akıyordu zaten, salt "Kul hüvellahü ehad" ayeti değil her sözü güzel, doğru ve etkileyiciydi. Allah'ın birliği putların çokluğu yanında, bakıma gittiğinde Bilal'e küçümseyen gözlerle tepeden bakan orospuların, Uzza, Lat, Manat ve diğerlerinin yanında tartışma götürmeyecek kadar gerçekti. İşte bu nedenle, yalnızca Muhammed'in yaymaya çalıştığı yeni dini kabul ettiği için değil, bakımlarından sorumlu olduğu putları hor gördüğü için de değil, olur olmaz yerde herkese "Allah Bir'dir" dediği için efendisi Ümeyye cezalandırmaya karar verdi Habeş köleyi.

Bilal'i soyup zincire vurdular. Önlerine katarak Mekke dışına çıkardılar. Orada kızgın kuma yatırıp göğsüne bir kaya koydular. Bilal soluk almakta güçlük çekiyor, kayanın ağırlığı altında kalbi duracakmış gibi oluyordu, ama "Allah Bir'dir" demekten de geri kalmıyordu. Bunun üzerine, göğsünde kayasıyla aç ve susuz bıraktılar. Kuma karışan kanını yılanlar gelip yaladı ne var ki ona dokunmadılar. Bu işkencelere irikıyım gövdesi dayandı, ama sesi dayanamadı. Artık ürpertici bir hırıltı duyuluyordu ağzını açtığında. Bilal gündüz güneşin gece ayazın altında çile çekiyor yine de inancından dönmüyordu. İnliyordu yalnızca. İnlerken de ağzından o ürpertici hırıltı çıkıyordu, ama bir kez olsun yakındığı duyulmuyordu. Sonunda, ölmek üzereyken sevgili peygamberi Muhammed yetişti imdadına. Ebubekir'e kölenin bedelini ödeyip Bilal'i azat etmesini buyurdu. Ve öyle oldu. Bilal ilk Müslümanların arasına karışıp onlarla Medine'ye hicret etti, orada yapılan ilk mescidin minaresinden ilk ezanı okudu. Ve Bedir Savaşı'nda kendi elleriyle öldürdü eski efendisi Ümeyye'yi.

Savaşlar başka savaşları izledi, Medine'den tüm Arabistan'a yayılmaya başladı İslam. Ve Bilal'in okuduğu ezan yalnızca kentlerde değil çölün en ücra köşelerinde bile yankılanır oldu. Mekke'yi ele geçirdikten sonra eski kentinde kalmadı Muhammed, Medine'ye, onu zor zamanında bağrına basan muhacirin ve ensarın kentine geri döndü. İlk ve son hac görevini yerine getirmek üzere Mekke'ye doğru yola çıktığında tüm kadınları ve Bilal de aralarında on binlerce Müslüman ona eşlik ediyordu. Birlikte hac görevini yerine getirip Peygamber'in veda hutbesini dinlediler. Orada Muhammed, dişi devesi Kasva'nın üzerinden kan davaları ile faizin kaldırıldığını, tüm Müslümanların kardeş olduğunu bildirdi. Hasta ve yorgundu. Deveyi çökerten son vahiy de gönlüne nazil olduktan sonra görevini tamamlamış olmanın rahatlığıyla döndü Medine'ye. Bilal yanında, hep başucundaydı. Kimi zaman Ayşe'den bile daha yakındı Peygamber'e. Günde beş vakit ezanı o okuyor, Peygamber'in kapısında nöbet tutup tüm işlerini görüyordu. Muhammed'in ölümünden sonra onun yokluğuna katlanamadığı için Şam'a gitti, ama bir gece Allah'ın elçisini rüyasında görüp Medine'ye geri döndü. Muhammed'in torunları Hasan ve Hüseyin'in ricası üzerine yine ezan okuyarak Müslümanları namaza çağırdı. Medine'de okuduğu son ezanı duyanlar kulaklarına inanamadılar. İçlerinde Bilal nasıl geri dönmüşse Muhammed'in de geri geleceğine inananlar oldu. Sokaklara çıkıp saçlarını başlarını yolmaya, giysilerini yırtarak Muhammed'in de geri dönmesi için Allah'a yalvarmaya başladılar. Ama ne Muhammed ahreti bırakıp geldi ne Bilal Medine'de kaldı. Önce gazilerin sonra ölülerin

arasına karıştı Şam'da. Cennette sevgili Peygamberine
kavuştu. Orada ezan okumaya gerek olmadığı için ne
yaptığı bilinmiyor. Ama burada "Tanrı Uludur! Tanrı
uludur! Haydin namaza!" diye okunmuyor artık ezan.
Dünyanın tüm şerefelerinden yalnızca "Allahü ekber"
haykırışı duyuluyor.

Menemen

Hafız Efendi gerçekten çok güzel sesli, ufak tefek, ağırbaşlı bir delikanlıydı, dedenden Kuran öğrenmiş, hatim indirip hafız olmuştu. Sen Hafız Abi derdin ona, sürekli yolunu gözlerdin. Yine Kuran okusalar birlikte, sonra koyu bir sohbete dalsalar, uzaktaki o çöl ülkesinden, Muhammed ile Kâbe'den, peygamberlerin işlerinden, mucizelerinden söz etseler. Hafız Abi ayet-i kerimelerin mealini sorsa dedene, Mekke ile Medine'yi konuşsalar. Hazreti İbrahim ile Hazreti Musa, Cemal Paşa ile Kanal Savaşı şehitleri dile gelse. Hafız Abi "Allah yolunda öldürülenlere 'ölüdür' demeyin, zira onlar diridirler, fakat siz farkında değilsiniz" ayetini okusa.

Ama deden fazla bir şey anlatmaz, konuyu geçiştirir, hele büyükannenin özenle ütüleyip kolaladığı mintanının boşlukta sarkan sol koluna hiç değinmezdi. Savaş gelip geçmiş, ardında yığınla acı, ölüm ve gözyaşı bırakmıştı. Manisa'nın yangın yerleri de bir savaştan yadigâr değil miydi, mahalle arkadaşlarından duyduğun, halk arasında hâlâ anlatılan kıyımlar, ırza geçmeler, Yunan mezaliminden kaçmak için dağa sığınmalar ve karınlarındaki bebeleriyle süngülenen hamile kadınlar, özellikle de onlar, doğru ya da yanlış, galiba ve ne yazık ki doğru, "şehit kanıyla sulanmış bu topraklarda" yaşanan o vahşet ve yıkım günleri... Canlarını kurtarmak için olsa yine iyi, ama servet sahibi olmak için varını yoğunu gâvura satanlar ile boyun eğmeyenler, Gazi Paşa'nın Kocatepe'den gösterdiği hedefe, İzmir'in Kordon Boyu'na doğru akıp giden kalpaklı süvariler ve kurtuluş. Bir gün arayla Manisa ve İzmir'in yalnızca Yunan işgalinden değil, hilafet yanlıları ile örümcek kafalılardan da kurtuluşu. O zaman "örümcek kafalı" denmiyordu mürtecilere, aslında dedenin de pek sevmediği bu şeyh-tekke-derviş takımının beyinlerinde bir örümceğin ağını örmesi de zaten mümkün değildi, ama onlar, yasaklanmış da olsa gizlice giymekten çekinmedikleri sarık, cüppe ve hırkalarıyla, göbeklerine dek bıraktıkları sakalları ve ellerinden düşmeyen tespihleriyle pazaryerindeki basma fistanlı köylüler ile dağdaki Yörüklerden de, hayal meyal anımsadığın şapkalı, kostüm kravatlı babandan da farklıydılar. Ve sokağa başı açık çıkan teyzelerine bakılırsa ülkenin ve rejimin başına belaydılar. Dedene de pek benzemiyorlardı, ama sanki bütün bunlar onun umurunda değildi, deden unutmak istiyordu savaş günlerini. Artık çatışma olmasın, yine kan gövdeyi götürmesin istiyordu. İmparatorluk ve hilafetin yıkıntıları üzerine kurulan laik Cumhuriyet rejiminden memnundu, ne var ki ezanın Türkçe okunmasına, minare şerefelerinden günde beş vakit "Allahü ekber" yerine "Tanrı uludur" sesinin yankılanmasına karşıydı. Belki yeni Türkçeye pek aşina olmadığından, belki de Kuran'ın Arapça indirilmesine duyduğu saygı ve inançtan, kim bilir belki de... Şimdi bilemezsin, bu konuları dedenle tartışamazsın artık, Hafız Abi'yle de; onlar aralarında konuşurlarken aklının ereceği yaşta değildin, şimdiyse geçmişin, o uzak geçmişin içinden çıkıp gelen bölük pörçük izlenimlerden, anımsadıklarından, duyduklarından, duyup da unuttuklarından yola çıkarak bir sonuca varmaya, bir şeyler yazıp çizmeye kalkışıyorsun, ama olmuyor. Ne deden ile Hafız Abi'yi geri getirebilirsin ne de belli etmeden dinlemeye çalıştığın tartışmalarını. Öyleyse o sözcüklerin bağlamını, tarihsel karşılığını araştır ve onun üzerine kur anlatını. Hadi "Menemen"in yalnızca sevdiğin, oldukça sık yediğin bir yemek olmadığını, ülkenin bugününe hâlâ ışık tuttuğunu anlat bakalım. Yağda kızarmış domates, biber ve soğanın üzerine yumurta kırmaktan daha kolay değil belki, ama Menemen Olayı Manisa'yla ilgili anılarında mutlaka yer almalı.

Can kulağıyla dinlerdin sedirin üzerinde, bahçeye bakar gibi yapıp dikkat kesilir, "Türkçe ezan", "Menemen", "Kubilay", "Cumhuriyet", "şeriat" sözcüklerinin sıkça geçtiği konuşmadan yine de bütüncül bir anlam çıkaramazdın. Her şey bölük pörçüktü kafanda, hayalindeyse kötülük ile iyilik, şeriat taraftarları ile Cumhuriyet devriminin bekçileri, şeyhler ile dervişler fır dönmeye başlarlardı. Hangisi daha yakındı sana, dedene bakılırsa Asteğmen Kubilay elbette, ama onun başını kör bir bağ bıçağıyla kesip Sancak-ı Şerife asan Derviş Mehmet İslam adına, din ve Peygamber uğruna kalkışmamış mıydı bu işe? Kendini Mehdi ilan edişi Abdülhamid'in oğullarından birini padişah yaparak hilafeti geri getirmek için değil miydi? Bir caniydi evet, meczubun tekiydi. Ama giriştiği kıyam, işlediği cinayet nasılsa Menemen halkından destek görmüş, alkışlanmıştı. Neden acaba? Yine sorular sormaya başladın olayları anlatacak yerde. Okur yorum değil, çözüm de değil, olup biteni öğrenmek ister, yıllardır öğrenemedin gitti.

Yedi değil dört kişiydiler, dört Mehmet, kendilerini Kuran'daki "Yedi Uyurlar"a benzetseler de. Sonra çoğaldılar, aralarına karışıp isyana katılanlarla sayıları yüzü buldu. Oysa en başta Giritli Mehmet, Şamdan Mehmet, Sütçü Mehmet ve Mehmet Emin, Manisa'nın Araboğlu mahallesindeki Çırak İbrahim'in kahvesinde buluşup esrar çekiyor, zikir ayinleri yapıyorlardı. Nakşibendi'ydiler. Ve suçları bundan ibaretti. İstanbul'da Erenköy'deki köşkünde elini sıcak sudan soğuk suya sokmayan, kuştüyü yastıklarda uyuyan, Kutbü'l-Aktab Şeyh Esat Efendi'ydi mürşitleri. Bir de Kıtmir adını verdikleri bir köpekleri vardı. Köpek kahvenin önünde uyukluyor, içerden gelen tekbir seslerini duydukça kulaklarını dikip sonra yeniden uykuya dalıyordu. Dört Mehmetlerse Allah'ın adını andıkça kendilerinden geçiyor, uyumak şöyle dursun silkindikçe diriliyor, vecit içinde İstanbul'daki şeyhleriyle rabıtaya giriyor, ona teslimiyet yemini ediyorlardı. Şeyhin, doksan yaşını geçmiş olmasına rağmen rabıta ve zikir dışında başka işleri, başka planları vardı. Tekke ve zaviyeleri kapatan, halkı fes çıkarıp şapka giymeye zorlayan, şeriatı hiçe sayan kâfir hükümeti Allah'ın inayeti ve Resulullah'ın şefaatiyle devirmekti niyeti. Bu amaçla Manisa'ya yerleşmiş Florinalı mübadiller arasına müritlerini salarak epeyce taraftar toplamıştı.

1930 yılının aralık ayında dört Mehmetler, başlarında Giritli Mehmet olmak üzere, harekete geçtiler. Yanlarında Kıtmir, esrar çekip zikir yaparak yola düştüler, konuk kaldıkları Bozalan köyünde silahlandılar, burada Giritli Mehdiliğini ilan etti, artık bir kurtarıcıydı o, yalnızca derviş değil. Gerçi Yunan işgalinde tekkesini meyhane yapıp gâvur subayların hizmetine sunmuştu, ama Kurtuluş'tan sonra yasaklanan tarikatına da bağlı kalmıştı. Nicedir günahkâr İstanbul'un burçlarına dikmek için can attığı Sancak-ı Şerif dalgalanıyordu dumanlı kafasında. Afyon yutan derviş taifesindendi evet, ama bu taifede pek sık görülmeyen bir özelliği de vardı. Kan dökücüydü. Yandaşlarıyla birlikte Menemen halkını ayaklandırmak üzere bağlar, bahçeler arasından geçer, çoban ateşlerinde ısınırken Reisicumhur Gazi Paşa'nın kellesini pancar gibi koparıp yeşil bayrakla birlikte göndere çektikten sonra hilafet ordusunun başında payitahta muzaffer bir peygamber olarak girmeyi hayal ediyordu.

Payitahta olmasa bile Menemen'e bu hevesle girdiklerinde gün yeni ağarmaktaydı. Doğruca Müftü Camii'ne gidip cemaatle birlikte sabah namazını kıldılar. Mihraptaki yeşil bayrağın üzerinde "Fetih Suresi"nin ilk ayetini gören Derviş Mehmet hayalinin gerçekleştiği sanısına kapılarak bayrağı yerinden alıp tekbir getirmeye, sonra da tüm kasabada yankılanan sesiyle "Doğrusu biz sana apaçık bir zafer verdik" ayetini haykırmaya başladı. Caminin imamı da minareye çıkıp iki el silah atarak halkı cihada çağırdı. Kısa zamanda olay asker ve sivil yetkililer tarafından haber alındı. Hükümet konağının önünde toplanan isyancılar alkış ve tekbir sesleri arasında üzerlerine gönderilen askeri kuvvete karşı direniş gösterdiler. Süngü takmış emir bekleyen askerin başında genç bir yedek subay vardı. Üniforması içinde üşüyen, zayıf ve kumral, dal gibi bir delikanlı. Adı Mustafa Fehmi Kubilay'dı. Müstakbel katili gibi Girit kökenliydi o da, ama değil cana, bir karıncaya bile kıyamazdı. Bu nedenle komutasındaki askerlere mermi vermemiş, isyancıları caydırmak için yalnızca süngü taktırmakla yetinmişti.

Kubilay'ın Anadolu'nun çeşitli kentlerinde geçmişti çocukluğu, küçük yaşta evlenip baba, sonra da öğretmen olmuş, derken memleketi İzmir'i mekân tutarak çoluk çocuğuyla Karşıyaka'ya yerleşmişti. Askerliğini yedek subay olarak Menemen alayında yapıyordu. Menemen İzmir kadar olmasa da sıcak yerdir. Ama kışın soğuk olur, Gediz'in suladığı toprak donar, kırağı çalar bağı bostanı. Acı patlıcanı kırağı çalmaz derler, Kubilay acı patlıcan değil yeni yeşeren bir fidandı. İşte bu yüzden yaptı hayatının yanlışını, mürtecilerin yanına gidip onları uyarmaya, dağılmaları için iknaya çalıştı. Ve içlerinden birinin attığı kurşunla yaralanıp yere kapaklandı. Yarası ağırdı. Buna rağmen ayağa kalkmayı başararak bir cami avlusuna sığındı. Derviş Mehmet orada, musalla taşının yanında buldu Kubilay'ı. Genç subay burnundan soluyordu. Kanı avluyu kızıla boyamıştı. Mehmet cüppesinin cebinden çıkardığı kör bıçakla yaklaştı yanına, yalvarmalarına aldırmadan yerde yatan kurbanını yüzükoyun çevirdi ve kuzu boğazlar gibi tüm gücüyle üzerine çökerek başını gövdesinden ayırdı. Kesik başı musalla taşına vurdu sonra, yüzüne sıçrayan kanı yalarken tekbir getirmeye devam ediyordu. Elinden bıraktığı yeşil bayrağı aldı yerinden, Kubilay'ın başını göndere takıp Mehdiliğini tanımayanların sonunun böyle olacağını haykırmaya başladı. Duruma müdahale eden iki bekçi de isyancıların açtıkları ateşle şehit oldular. Bunun üzerine Yüzbaşı Ragıp Bey komutasında bir askeri birlik kasabaya gönderildi. Çatışmada Mehdi olduğu için kendisine kurşun işlemeyeceğine inanan Derviş Mehmet başta olmak üzere öbür üç Mehmet öldürüldüler, dördüncüsüyse tutuklandı. Bölgede sıkıyönetimin ilanından sonra kurulan askeri mahkemede yargılanıp diğer elebaşlarıyla birlikte idam edildi. Kurunun yanında yaş da yandı bu arada. Gazi Paşa önce olaya alkış tutan Menemen halkının topa tutulmasını, biraz yatıştıktan sonra da sürülmesini emrettiyse de yakın çevresinin ricaları sonucunda bundan vazgeçerek mahkemenin verdiği idam ve ağır hapis cezalarıyla teselli buldu. Ama küstü Manisa'ya, İzmir'e trenle giderken özel vagonunun perdelerini kapattırıp istasyondan son hızla geçtiği söylenir. Bu bir söylenti belki, ama Menemen vahşeti ne yazık ki gerçek.

Yıllar sonra bu satırları yazarken bile ürperiyorsun. Kubilay'ın İslam adına işlenen cinayetlerin ne ilk ne de son kurbanı olduğunu biliyorsun çünkü. Tekbir sesleriyle boğazlanan suçsuz insanların kesik başları geceleri uykularını bölüyor. Akıbetleri Kubilay'ınkine benzeyenlerin ölüm haberleri geliyor dünyanın dört bir yanından. Yine de Menemen'de yargılananların askeri mahkemenin kararıyla savunmadan yoksun bırakılmalarını anlayabilmiş değilsin. Avukat tutma hakları ellerinden alınmamalıydı diye düşünüyorsun. Peki öyle olsaydı deden savunur muydu canileri? Kendisi inançlı bir Müslüman olduğu halde hukuku inanca üstün tuttuğundan herhalde savunurdu.

Çocukluğunda Menemen Olayı unutulmamıştı, bugün de unutulmuş değil. Manisalı canilere lanet okuyan da vardı o zamanlar, onlara arka çıkan da.

— Derviş Mehmet, Kubilay'ın başını kör bıçakla kesmiş ha! derdi İsmail. Sonra da kanını içmiş!

Çocuktunuz, her çocuk gibi hem merak eder hem de kandan korkardınız.

– İçmiş evet, diye karşılık verirdin. Şehit kanını hem de!

– Kubilay şehit sayılır mı peki?

– Dedem öyle diyor?

– Babam asıl Derviş Mehmet'in şehit olduğunu söylüyor da...

Fal taşı gibi açılırdı İsmail'in çakır gözleri. Kim bilir, kendi başına geleceklerden habersiz belki babasına hak verirdi, belki dedene. Ne zaman Kubilay'dan söz etseniz süsücü malak gibi bakardı İsmail. Sonra başını öne eğer düşüncelere dalardı.

Lat

O sabahı hiç unutmam, tanyeri kıpkızıldı. Gül parmaklı şafak Kâbe'yi henüz aydınlatmaya başlamıştı ki bir vaveyla koptu. Mekke Mekke olalı böyle şey görmemiştir. Kadınlar en güzel giysilerini giymiş, süslenip püslenip ellerinde teflerle sokağa dökülmüşlerdi. Başlarında Hind vardı. Siyah ipekler içinde, her an avının üzerine atılmaya hazır bir pantere benziyordu. Alnına kan kırmızısı boyalar sürmüş, saçlarını topuz yapıp arkadan bir tokayla tutturmuştu. Onun yerinde olmak için neler vermezdim. Zengin ve güçlü, üstelik yakışıklı Ebu Süfyan'ın karısı olduğu için değil. Güzel ve vahşi bir görünüşü vardı. Bir ilahe kadar, hatta ondan daha fazla kindardı. Tutkulu bakışlarıyla beni bile korkuttuğunu itiraf etmeliyim. Böyle kadınları her zaman beğenmişimdir. Hind, Bedir'de kaybettiği babası ile iki erkek kardeşinin öcünü almak için savaş çığlıkları atıyor, Kureyşlileri Muhammed ve taraftarlarına karşı cenge davet ediyordu. Diğer kadınlar al yeşil giysileriyle arkasından geliyorlardı. Onların da yüzleri boyalı, ayak bilekleri halhallıydı. Gümüş ve altın bilezikler şıkırdıyordu kollarında. Kulaklarındaki küpeler göz kamaştıracak denli parlaktı. Neredeyse ev ev dolaştılar tüm kenti, erkeklerini savaşa kışkırttılar. Öğleye doğru kızgın güneş gökyüzünü ortaladığında Ebu Esedü'l Cumahi de katıldı aralarına; hani Bedir'de esir düştükten sonra Müslümanlar aleyhinde söz söylemeyeceğine yemin ettiği için serbest bırakılan şu yaman şair. Sıcağa aldırmadan, hatta sanki güneşten ilham alarak en çok o bağırıp çağırıyor, ölülere mersiyeler düzüyordu. "Güneş altında çoktan dağıldı cesetleri" diyordu. "Kanları da onurları gibi yerde kaldı. Kureyş'in üzerinden kim kaldıracak bu yazgıyı?"

Böylece kısa zamanda civar kabilelerden iki bin kadar asker toplandı, Kureyş'in eli silah tutan erleri de bin kadardı. Gelip bizi de kaldırdılar yerimizden, Uzza'yı ve beni iki kızıl devenin, Manat'ı bir doru kısrağın üzerine koydular. Medine'ye doğru yola çıktığımızda güneş batmak üzereydi. Dura kalka, göçe konaklaya tez ilerlemedik belki, ama Uhud'a vardığımızda dağı dolaşarak Cebel-i Ayneyn'in eteklerine yayıldık. Tam üç bin asker, bir o kadar deve ve iki yüz atlıydık. Kadınları saymıyorum, sancaklar ile küçük putları da. Onlar karargâh çadırlarında kalmışlardı, kadınlarsa arkada. Ne var ki Ayneyn'den kalkıp çorak sahada savaş düzenine girerken kılıç kuşanıp zırh giymeseler de, tefleri, allı yeşilli giysileri ve deveninkinden beter kinleriyle öne geçtiler. Er meydanından kaçarlarsa bir daha kendileriyle sevişmeyeceklerini haykırdılar kocalarına.

Muhammed de kentten çıkmış, ordusuyla Uhud'a arka verip tam karşımızda saf tutmuştu. Yedi yüz kadar yaya asker saydım, çoğu zırhsızdı. Yalnızca iki atlı vardı içlerinde: Ebu Bürde ile Peygamber. Onların peygamberi elbet, yoksa hükmü ne bize geçer ne Kureyş'e. Sözü de, bal kadar tatlı olsa bile, etkilemez bizi. Çünkü biz Allah'ın kızlarıyız, o ise Allah'ın elçisi. Daha doğrusu öyle olduğunu iddia ediyor, ben bilemem. Ama her iki atlının da kesin zafere inandıklarını söyleyebilirim. Allah'ın onlara arka çıkacağından emin, son hazırlıklarını yapıyorlardı. Derken Bilal-i Habeşi'nin sesi duyuldu. Dağın tepesindeki bir mağaradan geliyormuş gibi boğuk ve etkileyiciydi. Öfkeyle yüzüme tükürdüğü günden beri haber almamıştım kendisinden. Demek ki o da Müslüman olup Medine'ye göçmüş. Keşke Ebubekir azat etmeseydi de göğsündeki kayanın altında bir böcek gibi ezilip gitseydi! Bilal'in sesini duyanlar namaza durdular, bizimkilerse adımızı haykırmaya başladılar. Gururlanmadım desem yalan olur. "Ey Uzza! Ey Lat! Ey Manat!" diye bağırıyorlardı, "Bizi muzaffer kılın!" Uzza'nın kızıl devenin üzerinde, mağrur ve heybetli, gülümsediğini gördüm. Sefere çıkmadan önce Ebu Süfyan ona danışmış, zafer vaadi almıştı. Ben de cesaret vermiştim ordu kumandanına. Elimle değil elbet, dilimle de değil, bakışlarımla. O da ne demek istediğimi anlamış gibi başını sallayıp sakalını sıvazlamıştı.

Karşılıklı dualardan sonra Muhammed'in elli kadar okçuyu Uhud'un yamacındaki hâkim bir mevkie yerleştirdiğini gördüm. Olası bir çevirme hareketini önlemek istediği belliydi. Gülüp geçtim tabii ki. Velid oğlu Halid'e sökmez ki bu önlem, onun kumandasında süvariler saldırmaya görsün, ne oktan sakınırlar ne tuzaktan. Kanatlanmış atlarıyla ekin biçer gibi biçerler düşmanı. Okçuları mevzilendirdikten sonra Muhammed elindeki kılıcı Ebu Dürcane'ye verdi, kendisi de, sanki peygamber değil de cengâvermiş gibi bir başka kılıç kuşanıp kalkanını sol eline aldı, yayını da sırtına astı. Sonradan o kılıcın üzerinde "Korkunun ecele faydası yoktur" diye yazdığını öğrendim. Müslümanlar da bizimkiler gibi kade-

re inanıyor demek ki. Ama onlar Allah'a teslim etmişler
kaderlerini, bizimkilerse Manat'a. Bir de kâhinlere. On-
lar da geleceği bilir, gaipten haber verirler. Ebu Dürca-
ne Muhammed'in sağ beraberinde, Ali solundaydı. Saf-
larımıza doğru yürüdüler birlikte, ama savaşı başlatan
onlar olmadı. Ali'nin ucu çatallı Zülfikâr'ının güneşte
parıldadığını, Dürcane'nin miğferine sardığı kırmızı şa-
lın rüzgârda dalgalandığını gördüm. Her ikisinin de ara-
mızdan nice yiğitleri yere serip öldüreceklerini bilemez-
dim elbet.

Evet, savaşı onlar başlatmadı. İlk oku atan, sonra da
yalınkılıç üzerimize saldıran Kuzman adında bir müna-
fık oldu. Orduya katılmayıp Medine'de kaldığı için ka-
dınların hakaretine uğradığını öğrendim sonradan. Ka-
dınlara maskara olmayı kendine yediremeyince bir ko-
şu gelip yetişmiş, Müslümanların arasında saf tutmuş.
İlk o saldırdı, önüne kim çıktıysa yere serdi. Sonunda
bizimkiler hakkından geldiler elbet, ölmeden önce ken-
disine şaka yollu "Şahadet'in mübarek olsun ey Kuz-
man!" diye bağıran Numan oğlu Katade'ye, şehit olup
cennete gitmek için değil Medine hurmalıklarını Ku-
reyş'in gazabından korumak için savaştığını söylediğini
duydum. Ve nedense acıdım ona. Zavallı Kuzman! Ne
şehit oldu ne gazi! Kadınlar yüzünden ve bir hurmalık
uğruna can verdi.

Kuzman'ın cesaretiyle coşan sancaktarımız Talha oğ-
lu Talha öne atıldı bu kez ve er meydanına bir Müslü-
man istedi. Ali yetişip bir kılıç darbesiyle başını gövde-
sinden ayırdı zavallının, sonra Müslümanlar ile bizim-
kiler birbirine girdiler. Sancağımız elden ele geçiyor, ye-
re düşmeden rüzgârda dalgalanıyor, ne var ki onu tu-
tanlar peş peşe yere seriliyorlardı. Muhammed'in am-

cası Hamza'nın, Kureyş'in sancağını dik tutmakla görevli Abdüddaroğullarının baba, oğul, birader ve amca olmak üzere tam yedi üyesini gözünü kırpmadan öldürdüğünü gözlerimle gördüm. Kan aktıkça tapınağımda kesilen kurbanlar geliyordu aklıma, ürperiyordum. Kim demiş görmeyen, hissetmeyen, konuşmayan taş parçalarından ibaret olduğumuzu. Müslümanlar ile bizimkiler birbirlerini kırdıkça coşuyor, şehvet duygularım kabarıyor, sevinç çığlıkları atmamak için kendimi güç tutuyordum. Ama Hamza'nın akıbeti karşısında dayanamayıp elimi apışarama daldırdım.

Sefere çıktığımızda Hind'in, Cübeyr'in Habeş kölesi Vahşi'yle konuştuğuna tanık olmuştum. Hind, Hamza'yı öldürürse üzerindeki takıları ona vereceğini, ayrıca azat edileceğini söylemişti. İki taraf da kıran kırana dövüşürlerken Vahşi bir kayanın ardına gizlenmiş, olan biteni, daha doğrusu Hamza'nın hareketlerini dikkatle izliyordu, ben de onu. Elinde hedefini hiç şaşmayan mızrağı vardı. Hamza, "Allah'ın Aslanı" lakabının hakkını vermek istercesine kükrüyor, naralar savurup önüne kim çıkarsa yere seriyor, kollar, bacaklar, eller ile kelleler havada uçuşurken kılıç üşürüp can alıyordu. Bir ara, Abdüluzza'nın oğluna hamle edip onu da öldürdükten sonra soluk almak için durdu. Vahşi de tam o sırada, yanına yaklaşmaktan korktuğu Hamza'ya doğru fırlattı mızrağını. Mızrak Habeş tarzı döne döne ve havada kavis çizerek geldi, Muhammed'in amcasının kalbine saplandı. Önce şaşırdı melun, ne olduğunu anlamak istiyormuş gibi çevresine bakındı. Ölümün böyle ansızın, hiç ummadığı bir anda gelip kendisini bulacağını ummuyordu tabii, tuzağın farkında bile değildi. Sonra böğürerek yere yıkıldı. Ben Hamza'nın sonuna sevinirken bir de ne göreyim! Hind savaşanların arasından geçip cesetlerin üzerinden atlayarak Hamza'ya doğru gelmiyor mu? Doğrusu pek anlam veremedim bu davranışına. Ama kalbinde mızrak, yerde sere serpe yatan Hamza'nın karnını hançeriyle yarıp ciğerini yediğini görünce zevkten dört köşe oldum. Hele kulağı ile burnunu da kesince kan istedi canım. Hind vahşi ve vakur bir edayla bileziklerini ve küpelerini çıkarıp Vahşi'ye verdi, yerlerine de Hamza'nın uzuvlarını taktı. Yalnızca babası ile iki erkek kardeşinin ve Kureyşli nice savaşçının değil bizlerin de öcü alınmış oldu böylece. Hamza'nın bir av dönüşü yeğenine arka çıkıp onunla alay edenleri nasıl darmadağın ettiğine bizzat tanık olmuştum. Bununla yetinmeyip bana da küfrettikten sonra Müslümanlığını ilan etmişti. Onu kendi ellerimle boğup öldürmek isterdim, ama sanırım böylesi daha iyi oldu. Kız kardeşim Manat bir Habeş köle sayesinde kesti ipini.

Hamza'nın öldürülmesine rağmen savaş bizimkiler aleyhine gelişiyor gibiydi. Müslümanlar can havliyle dövüşüyor, Kureyş'e ölüm yağdırıyorlardı. Muhammed'i kıskanıp elli taraftarıyla Medine'den ayrılarak aramıza katılan, onların nezdinde mürtet bizim nezdimizde makbul olan Ebu Amir Fasık'ın oğlu Hanzale'ye ilişti bir ara gözüm. Babası ne kadar dil döktüyse de inancından vazgeçirememişti oğlunu. Savaştan bir gün önce Cemile adında dünya güzeli bır kadınla evlenip gerdeğe girmiş, sonra gusül aptesi almaya bile vakit bulamadan orduya katılmıştı. Kahramanca çarpışıyordu önümde. Birkaç askerimizi kırdıktan sonra Ebu Süfyan'ın üzerine doğru yürüdüğünü gördüm. Evs'in oğlu Şeddat ona karşı çıkıp bir vuruşta bitirdi işini. Savaştan sonra Muhammed, Hanzale'nin cesedini meleklerin yıkadığını söylemiş yandaşlarına. Âdeti olduğu üzere Cemile'yle de evlenmemiş. Evet, savaş bizimkilerin yenilgisiyle biteceğe benziyordu. Saflarımız bozulmuş, askerin morali çökmüştü. Tam bu sırada Muhammed'in Uhud'un yamacına yerleştirdiği okçuların mevzilerini terk ettiklerini gördüm. Onları ordumuzun sağ kol kumandanı Velid'in oğlu Halid de gördü. Ganimetten pay alabilmek için aşağıya koşuyorlardı. Halid bu fırsatı kaçırmayarak süvarilerimize saldırı emrini verdi hemen. Müslüman ordusunu arkadan çevirip Muhammed'in karargâhına kadar yaklaştılar. Orada çok kanlı çarpışmalar oldu, durum lehimize dönmeye başladı. Bir ara Muhammed'in öldüğü haberi de geldi, ama ben inanmadım. Sonradan bir taşla dudaklarının yaralandığını, ön dişinin kırıldığını, miğferinden kopan halkaların yanağına saplandığını öğrendik. Müslümanlar bozulup kaçmaya başlayınca yanındakiler dağın yamacına götürmüşler, orada yaralarını sarıp ön dişini toprağa gömmüşler. Yıllar sonra o dişi ziyaret edenlerin bana kurban kesenlerden daha fazla olacağını bilemezdim elbet.

Aslında Uhud'un tepesinden bizim yönetmemiz gerekirdi savaşı. Eskiden, çok eskiden, Troya denilen savaşta öyle olmuş, tanrılar bir dağın tepesinden dilediklerine zafer kazandırmış, dilediklerini yenilgiye uğratmışlar. Ama onlar, sayıca pek kalabalık da olsalar, güçlü tanrılardı. Bizse Allah'ın kızlarıydık. Sonunda Allah kazandı biz kaybettik. Babamız ziyan etti bizi.

Savaşı kazandık gerçi, ama Müslümanların peşine düşüp Medine'yi alamadık. Alıp hepsini kılıçtan geçirseydik sonumuz Muhammed'in elinden olmazdı. Kısa zamanda toparlanıp Mekke'yi ele geçireceğini, başta Hubel olmak üzere hepimizi teker teker kırıp yok edeceğini tahmin etmiştim, ama Ebu Süfyan zaferden sonra bize şükranlarını sunmakla yetindi sadece, Müslümanları takip ederek evlerine kadar kovalamadı. Hatasını anladığındaysa vakit çok geçti artık, Müslümanların sayısı ve gücü çoğalmış, bahtiyar ve bahtsız Arabistan'ın neredeyse tüm kabilelerini kazanmışlardı. Bir zaman sonra Ebu Süfyan ve karısı, evet vahşi ve güzel Hind de aralarında tüm Mekke uluları İslam'ı kabul edip Muhammed'e biat ettiler, bizse, biz Allah'ın kızları Uzza, Manat ve ben Lat, kırılıp parçalandık, pul pul yere döküldük. Bir adımız kaldı yadigâr, bir de anımız.

Ekmekçi İbrahim

Deden öldüğünde, bu sözcüğü ona hiç yakıştıramadığın, Hicaz çöllerinden bile sağ salim dönebildiğine bakılırsa belki de onun ölümsüz olduğunu sandığın için "ruhunu teslim ettiğinde" demek geliyor içinden, evet beden haşre kadar kabirde çürüyüp gider, ama ruh göğe yükselir, çünkü onu Allah vermiştir ve zamanı geldiğinde Azrail'in eliyle yine O alacaktır, O'na teslim edilecektir emanet, deden de her Müslüman gibi kesinlikle inanıyordu buna, ne tuhaf sözü döndürüp dolaştırmaya başladın yine, deden can verdiğinde, evet en iyisi bu "can vermek" deyimi, bir canın var ve onu Allah'a veriyorsun, alan da veren de memnun mu peki, seni bilmem ama deden herhalde memnundu. Uzun yaşamış, çok görmüş, çok çalışmıştı çünkü. Çok hayır işlemişti. Ve bir mahkûmu ipten kurtarmıştı. Çok da namaz kılıp oruç tutmuştu, daha ne yapsın! Üç kızını büyütmüş, yetiştirmiş, meslek sahibi kılmış, hiç değilse birini, anneni evermiş, torun sahibi olmuştu. Ve torunu başucundaydı öldüğünde.

Annen ve teyzelerin cenazesini İstanbul'da yattığı hastaneden alıp Manisa'ya götürdüler, orada, doğup büyüdüğü, kolan vurup sapanla kuş avladığı, kim bilir belki senin de çocukluğunda yaptığın gibi uçurtma uçurduğu Sipil Dağı'nın eteklerinde toprağa verildi. Cenazenin kalktığı Ulucami'ye gitmedin. Musalla taşına konulan tabuta son kez dokunmadın. İstanbul'da vedalaştın dedenle ve sana, yalnızca sana, hayatta işlediği en büyük sevabın bir mahkûmu ipten kurtarmak olduğunu orada, ölüm yatağında söyledi. Kim olduğunu sorduğunda yanıtlamadı, "Allah günahını affetsin!" demekle yetindi. Neydi peki günahı? Neden çoğul değil de tekil kullanmıştı bu sözcüğü? Aradan yıllar geçtikten sonra keşfedecektin gerçeği. Asılmaktan kurtardığı mahkûmun günah işlemek şöyle dursun en büyük sevaba girmek niyetiyle işlediği cinayeti tüm ayrıntılarıyla öğrenecektin.

Dedenin ölümünden sonra büyükannene teyzelerin baktı, annen Fransa'ya yerleşmişti çünkü, sen de annenin yanındaydın. Uzun süre dönmediniz Türkiye'ye. Manisa'ya da ne sen ne annen bir daha hiç uğramadınız. Ev satılmış, miras paylaşılmıştı. Hicaz'da topladığı değerli kitapları, Kuran tefsirlerini ve yazıhanedeki arşivini sana bırakmıştı deden, ama onlarla uğraşacak vaktin yoktu. Artık sana ait bu evrak-ı metrukenin güvenli bir yerde saklanması gerekiyordu. Halk kütüphanesinde görevli bir çocukluk arkadaşından rica ettin, eksik olmasın yakından ilgilendi, kitaplığa taşıttı tümünü ve ilk fırsatta sana verilmek üzere arşive koydurdu.

Zamanla unuttun her şeyi. Dedeni, ondan sonra fazla yaşamayan büyükanneni, Sipil Dağı ile kıyamet günlerini, Allah ve elçisini, Ulucami'nin imamını bile unuttun, oysa ne güzel sesi vardı, ömründe dinlediğin ilk ve son Mevlit'i, babanın ruhuna o okumuş, o üflemişti. Ölmüşlerinin ruhuna bir Fatiha okumaya kalksan "bismillah" demeyi unutacak kadar uzak düştün o dünyaya, çocukluğunun namaz, oruç ve zekâtlarına, Kurban Bayramlarına. Evet, Kurban Bayramlarına bile. Vatandaşların Fransa'da, banliyödeki toplu konutlarının banyolarında kurban kesmeye kalkıştıkları için belki, belki de hâlâ kınalı koçları sevdiğin, onlara kıyamadığın için. Günün birinde Ekmekçi İbrahim'in cinnete kapılıp İsmail'i keseceğini nereden bilebilirdin.

Uzun yıllar geçti aradan, yaşlanmaya başladın. Çocukluğunu, o yitik cenneti, dedenle büyükannenin yanında, yakınlığında geçirdiğin günleri arar oldun hayatın sillesini yedikçe. Böyle darmadağın, hem okşayıp hem acıtan hikâyeler yazdıkça. Adın yazara çıktıkça. Ve bir gün Manisa'ya döndün sonunda.

İzmir'e uçakla gidip kara yoluyla ulaşabilirdin çocukluğunun kentine. Ama İstanbul'dan vapurla Bandırma'ya, oradan trenle Manisa'ya gitmeyi yeğledin, bir zamanlar annenle yaptığınız gibi Balıkesir'den sonra "bizim dere" adını verdiğin kışın coşan, yazın kuruyan o derecik çıktı yine karşına, kış olduğu için suyu boldu. Savaştepe'ye kadar trenin camından eşlik etti sana, yalnız bırakmadı. Sonra boz tepeleri, yamaçlarda kat kat yükselen mısır tarlalarını geride bırakıp düze indi tren, eski günlerdeki gibi oflaya puflaya gitmiyordu hayır, lokomotifin bacasından da dumanlar fışkırmıyordu. Motorlu trenin geniş ve rahat koltuğundan seyrederek geçtin Kırkağaç'ı, minareler ve bereketli ova yerli yerindeydi, yol boyu içine bir keder tortusu bırakan ıssız istasyonlar da. Çocuklar aşağıdan "Gaztaaa!" diye bağırmıyorlardı artık. Yoksulluk eski günlerde kalmış, ülke kalkınmıştı. Belki de sana öyle geliyordu. Ege toprağı her zaman bereketliydi zaten, zeytin, tütün, pamuk, üzüm cennetiydi. Ama nedense tütün ırgatlarını, evinize gelen şişman ve kimsesiz gündelikçi kadınları, perde yerine kullanmak için yolculardan gazete isteyen partal giysili çocukları anımsıyordun. O günler sanki daha güzel, çok daha aydınlıktı, ülkenin geleceğini karartmak isteyenler pusuya yatmış bekliyor olsa da. Dayanışma vardı, inanç ve merhamet, hatta karşılıklı saygı. Kazanç hırsı her şeye hâkim olmamıştı henüz, köşeyi dönenler bunca kalabalık, böylesine arsız değildi. Sadaka belki yetersizdi, ama zekât bir erdemdi ve farzdı.

Akhisar'da durduğunuzda yine satıcılar doldurdu kompartımanı. Bir gevrek aldın. Eski günlerin tadındaydı. İbrahim Efendi'nin fırınından yeni çıkmış gibi sıcak, bol susamlıydı. Ve dedenin ipten kurtardığı mahkûmun İbrahim Efendi olduğunu bilmiyordun daha. Derken, Hacırahmanlı'da durmadan Manisa'ya vardınız. Deden toprak olmuştu çoktan, kent gelişmiş, enine dikine büyümüştü, ama kıyamet kopmamıştı. Çok şükür henüz kopmamıştı. Dağ yerli yerinde duruyordu. Halk Kütüphanesi'ndeki evrak-ı metruke de.

Dava dosyalarını atmadan önce teker teker karıştırırken öğrenmiştin gerçeği. İbrahim Efendi biricik oğlu İsmail'e tapıyordu, ama Allah'a da tapıyordu. Dedenin yaptığı savunmadan anlaşıldığına göre bu sevgi çok derin, belki karşılıksızdı. Çünkü haylazın biriydi İsmail. Yaramazın, merhametsizin, hayırsızın biri. İbrahim Ekmekçi olay günü cinnet geçirmemişti, hayır. Akli dengesi yerindeydi. Allah'a duyduğu sevgiyi sınamak istemişti yalnızca ya da adaşı İbrahim'e yaptığı gibi, belki de Allah onu sınamak istemişti, kim bilir. Oturup baştan aşağıya okudun kalın dosyayı. Ekmekçi İbrahim'in davranışının Hazreti İbrahim'inkinden farkı olmadığını kanıtlamak için her gerekçeye başvurmuştu deden. Yugoslavya göçmeniydi, orada komünistler camileri ahır yapmaya başlayınca kalkıp gelmişti buralara, çünkü inancı tam bir Müslüman'dı. Manisa eşrafından bir kadınla evlenmiş, ne var ki Boşnak toprağında serpilen boyuna bosuna, yeşil gözlerine meftun olan karısı zamanla hor görmeye başlamıştı onu. Sonra da çekip gitmiş, İsmail'i ona bırakıp bir başkasına varmıştı. İbrahim Efendi'ye koydukça koymuştu bu durum, o da ne yapsın, topluma da pek fazla uyum sağlayamadığı için tüm ilgisini, tüm sevgisini oğluna vermişti. Bu dünyada İsmail'den başka bir dikili ağacı, bir karış toprağı, kimi kimsesi, bir yaşam nedeni var mıydı? Yoktu elbet. İbrahim Ekmekçi, fırınında Rumeli işi nefis kolbörekleri, gevrekler, pamuktan yumuşak ve beyaz francalalar da yapıyordu, ama gözü sevgili oğlundan, biricik İsmail'inden başkasını görmüyordu. Bir de ona bu oğulu bağışlayan Allah'ı elbette, artık Rabbini mahkemede söylediği gibi "kalp gözüyle görüp can kulağıyla duymaya" başlamıştı. O'na şükranlarını sunmak için her türlü fedakârlığa da hazırdı.

Kuran'ı okudukça, cuma namazlarında Ulucami imamının vaazlarını dinledikçe inancı arttı, giderek yalnızlığında Allah'la konuşmaya, dertleşmeye başladı. Hakk'a dua etmiyordu artık, O'nu içinde, yüreğinin derinliklerinde hissediyor, sevgisini kazanmak, O'nunla halleşip kaynaşmak, yüce varlığında erimek için can atıyordu. Fırını da kapatmış tümüyle ibadete vermişti kendini. Bir tekkeye girmişti. Gece gizlice yapılan zikir ayinlerini kaçırmıyor, iriyarı bedeniyle sabahlara dek sema yapıyor, döndükçe dönüyordu. Kimi zaman yanağına şiş sokup kor ateşin üzerinde yürüdüğü de oluyordu. Başına ne geldiyse bu yüzden geldi zaten, Allah'ın

gerçekten onu sınamak, sevgisinden emin olduğunu öğ-
renmek istediğini sandı. Ve kıydı zavallı İsmail'e. Bıça-
ğı boğazına sapladığında uykudaydı yavrucak ve gök-
ten ne melek ne koç inmediğini, Allah'ın da elini tutma-
dığını fark edince inancını yitirdi. Dedene bakılırsa ci-
nayeti işlediğinde aklı başındaydı, sonradan delirdi.
Koyu, sıcak bir kan fışkırmıştı yatağa, çarşaf al kanla-
ra boyanmıştı. Şehit olmuştu İsmail, ne var ki İbrahim
Efendi artık bir katildi, mümin olduğunu iddia etse de.
Belki kan tutuğu için, belki de çaresizlikten, şaşkınlık-
tan, herkese, Allah'a bile küstüğünden olduğu yerde do-
nakalmıştı. Kıpırdamıyor, güçlükle soluk alıyor, bakış-
larını tavana dikmiş sanki orada oturan birine bir şey-
ler mırıldanıyordu. Ne dediği pek anlaşılmıyordu, ama
giderek kendinden geçtiği belliydi. Bir elinde bıçak, öte-
kinde tespih vardı hâlâ.

Dedenin savunması sayesinde mahkeme ne katil ne
mümin değil, deli olduğuna karar verdi İbrahim Efen-
di'nin. Ve Manisa Tımarhanesi'ne kapatıldığında çök-
müş, Yolageldi Baba'nın türbesindeki mum gibi içten içe
eriyip çoktan sönmüştü.

Sorup soruşturduğunda çocukluk arkadaşının me-
zarda, babasınınsa tımarhanede olduğunu öğrendin. Ve
nedense onu Kurban Bayramlarında surra tepsisini gö-
türdüğün fırının önünde tespih çekerken anımsadın.
Alevlerin yalazı vuruyordu yüzüne. Alnı her zamanki
gibi geniş, sakalı gürdü. Bilenmiş bıçak kadar keskindi
bakışları. Zümrüt yeşili gözlerinde inancın şiddete va-
ran derinliği vardı. Evet, memleketi Mostar'da, boşluğa
asılı taş köprünün altından akan Neretva'nın suyu ka-
dar yeşil ve derindi İbrahim Efendi'nin bakışları. Kar
da, yanlış anımsamıyorsan, o gün yağmaya başladı. Oy-

sa Manisa'nın kışları pek soğuk geçmez, hayatında ilk kez Balıkesir'de gördüğün karı sınıf arkadaşlarına ballandıra ballandıra anlatırdın. Onlar karın böyle lapa lapa, yumuşacık yağışını da, kardan adam yapmayı da, *Hayat Bilgisi* kitaplarından biliyorlardı. Oysa sen karı da biliyordun, kardan adam yapıp burnuna bir havuç, gözlerine iki kömür parçası yapıştırmayı da. Eline bir süpürge tutuşturmayı da. İsmail "Bir kar yağsa da kardan adam yapsak" der dururdu. Ama dedenle büyükannenin evinde kaldığın yıllar boyunca hiç kar yağmadı Manisa'ya. Yalnızca bir kış parktaki havuz dondu o kadar. Tarzan kulübesinden bir koşu gelerek esmer ve çıplak bedeniyle Nemrud'un ateşine girer gibi havuza girip buzları kırdı da, balıklar kurtuldu. Sahi, ateşte biraz yandıkları için sırtları kırmızıydı o balıkların, Tarzan buzu kırmasaydı havasızlıktan ölebilirlerdi. İşte böyle, bu yaşanası, bu ölümlü dünyada onlar da yok olup gidebilirlerdi. Yıllar geçti aradan, kimi serden kimi yardan ve oğlundan geçti, sen şu anlatma illetinden hâlâ vazgeçmedin.